MIX
Papier aus verantwortungsvollen Quellen
Paper from responsible sources
FSC® C105338

Oliver Budde

Prozessintegration mit SAP XI 3.0 in der Engergiewirtschaft

Analyse und Bewertung von SAP XI 3.0 anhand des Lieferantenwechselprozess

disserta Verlag

Budde, Oliver: Prozessintegration mit SAP XI 3.0 in der Engergiewirtschaft: Analyse und Bewertung von SAP XI 3.0 anhand des Lieferantenwechselprozess, Hamburg, disserta Verlag, 2015

Buch-ISBN: 978-3-95425-882-6
PDF-eBook-ISBN: 978-3-95425-883-3
Druck/Herstellung: disserta Verlag, Hamburg, 2015
Covermotiv: © Uladzimir Bakunovich – Fotolia.com

Bibliografische Information der Deutschen Nationalbibliothek:
Die Deutsche Nationalbibliothek verzeichnet diese Publikation in der Deutschen Nationalbibliografie; detaillierte bibliografische Daten sind im Internet über http://dnb.d-nb.de abrufbar.

Das Werk einschließlich aller seiner Teile ist urheberrechtlich geschützt. Jede Verwertung außerhalb der Grenzen des Urheberrechtsgesetzes ist ohne Zustimmung des Verlages unzulässig und strafbar. Dies gilt insbesondere für Vervielfältigungen, Übersetzungen, Mikroverfilmungen und die Einspeicherung und Bearbeitung in elektronischen Systemen.

Die Wiedergabe von Gebrauchsnamen, Handelsnamen, Warenbezeichnungen usw. in diesem Werk berechtigt auch ohne besondere Kennzeichnung nicht zu der Annahme, dass solche Namen im Sinne der Warenzeichen- und Markenschutz-Gesetzgebung als frei zu betrachten wären und daher von jedermann benutzt werden dürften.

Die Informationen in diesem Werk wurden mit Sorgfalt erarbeitet. Dennoch können Fehler nicht vollständig ausgeschlossen werden und die Diplomica Verlag GmbH, die Autoren oder Übersetzer übernehmen keine juristische Verantwortung oder irgendeine Haftung für evtl. verbliebene fehlerhafte Angaben und deren Folgen.

Alle Rechte vorbehalten

© disserta Verlag, Imprint der Diplomica Verlag GmbH
Hermannstal 119k, 22119 Hamburg
http://www.disserta-verlag.de, Hamburg 2015
Printed in Germany

Inhaltsverzeichnis

Verzeichnis der Abkürzungen und Akronyme 10
Abbildungsverzeichnis 12
Tabellenverzeichnis 15
1 Motivation und Zielsetzung 17
2 Grundlagen 20
   2.1 Integration 20
      2.1.1 Integrationsmerkmale 21
      2.1.2 Integrationsziel 24
   2.2 Integrationskonzepte 25
      2.2.1 Punkt zu Punkt Integration 27
      2.2.2 Middleware – Integration 29
   2.3 Enterprise Application Integration (EAI) 30
      2.3.1 Architektur 31
      2.3.2 Funktionale Bestandteile von EAI - Lösungen 33
      2.3.3 Kritische Punkte 35
3 Serviceorientierter EAI - Integrationsansatz 37
   3.1 Betriebswirtschaftliche Herausforderungen 37
   3.2 Anforderungen an überbetriebliche IV - Systeme 40
   3.3 Serviceorientierte Architektur (SOA) 44
      3.3.1 Anatomie eines Service 44
      3.3.2 Klärung des Begriffs SOA 48
      3.3.3 Komposition von Services 54
          3.3.3.1 Koordination 54
          3.3.3.2 Enterprise Service Bus (ESB) 57
   3.4 Prozessintegration mit SAP Netweaver 64
      3.4.1 Netweaver 64
      3.4.2 Exchange Infrastructure XI 3.0 68
          3.4.2.1 Komponenten XI 68
          3.4.2.2 Umsetzung der SOA in XI 84
          3.4.2.3 Komposition von Services 89
          3.4.2.4 Gegenüberstellung XI und ESB 91
          3.4.2.5 Gesamtbewertung 93
4 Prozesse in der Energiewirtschaft 94
   4.1 Energiewirtschaft in Deutschland 94
   4.2 Auswirkung der Liberalisierung auf die Prozesse der EVUs 99
      4.2.1 Unbundling- Maßnahmen 99
      4.2.2 Wachstumsstrategien 103

4.3	Konsequenzen auf die IV - Systeme	105
4.4	Vorstellung eines neuen Geschäftsprozesses	108
	4.4.1 Motivation	108
	4.4.2 Ausgangssituation	108
	4.4.3 Lieferantenwechselprozess (Sollzustand)	111
4.5	Fazit	114
5	**Implementierung des Lieferantenwechselprozesses**	**115**
5.1	DV Konzept	115
	5.1.1 Einschränkungen	121
5.2	Implementierung	122
	5.2.1 Servicelandschaft	122
	5.2.2 Designphase	125
	5.2.2.1 Beispiel sendeNeuNetzKunde_sync_abs	126
	5.2.2.2 Beispiel ZAPI_ISU_PARTNER_CREATEFROMDATA	128
	5.2.2.3 Business Szenario lwp_szenario_111004	129
	5.2.3 Konfigurationsphase	133
	5.2.4 Implementierung der Schnittstellen	137
	5.2.4.1 ABAP Proxy – Implementierung der Schnittstelle *empfangKuendigung* des Service Kündigung	137
	5.2.4.2 Java Proxy Implementierung der Schnittstelle generateKundenId_sync_in des Service Datenservice	139
5.3	Prozessdurchführung	140
5.4	Fazit	146
6	**Bewertung der implementierten Lösung**	**149**
6.1	Methode Nutzwertanalyse (NWA)	149
6.2	Ermittlung der Zielerträge der IST- Situation	151
	6.2.1 Kurzbeschreibung der IT – gestützten Durchführung des Prozesses	151
	6.2.2 Ermittlung der Kriterienwerte	153
6.3	Ermittlung der Zielerträge der XI - Lösung	159
	6.3.1 Ermittlung der Kriterienwerte	160
6.4	Ergebnisse der Analyse	165
7	**Zusammenfassung und Ausblick**	**170**
Anhang		**173**
A	Theorie	148
	a Nutzeffekte von Integration	148
	b Gegenüberstellung Fachkomponente und Web -Services	150
	c SAP Produkte Entwicklung	150
	d Bewertungskriterien für einen ESB	152
B	Programmcode	158
	a ABAP Programm	158

		b	Java Programm	160
C			XI - Business Process	160
		a	Nachrichtentypen	160
		b	Ausschnitt des Business Process	171
		c	Business Process in BPEL4WS	174
		d	Übersicht über alle Message Interfaces	177
		e	IE Protokoll	179
D			Nutzwertanalyse	182
		a	Zielhierarchie	183
		b	Beschreibung des bisherigen LWP	187

Glossar ... 229

Literaturverzeichnis ... 240

Verzeichnis der Abkürzungen und Akronyme

A2A	Application to Application
ABAP	Advanced Business Application Programming
ACID	Atomicity, Consistency, Isolation, Durability
AE	Adapter Engine
AL	Alter Lieferant
API	Application Program Interface
AWS	Anwendungssystem
BDI	Bundesverband der deutschen Industrie
BKV	Bilanzkreisverantwortlicher
BPE	Business Process Engine
BPEL4WS	Business Process Execution Language For Web Services
BPM	Business Process Management
BPO	Business Process Outsourcing
CAF	Composite Application Framework
CIM	Common Information Model
CORBA	Common Object Request Broker Architecture
CRM	Customer Relationship Management
CSV	Comma Separated Values
DBMS	Datenbank Management System
DCOM	Distributed Component Object Model
DTD	Document Type Definition
EAI	Enterprise Application Integration
EDIFACT	Electronic Data Interchange for Administration Commerce and Transport
EIP	Enterprise Information Portal
EJB	Enterprise Java Bean
EnWG	Energiewirtschaftsgesetz
EP	Enterprise Portal
EPK	Ereignisgesteuerte Prozessketten
ERP-System	Enterprise Resource Planning System
ESA	Enterprise Service Architecture
ESB	Enterprise Service Bus
EU	Europäische Union
EVU	Energieversorgungsunternehmen
GUI	Graphical User Interface
GuV	Gewinn und Verlust
HTML	Hypertext Markup Language
HTTP	Hypertext Transfer Protocol
IB	Integration Builder
ID	Integration Directory
IDOC	Intermediate Document
IE	Integration Engine
IR	Integration Repository
IS-U	Industry Solution - Utilities
J2EE	Jave to Enterprise Edition
JCA	J2EEConnector Architecture
JCO	Java Connector

JDBC	Java Database Connectivity
JMS	Java Message Service
JSP	Java Server Page
LUW	Logical Unit of Work
LWP	Lieferantenwechselprozess
MA	Mitarbeiter
MI	Message Interface
MOM	Message Oriented Middleware
NL	Neuer Lieferant
NWA	Nutzwertanalyse
OOP	Objektorientierte Programmierung
OSI	Open Systems Interconnection
P2P	Punkt zu Punkt
PDF	Portal Document Format
PL	Proxy Laufzeit
QoS	Quality of Service
RegTP	Regulierungsbehörde für Telekommunikation und Post
RFC	Remote Function Call
RIVA	Realtime-Informationssystem für die Verbrauchsabrechnung
RMI	Remote Method Invocation
RNIF	RosettaNet Implementation Framework
RPC	Remote Procedure Call
S&P	Standard & Poor's
SA	Sachbearbeiter
SID	SAP System ID
SLA	Service Level Agreement
SLD	System Landscape Directory
SOAP	Simple Object Access Protocol
SW	Software
UDDI	Universal Description, Discovery, Integration
UML	Unified Modelling Language
ÜNB	Übertragungsnetzbetreiber
URL	Uniform Resource Locator
VDEW	Verband der Elektrizitätswirtschaft
VDN	Verband der Netzbetreiber
VKU	Verband kommunaler Unternehmen
VMI	Vendor Managed Inventory
VNB	Verteilnetzbetreiber
VV	Verbändevereinbarung
W3C	World Wide Web Consortium
WAP	Wireless Application Protocol
WebAS	Web Application Server
WS	WebService
WSDL	Web Service Description Language
XI	Exchange Infrastructure 3.0
XML	Extensible Markup Language
XSL	Extensible Stylesheet Language

Abbildungsverzeichnis

Abbildung 2-1 Integrationsmerkmale 22
Abbildung 2-2 Dreischichtige Anwendungsarchitektur 25
Abbildung 2-3 Punkt zu Punkt Verbindung 28
Abbildung 2-4 EAI zur Daten-, Programme- und Prozessintegration 30
Abbildung 2-5 Nabe & Speiche Architektur 31
Abbildung 2-6 Bus Architektur 32
Abbildung 2-7 EAI Bestandteile 33
Abbildung 3-1 Die Evolution von Unternehmensorganisation 39
Abbildung 3-2 Veränderung der Reaktionszeit im Zeitverlauf 40
Abbildung 3-3 Accidental Architecture 42
Abbildung 3-4 Services, Komponenten und Objekte 46
Abbildung 3-5 Find Bind Execute Paradigma (die Basis SOA) 51
Abbildung 3-6 Einordnung SOA 53
Abbildung 3-7 Koordinationsebenen und Koordinationsinstrumente 55
Abbildung 3-8 Einordnung ESB, Bus, Hub 58
Abbildung 3-9 Architektur einer SOA auf Basis eines ESB 60
Abbildung 3-10 Allgemeiner Aufbau eines ESB 62
Abbildung 3-11 Netweaver Architektur 65
Abbildung 3-12 Komponenten der XI 3.0 68
Abbildung 3-13 Objektmodell des Softwarekatalogs im CIM Standard 69
Abbildung 3-14 Konzepte des IR 72
Abbildung 3-15 Zusammenhang der Objekte aus dem Integration Directory 76
Abbildung 3-16 Proxy Laufzeit 79
Abbildung 3-17 Übertragung einer Nachricht mit dem IS 83
Abbildung 3-18 Spinnendiagramm 92
Abbildung 4-1 Wertschöpfungskette in der Energiewirtschaft 95
Abbildung 4-2 Des- und Reintegration der Wertschöpfungskette 97
Abbildung 4-3 Beziehungsgeflecht zwischen den Marktteilnehmern 98
Abbildung 4-4 Drei Datenmodelle zur Realisierung des Informatorischen Unbundlings 102
Abbildung 4-5 Use Case Model zum Lieferantenwechselprozess 109
Abbildung 4-6 UML Aktivitätsdiagramm zum Lieferantenwechselprozess 111
Abbildung 5-1 Systemarchitektur 116

Abbildung 5-2 Sequenzdiagramm zum Prozess des Lieferantenwechsels 119
Abbildung 5-3 Eintrag im SLD für das Business System ASN_206 (Mandant 206) 124
Abbildung 5-4 Business Process in XI 126
Abbildung 5-5 MI sendeNeuNetzkunde_sync_abs 126
Abbildung 5-6 Nachrichtentyp neuerNetzkunde_msg 127
Abbildung 5-7 ZAPI_ISU_PARTNER_CREATEFROMDATA 128
Abbildung 5-8 Business Szenario LWP 129
Abbildung 5-9 Verbindung zwischen zwei Actions 131
Abbildung 5-10 Definition Interface- Mapping 132
Abbildung 5-11 Nachrichten - Mapping durch das Programm zapiisu1 133
Abbildung 5-12 Dynamische Empfängerermittlung für den alten Lieferanten 135
Abbildung 5-13 Interface Ermittlung für die Kündigung beim alten Lieferanten 136
Abbildung 5-14 ABAP Development Workbench Sicht auf die Proxy Datenstrukturen 138
Abbildung 5-15 ABAP Datenstruktur Repräsentation der Nachricht kündigung_msg 139
Abbildung 5-16 Schnittstellenimplementierung von generateKundenId_sync_in 140
Abbildung 5-17 Nachricht neuerNetzKunde_msg; Message-ID:
    D28C4C75CE77EB419796F10EA5700D97 143
Abbildung 5-18 Nachricht ZAPI_ISU_PARTNER_CREATEFROMDATA;
    Message-ID: D28C4C75CE77EB419796F10EA5700D97 144
Abbildung 5-19 Antwort der BAPI Methode, Message-ID:
    377620A03D6511D9A8FF000EA6482A98 145
Abbildung 5-20 Ergebnis des Aufrufs sendeNeuNetzkunde_sync_abs 146
Abbildung A-1 Entwicklung von SAP R/3 175
Abbildung A-2 SAP Web Application Server 176
Abbildung C-3 energieVertragAntrag_msg; ID:0037983A-631D-3945-AEFF-
    1C14B60DEFAC 192
Abbildung C-4 neueKundenIdReq_msg; ID:FBE0FBFA-0FC3-AA4D-B052-
    390C44770B4E 192
Abbildung C-5 kundenIdResponse_msg;ID:4D750980-3D64-11D9-B02D-000
    EA6482A98 193
Abbildung C-6 neueKundenIDRes_msg; ID:4D750980-3D64-11D9-B02D-
    000EA6482A98 193
Abbildung C-7 kuendigung_msg;ID:E831E77F-2AE4-394D-BBDA-A7BFFB8CF6EB 193
Abbildung C-8 kuendigung_msg;ID:A380C0B5-5FCD-434B-805B-E0C7EA3E5160 194
Abbildung C-9 kuendigungDaten_msg;ID:5CE05F6B-5B31-8F45-A841-7C59C23F1918. 194
Abbildung C-10 kuendigungOutput;ID:503DED80-3D64-11D9-B7DC-000EA6482A98... 195

Abbildung C-11 rueckAntwortKuendigungsPruefung_msg;ID:D6BB10BB-C95A-9746-A6B5-605A3310D91C 195

Abbildung C-12 abMeldungAltenLieferanten_msg;ID:A5025AF6-E93F-2A49-9EDE-FBE92D844BD0 196

Abbildung C-13 antwortKuendigung_msg;ID:816D5D2F-279E-2C45-B91B-00BEABD15D63 197

Abbildung C-14 neuerNetzKunde_msg;ID:D28C4C75-CE77-EB41-9796-F10EA5700D97 198

Abbildung C-15 ZAPI_ISUPARTNER_CREATEFROMDATA;ID:D28C4C75-CE77-EB41-9796-F10EA5700D97 in RFC transformiert 199

Abbildung C-16 neuerNetzKundeRes_msg;ID:377620A0-3D65-11D9-A8FF-000EA6482A98 200

Abbildung C-17 neuerLieferKunde_msg;ID:CB2812F0-1DAB-4D4E-970F-37A1988F0F47 201

Abbildung C-18 neuerLieferKundeRes_msg;ID:385D7360-3D65-11D9-94AC-000EA6482A98 201

Abbildung C-19 antwortAufAntrag;ID:FF3AA25C-5EF1-5F4D-AE69-1C254A00172 201

Abbildung C-20 Ausschnitt aus dem Business Process LWP_durchführen 202

Abbildung C-21 Lokale Prozessvariablen 205

Tabellenverzeichnis

Tabelle 3-1 Eigenschaften einer SOA 50
Tabelle 3-2 Funktionale Bestanteile von EAI im ESB 63
Tabelle 3-3 Bewertung XI bzgl. SOA Eigenschaften 88
Tabelle 4-1 Übersicht über die betriebswirtschaftlichen Anforderungen und den daraus erwachsenen Konsequenzen für die IT 107
Tabelle 4-2 Übersicht Nachrichten beim LWP 113
Tabelle 5-1 Übersicht Service und Schnittstellen 120
Tabelle 5-2 Zuordnung Softwarekomponenten zu Service 123
Tabelle 5-3 Abbildung der Services auf die XI Services 134
Tabelle 5-4 Ausschnitt aus dem Gesamtprozess LWP, Erstellung des Kundenobjektes im IS-U 141
Tabelle 6-1 Notwendige Schritte zur Erstellung einer NWA 150
Tabelle 6-2 Prozessschritte 160
Tabelle 6-3 Zielertragsmatrix 166
Tabelle 6-4 Zielwertmatrix 167
Tabelle 6-5 Ergebnis der Nutzwertberechnung 168
Tabelle A-1 Nutzeffekte 173
Tabelle A-2 Gegenüberstellung Fachkomponente und Web- Services 174
Tabelle C-1 Übersicht über alle ein und - ausgehenden Schnittstellen des LWP Prozesses 209
Tabelle C-2 Protokoll der empfangenen Nachrichten durch die IE 213
Tabelle D-1 Beschreibung der Ziele aus der Zielhierarchie 184

1 Motivation und Zielsetzung

Die Beschleunigung im Geschäftsleben erfordert, dass IV[1] – Systeme in Bezug auf Flexibilität und Interoperabilität zunehmend leistungsfähiger werden. Heute müssen sich Unternehmensprozesse flexibel an veränderte Rahmenbedingungen wie z.B. den globalen Wettbewerb und immer kürzer werdenden Produktlebenszyklen anpassen. Neben dieser Entwicklung ist es für Unternehmen erforderlich geworden, stärker als bisher auf horizontaler Ebene entlang der Wertschöpfungskette zu kooperieren, um auf diese Weise ihre Wertschöpfungstiefe zu senken und damit eine bessere Kosteneffizienz sowie eine bessere Wettbewerbsfähigkeit zu erzielen. Diese Entwicklung kann man momentan am Beispiel des Lean Manufacturing[2] aus der Automobilindustrie verfolgen.

Im besonderen Maße kann man diese Entwicklungen auch in der Energiewirtschaft beobachten. In diesem Wirtschaftssektor haben sich die Unternehmensprozesse aufgrund der Liberalisierung des Energiemarktes seit 1998 und der damit vom Gesetzgeber eingeleiteten Maßnahmen stark verändert. Die Prozesse der in diesem Sektor tätigen Energieversorgungsunternehmen unterliegen auch einem Anpassungsdruck, der nicht nur aus den sich ändernden gesetzlichen Reglementierungen resultiert, sondern auch in der Tatsache begründet liegt, dass die Unternehmen auf einem durch ein Netzmonopol gekennzeichneten Markt im Wettbewerb stehen, für den andere Wachstumsstrategien gelten bzw. erst neu entwickelt werden müssen. Die integrierten Energieversorger, die bisher die gesamte Wertschöpfungskette der Energieversorgung abdeckten, beginnen sich zu entflechten und auf bestimmte Stufen der Wertschöpfungskette zu konzentrieren. Hieraus entsteht ein Koordinationsbedarf zwischen den durch diese Entwicklung neu entstandenen Akteuren entlang der Wertschöpfungskette. Die Durchführung der teilweise neuen internen wie auch unternehmensübergreifenden Prozesse muss durch die von den jeweiligen Akteuren eingesetzten IV – Systeme unterstützt werden.

Bisherige Ansätze, die das Ziel einer inner- oder zwischenbetrieblichen Anwendungsintegration (EAI) zur Durchführung eines unternehmensübergreifenden Prozesses verfolgten, haben nur selten den gewünschten Erfolg erbracht, da sie die vorgenannten Anforderungen nach Flexibilität und Interoperabilität nur unzureichend unterstützen konnten. Diese Arbeit stellt einen neuen Ansatz vor, der auf einer serviceorientierten Architektur (SOA) basiert und der

---

[1] IV : informationsverarbeitende
[2] Vgl. Glossar

verspricht, die Schwächen der traditionellen Ansätze zu überwinden und damit eine verbesserte Durchführung der Prozesse ermöglicht. Um diese Verbesserung empirisch zeigen zu können, wird☐ exemplarisch ein unternehmensübergreifender Prozess aus der Energiewirtschaft betrachtet, um daran das Verbesserungspotential nachzuweisen.

Dieser Nachweis, welcher das wissenschaftliche Ziel dieser Arbeit darstellt, erfolgt am Ende durch eine Nutzwertanalyse, in der die Durchführung des bisherigen Prozesses mit der Durchführung einer auf SOA basierenden EAI- Lösung verglichen wird.

Die Arbeit ist wie folgt aufgebaut.

Im Anschluss an dieses Kapitel wird das grundlegende Konzept der Integration vorgestellt und in diesem Zusammenhang Begriffe und Architekturen eingeführt, auf die im weiteren Verlauf der Arbeit zurückgegriffen wird. Das Kapitel endet mit einer Vorstellung der traditionellen Integrationsansätze zur Durchführung der Prozessintegration (EAI) sowie einer kritische Diskussion ihrer Schwächen.

Im Kapitel 3 werden die betriebswirtschaftlichen Herausforderungen identifiziert, aus denen sich neue Anforderungen an die im Unternehmen eingesetzten IV – Systeme ergeben. Es wird dabei insbesondere auf die Notwendigkeit zur Integration der vorhandenen Systeme eingegangen. Im direkten Anschluss folgt eine Vorstellung des Konzeptes der SOA. Hierzu wird ein Servicebegriff hergeleitet und aufbauend auf diesem die Architektur beschrieben. Nachfolgend erfolgt die Einführung des Enterprise Service Bus (ESB) - Konzeptes, das einer SOA - Implementierung zur Erreichung der Ziele von EAI zugrunde liegt. Nach diesen theoretischen Darlegungen wird das Produkt SAP Exchange Infrastructure (XI) 3.0 hinsichtlich der Umsetzungen der vorgestellten theoretischen Konzepte untersucht. Dabei werden zu Beginn die Komponenten der Lösung präsentiert, um im Anschluss daran nachzuweisen, bis zu welchen Grad die SAP XI 3.0 als Umsetzung einer EAI – Lösung auf Basis einer SOA zu betrachten ist.

Als Einleitung für die empirische Untersuchung, inwieweit eine verbesserte Durchführung der Prozesse durch den Einsatz einer auf SOA basierenden EAI - Lösung ermöglicht wird, erfolgt im 4. Kapitel eine Beschreibung des Sektors der Energiewirtschaft. Anschließend folgt eine Begründung, weshalb gerade in diesem Bereich ein starker Prozessintegrationsbedarf zwischen den Akteuren besteht. Im Anschluss wird ein Geschäftsprozess, der Lieferantenwechselprozess, vorgestellt, der aus den zuvor skizzierten veränderten Rahmenbedingungen heraus entstanden ist und spezifische Anforderungen an eine zwischenbetriebliche Prozessintegration stellt.

Im 5. Kapitel wird schließlich die Implementierung dieses Prozesses in einer typischen SAP - Systemlandschaft eines Energieversorgungsunternehmens auf Basis der EAI- Lösung SAP XI 3.0 dargestellt. Hierzu werden zu Beginn die vorhandenen IV- Systeme der an dem Prozess beteiligten Akteure beschrieben und im Anschluss daran gezeigt, wie mit Hilfe der SAP XI 3.0 eine Kopplung der Systeme zum Zwecke der Prozessintegration für die Durchführung des Lieferantenwechselprozesses erreicht wird.

Der Nachweis für den mit dieser Implementierung erreichten Effizienzgewinn aufgrund der verbesserten Prozessdurchführung wird anhand der Methode der Nutzwertanalyse im 6. Kapitel geführt. Hierfür wird zu Beginn die Methode kurz erläutert und im Anschluss die bisherige Prozessdurchführung beschrieben und mittels der Methode bewertet. Das Kapitel schließt mit der Gegenüberstellung der Nutzwerte, der ursprünglichen Prozessdurchführung und der neuen Implementierung, basierend auf der SAP XI 3.0. Anhand dieser berechneten Kennzahlen erfolgt eine abschließende Bewertung der SOA basierten EAI - Lösung hinsichtlich der Frage nach der Vorteilhaftigkeit dieser Lösung für das Energieversorgungsunternehmen.

2 Grundlagen

Ziel dieses Kapitels ist es, die grundlegenden Konzepte der Anwendungsintegration darzustellen. Hierzu wird eingangs der Begriff Integration erklärt und auf das Gebiet der Wirtschaftsinformatik abgegrenzt. Die verfolgten Ziele der Anwendungsintegration können mit der Beantwortung der Frage nach den Ausprägungen bestimmter Integrationsmerkmale erfolgen. Im Anschluss werden Integrationskonzepte sowie die davon zu unterscheidenden pragmatischen Integrationsansätze beschrieben. Am Ende des Kapitels wird der Integrationsansatz Enterprise Application Integration (EAI) vorgestellt sowie die wichtigsten funktionalen Bestandteile dieser Lösung dargestellt. Abschließend werden die Schwächen von bisherigen EAI – Lösungen zusammengefasst.

2.1 Integration

Entsprechend dem Duden[3] bedeutet Integration „Wiederherstellung eines Ganzen", d.h. das Verbinden oder Vereinigen von logisch zusammengehörigen Teilen mit dem Ziel, einen Zustand zu erreichen, der einen höheren Nutzen verspricht als der durch die Summe der einzelnen Teile.

Übertragen auf die Wirtschaftsinformatik entsprechen die logisch zusammengehörenden Teile den im Unternehmen befindlichen betrieblichen Anwendungssystemen[4]. Durch eine Integration dieser Teile wird das Abbild der betrieblichen Realität wiederhergestellt, die aufgrund von Abteilungs-, Funktions- und Prozessgrenzen, im Verständnis von künstlichen Grenzen in Folge von Taylorismus oder Spezialisierung entstanden sind.[5] Das Integrationsziel ist demnach das wiederzusammenführen einer gewachsenen Aufgabenzerlegung, repräsentiert durch diverse betriebliche Anwendungssysteme, zu einem integrierten Anwendungssystem.[6]

Nach (LINß 1995) unterscheidet man im Allgemeinen den Integrationszustand vom Integrationsvorgang. Der Integrationszustand eines IV – Systems[7] gibt an, ob und wie betriebliche Anwendungssysteme mit einer Organisation oder anderen Systemen verknüpft sind. Zur

---
[3] Vgl. DUDEN 1982
[4] Vgl. Glossar
[5] Vgl. KAIB 2002, S. 10; vgl. RAUTENSTRAUCH et al. 2003, S. 223
[6] Vgl. FERSTL et al 2001, S. 217
[7] (FERSTL et al.2001, S. 217) verwendet den Begriff Aufgabensystem. In dieser Arbeit werden die Begriffe IV – System, Aufgabensystem und betriebliches Anwendungssystem synonym verwendet.

Klassifizierung des Integrationszustandes dient der Integrationsgrad[8], der bei (KAIB 2002) auch als Integrationsform bezeichnet wird.[9] Dieser Klassifizierungsmaßstab setzt sich aus einem Tupel von Integrationsmerkmalen zusammen, auf die nachfolgend näher eingegangen wird.[10] Durch einen Integrationsvorgang werden mit Hilfe einer bestimmten Methode, dem so genannten Integrationsansatz (siehe Abschnitt 0, S.27), betriebliche Anwendungssysteme zusammengeführt, und es wird ein neuer Integrationszustand erreicht.

2.1.1 Integrationsmerkmale

Wie eingangs erwähnt, beschreiben Integrationsmerkmale die Integrationsform bzw. den Integrationsgrad, die damit die Attribute des Integrationszustands bilden. In der folgenden Abbildung findet sich eine Zusammenstellung der Integrationsmerkmale nach (KAIB 2002, S.15). Die dort dargestellten Dimensionen Integrationsgegenstand, Integrationsreichweite sowie Integrationsrichtung gehen auf (LINß 1995) zurück.

---

[8] Vgl. LINß 1995, S. 217
[9] Vgl. KAIB 2002, S.10
[10] siehe Abschnitt 2.1.1

Quelle: KAIB 2002, S.15

Abbildung 2-1 Integrationsmerkmale

Der Gegenstand der Integration kann sich nach (KAIB 2002) auf Daten, Funktionen und Programme erstrecken.[11] Hierbei versteht man unter der Datenintegration eine Konsolidierung der anwendungsspezifischen Datenhaltungskomponenten zu einer Datenbasis, die allen integrierten Anwendungssystemen zur Verfügung gestellt wird.[12] Nach (SCHEER 1990) unterscheidet man die vier in der Abbildung dargestellten Integrationsgrade für die Datenintegration.

---

[11] Im Unterschied zu MERTENS 2004, S.1-5. Für die Arbeit ist die an dieser Stelle getroffene gröbere Einteilung zielführender.
[12] Vgl. SCHMIETENDORF et al. 2004 S. 10

Bei der Funktionsintegration[13] unterscheidet man zwischen einer aufgabenträgerorientierten sowie einer aufgabenorientierten Funktionsintegration. Bei der aufgabenorientierten Funktionsintegration werden Aufgaben verschiedener aufbauorganisatorischer Instanzen wie z.b. Arbeitsplätze oder Abteilungen gleicher Ebene zusammengezogen.[14] Man kann an dieser Stelle auch von einer Vorgangs- oder Prozessintegration sprechen.[15] Im Unterschied hierzu werden bei der aufgabenträgerorientierten Funktionsintegration Teilaufgaben an einem Arbeitsplatz zusammengeführt.[16] (RAUTENSTRAUCH et al. 2003, S. 220) differenziert an dieser Stelle zwischen einer Aufwärts- und Abwärtsintegration, wonach die Richtung die Zunahme bzw. die Abnahme von der für die Durchführung der Aufgaben notwendigen Qualifizierung der ausführenden Mitarbeiter beschreibt.

Mit der Programmintegration ist die Abstimmung einzelner Programme eines Anwendungssystems oder mehrerer Systeme gemeint. Unter Programme werden an dieser Stelle Softwarebausteine verstanden, die die Komponenten auf der Ebene der Funktionsintegration IV-technisch realisieren.[17] Dieser Argumentation folgend ist eine Programmintegration eine notwendige Bedingung zur Realisierung der Funktionsintegration.

Die Integrationsrichtung wird der Aufbauorganisation eines Unternehmens folgend in Form einer Pyramide dargestellt.[18] Hierbei wird mit der horizontalen Integration die Verbindung von Teilsystemen in der betrieblichen Wertschöpfungskette verstanden, während unter der vertikalen Integration in erster Linie die Datenversorgung der Planungs- und Kontrollsysteme aus den Administrations- und Dispositionssystemen heraus verstanden wird.[19]

Mit der Integrationsreichweite wird die Unterscheidung zwischen der innerbetrieblichen und zwischenbetrieblichen Integration vorgenommen.[20] Hierbei bezeichnet ersteres die Integration innerhalb eines rechtlich selbstständigen Unternehmens und letzteres die Integration zwischen selbstständigen Unternehmen. Bei der zwischenbetrieblichen Integration lassen sich Integrationsgrade nach den Abhängigkeiten zwischen den Unternehmen beschreiben.[21] Die zwischen-

---

[13] Als Funktion wird hier eine Aufgabe verstanden, die computergestützt durchgeführt wird. Vgl. RAUTENSTRAUCH et al. 2003, S.221
[14] Vgl. RAUTENSTRAUCH et al. 2003, S. 220
[15] Vgl. Argumentation von KAIB 2002, S. 17; aus diesem Grund können die Begriffe Funktion und Prozess im Zusammenhang mit dem Integrationsgegenstand synonym verwendet werden.
[16] Vgl. KAIB 2002, S. 17
[17] Vgl. KAIB 2002, S. 17
[18] Vgl. MERTENS 2004, S. 6
[19] Vgl. MERTENS 2004, S.5
[20] Vgl. MERTENS 2004, S. 19
[21] Vgl. LINß 95, S. 26

betriebliche Integration reicht vom elektronischen Datenaustausch über die Nutzung gemeinsamer Datenbestände und von dem Zusammenfassen und Verlagern gemeinsamer Aufgaben bis hin zur automatisierten Abwicklung zwischenbetrieblicher Vorgänge.[22]

2.1.2 Integrationsziel

Das durch eine Integration der betrieblichen Anwendungssysteme angestrebte Ziel ist nach (FISCHER 1999)[23]:

„Ziel der Integration ist es letztlich, durch ganzheitliche, ungehinderte und inhaltliche konsistente Informationsflüsse die Effektivität und die Effizienz der Unternehmung zu steigern"

Demnach gilt es, durch die Integration die im Unternehmen bestehenden künstlichen Grenzen[24] zu überwinden, um auf diese Weise Geschäftsprozesse im Unternehmen natürlich abbilden zu können.[25]

(KAIB 2002) unterscheidet zwischen operationalen und strategischen Nutzeffekten, die durch einen optimalen Integrationsgrad des genutzten IV – Systems erzielt werden können, welches auch als das formale Integrationsziel bezeichnet wird. Der optimale Integrationsgrad dieses Systems besteht nach (KAIB 2002) allerdings nicht in der Maximierung der einzelnen Integrationsmerkmale[26], sondern ergibt sich vielmehr aus einer Abstimmung der mit einem bestimmten Integrationsgrad verbundenen Nutzeffekte auf die Unternehmensziele. Die wesentlichen operativen und strategischen Nutzeffekte einer überbetrieblichen Integration in Anlehnung an (KAIB 2002) und (AIER et al. 2004) finden sich im Anhang A.a.

Zusammenfassend lässt sich die Aussage treffen, dass es das Integrationsziel ist, die Bestimmung und die Realisierung des optimalen Integrationsgrades eines betrieblichen IV - Systems zu erzielen, wodurch ein Beitrag zur Erreichung der strategischen Unternehmensziele geleistet wird.

---

[22] Vgl. KAIB 2002, S.20
[23] Vgl. KAIB 2002, S. 23
[24] beispielsweise Abteilungsgrenzen
[25] Vgl. MERTENS 2004, S.9
[26] Entsprechend der Abbildung 2-1 wäre dies die letztgenannte Ausprägung dargestellt im äußeren Ring.

2.2 Integrationskonzepte

Für die Umsetzung des Integrationsvorganges, vgl. Abschnitt 2.1, als Mittel zur Erreichung eines für die Unternehmung besseren Integrationszustandes existieren bestimmte Integrationskonzepte. Hierunter sind nach (KAIB 2002) unterschiedliche, grundlegende Methoden zu verstehen, die auf unterschiedlichen Ebenen eines Anwendungssystems angesetzt werden können, um ein Integrationsziel zu erreichen. Generell unterscheidet man die Präsentations-, die Daten- oder die Funktionsebene eines Anwendungssystems. Diese Ebenen sind in der folgenden Abbildung 2-2 dargestellt.

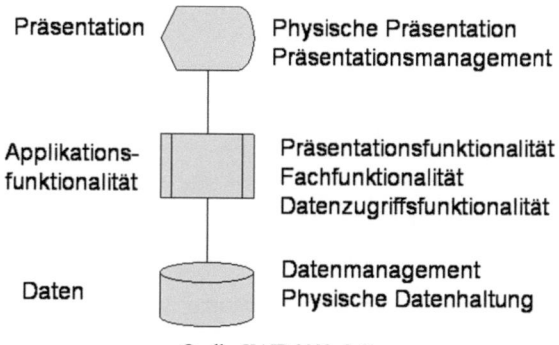

Quelle: KAIB 2002, S.61
Abbildung 2-2 Dreischichtige Anwendungsarchitektur

Dementsprechend lassen sich die Präsentationsintegration, die Datenintegration und die Funktionsintegration als häufig genutzte Integrationskonzepte unterscheiden. Aufgrund der Mehrdeutigkeit der Begriffe wird an dieser Stelle kurz auf die Unterscheidung der Daten- und Funktionsintegration im Zusammenhang mit der Darstellung verschiedener Integrationsgegenstände (siehe Abschnitt 2.1.1) und der Bedeutung als Integrationskonzepte eingegangen.

Die Integrationsgegenstände konkretisieren den Integrationszustand, während sich die Integrationskonzepte auf die Beschreibung des Integrationsvorgangs beziehen. Eine Datenintegration im Sinne eines Integrationskonzeptes betrifft dabei auch die Daten als Integrationsgegenstand. Aber auch das Konzept der Funktionsintegration kann eine Integration von Daten als primäres Ziel haben. Insofern besteht eine Abhängigkeit zwischen den Sachverhalten, der Fokus ist jedoch ein anderer.[27]

---

[27] Vgl. KAIB 2002, S. 61

Präsentationsintegration

Dieser Ansatz repräsentiert die einfachste Form der Integration, da er das, was bei einer Integration durch menschliches Handeln geschehen würde, einfach nachspielt. Die integrierende Anwendung greift hierzu auf die Präsentationsebene der Anwendung zu. Sie simuliert quasi den menschlichen Benutzer der zu integrierenden Anwendungen. Werkzeuge, die diese Aufgabe übernehmen, werden auch als Screen Scraper (dt. Bildschirmabkratzer) bezeichnet.[28] Zurzeit wird dieses Integrationskonzept im Umfeld von Großrechnern genutzt, die über keine sonstigen geeigneten Schnittstellen verfügen.[29] Kritik an diesem Verfahren ergibt sich aufgrund von Sicherheits- und Performance-Aspekten.[30] Insofern kann dieses Konzept nur als Notlösung bezeichnet werden.

Datenintegration

Bei der Integration über die Datenebene erfolgt ein direkter Zugriff auf die Daten des Anwendungssystems unter Umgehung der Präsentations- und Funktionsebene.[31] Die Datenintegration dient typischerweise dem gemeinsamen Gebrauch oder dem Abgleich redundanter Daten zwischen Anwendungen. Mit Hilfe dieses Ansatzes lässt sich in vielen Fällen auf einfache Weise ein spezifisches Integrationsproblem lösen, ohne dass Anpassungen an dem bestehenden Anwendungssystem vorgenommen werden müssen.[32] Das Spektrum an zu integrierenden Daten ist im Vergleich zur Präsentationsintegration größer. Problematisch kann die Datenintegration aufgrund von möglichen Integritätsproblemen sein, die durch die Umgehung der Anwendungslogik aus der Funktionsebene entstehen.[33] Insgesamt kann die Datenintegration aber als ein erprobtes und weit verbreitetes Integrationskonzept betrachtet werden.[34]

Funktionsintegration

Bei der Integration über die Funktionsebene werden die von dieser Ebene bereitgestellten Schnittstellen für die Integrationsaufgabe[35] genutzt.[36] Von den hier vorgestellten Konzepten handelt es sich hierbei um das weitestgehende. Es unterstützt ein breites Spektrum zu lösender Integrationsaufgaben, einschließlich der typischen Anwendungen der Präsentations- oder

---

[28] Vgl. KELLER 2002, S. 63 -65
[29] Vgl. AIER et al. 2004, S. 35: User Interface Integration
[30] Vgl. KAIB 2002, S. 63
[31] Vgl. AIER et al. 2004, S. 36
[32] Vgl. KAIB 2002, S. 64
[33] Vgl. KELLER 2002, S. 67
[34] Vgl. EDS 2003, S. 53
[35] Mit dem Begriff Integrationsaufgabe ist die Bewältigung der Probleme zur Erreichung eines mit einem höheren Nutzen verknüpften Integrationsgrades gemeint.
[36] Vgl. EDS 2003, S. 53

Datenintegration.[37] Nur im Falle einer nicht passenden Schnittstelle zur Erreichung des angestrebten Integrationsgrades muss auf ein anderes Konzept, in den meisten Fällen die Datenintegration, zurückgegriffen werden. Insgesamt wird durch diesen Ansatz eine hohe Wiederverwendbarkeit der auf der Funktionsebene bereitgestellten Funktionalität erreicht, welche flexibel und zur Entwurfszeit in noch nicht vorgesehener Weise genutzt werden kann.

Nach (KAIB 2002) kann der Integrationszustand bei einer Funktionsintegration als ein Netzwerk von Teilsystemen betrachtet werden, die jeweils aus Datenspeichern und Funktionen bestehen. Eine Koordination dieses Systems wird entweder durch den Benutzer oder über Drittsysteme gesteuert. Ein Nachteil dieses Integrationskonzeptes liegt in der großen Komplexität, die einer Umsetzung dieses Konzeptes innewohnt, und den damit verbundenen Kosten, gerade im Falle der Modifikation von bereitgestellten Schnittstellen. Zur Zeit existiert eine Reihe von Standardmechanismen zur Durchführung einer Funktionsintegration, beispielsweise Common Object Request Broker Architecture (CORBA), Javas Remote Method Invocation (RMI) oder Microsofts Distributes Component Object Model (DCOM).[38]

Die diesen drei Integrationskonzepten zugrunde liegenden technischen Konzepte zur Umsetzung sind vielfältig und werden an dieser Stelle deswegen nicht näher erläutert. Eine Übersicht hierüber findet sich bei (BUSSLER 2003) oder bei (HOHPE et al. 2003).

Von den hier vorgestellten Integrationskonzepten als grundlegende modellhafte Methoden der Anwendungsintegration wird ein pragmatischer Integrationsansatz nach (KAIB 2002) unterschieden. Im Folgenden werden zwei traditionelle Ansätze vorgestellt, um anhand von diesen die Vorzüge des im Abschnittes 1.3 vorgestellten Ansatzes EAI darzustellen.

2.2.1 Punkt zu Punkt Integration

Bei einer Punkt zu Punkt Integration (P2P - Integration) werden die Anwendungssysteme über dezidierte Verbindungen miteinander verknüpft. In der Konsequenz bedeutet dieses, dass man theoretisch eine Ordnung von $O(n^2)$ Schnittstellen haben kann, wie die folgende Abbildung 2-3 verdeutlicht. Aus diesem Grund ist der P2P - Integrationsansatz nur für kleine n sinnvoll.[39] Aus dieser Darstellung leitet sich auch das Synonym dieses Integrationsansatzes, die sogenannte

---

[37] Vgl. KAIB 2002, S. 65
[38] Vgl. KAIB 2002, S. 66 – 67
[39] Vgl. EICKER et al 1992, S. 140

Spaghetti - Integration ab.[40] Typischerweise ist dieser Ansatz die Folge eines *Zusammenwachsens von Anwendungssystemen über die Zeit hinweg*.[41] Häufig wurde keine stringente ganzheitliche Strategie und Planung für die sich im Einsatz befindenden IV – Systeme entwickelt, sondern nach Bedarf eine Kommunikationsverbindung zwischen Anwendungssystemen geschaffen. Im besonderen Maße wird dieser Integrationsansatz bei der Zusammenführung von unterschiedlichen IV – Systemen im Rahmen eines M&A verwendet, um in möglichst kurzer Zeit die Prozesse zwischen den fusionierten Unternehmensteilen zu koppeln und damit erste Ergebnisse zu liefern, die die Fusion rechtfertigen können.[42] Hieraus leiten sich das dargestellte Schnittstellenchaos ab und die sich daraus ergebenden hohen Betriebskosten für die Wartung der Schnittstellen.[43] Die Integration weiterer Anwendungssysteme gestaltet sich schwierig, da im Regelfall individuelle Kommunikationsverbindungen über die spezifischen Schnittstellen der integrierenden AWS erstellt werden müssen.

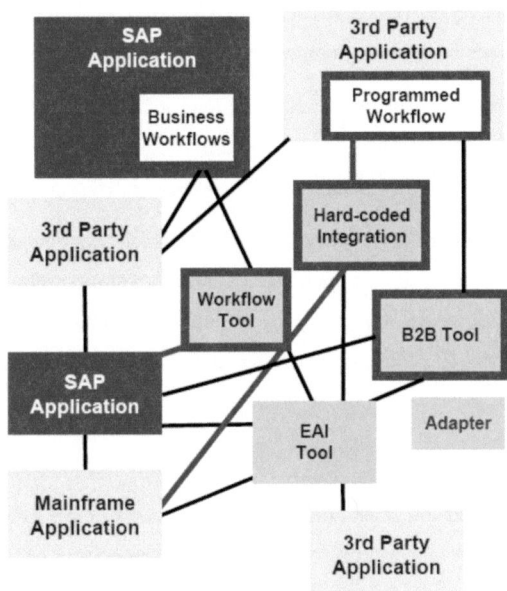

Quelle: eigene Darstellung

Abbildung 2-3 Punkt zu Punkt Verbindung

---

[40] Vgl. KLOSTERMEIER 2002
[41] Vgl. AIER et al. 2004, S.12: Anwendungssysteme, die basierend auf einer Client / Server Technologie zumeist in Form einer Individualsoftware erstellt wurden, wurden aufgrund eines höheren Nutzens entsprechend dem Geschäftsprozesses über Abteilungsgrenzen hinweg verknüpft.
[42] Vgl. HENSEL 2002: unternehmensstrategische Probleme
[43] Vgl. DIETRICH 2004, S. 139

2.2.2 Middleware – Integration

Bei einem Middleware - basierten Integrationsansatz wird zur Lösung des Integrationsproblems eine vermittelnde Softwareschicht, die sogenannte Middleware, zwischen zwei oder mehrere Systeme geschaltet.[44] Ziel ist es, dass die über diese Schicht angebundenen Systeme hersteller- und ggf. plattformunabhängig Daten austauschen können. Hierbei werden Implementierungsdetails, die bei der P2P – Integration für die Etablierung der Verbindungen notwendig waren, in dieser Softwareschicht versteckt, wodurch die Integrationskosten geringer ausfallen. Middleware ermöglicht die Konnektivität zwischen verschiedenen Anwendungen und unterstützt somit die Integration auf Datenebene.[45] Die semantische Abstimmung zwischen den Anwendungen oder ein Prozessmanagement leistet Middleware nach (KAIB 2002) ausdrücklich nicht.

Ein spezieller Middleware – Ansatz ist der sogenannte MOM (Message Oriented Middleware), ein nachrichtenorientierter Ansatz. Dieser ist speziell für den Zweck konzipiert worden, in einer verteilten Umgebung die Zustellung von Nachrichten zu einem Anwendungssystem zu garantieren.[46] Aus diesem Grund unterstützt er einen konsistenten, zuverlässigen und sicheren Transportmechanismus. Generell unterscheidet man an dieser Stelle zwei Arten des Transportes einer Nachricht zwischen Anwendungssystemen, die von einer MOM unterstützt werden: die asynchrone und die synchrone.

Die synchrone Kommunikation entspricht der typischen Client-Server Kommunikation, bei der der Sender eine Nachricht an den Empfänger sendet und der wiederum nach der Bearbeitung der Anfrage eine Antwort an den Sender zurücksendet. Während dieses Interaktionsvorganges wartet die sendende Anwendung auf die Antwort und ist dadurch in ihrem weiteren Programmablauf blockiert.

Die asynchrone Kommunikation unterscheidet sich dagegen von der synchronen wie folgt. Auch hier wird eine Nachricht vom Sender an den Empfänger geschickt, allerdings unterbricht der Sender dabei nicht seine Programmausführung. Er blockiert somit nicht, sondern führt die Bearbeitung des nächsten Programmschrittes fort.

---

[44] Vgl. KAIB 2002, S. 72
[45] Vgl. KAIB 2002, S. 102
[46] Vgl. CHAPPEL 2004, S. 84ff

2.3 Enterprise Application Integration (EAI)

EAI ist ein noch recht junger Begriff für den zurzeit noch keine einheitliche Definition existiert.[47] Nach (KAIB 2002) stellt EAI einen „umfassenden Ansatz für die operative Integration von Geschäftsprozessen durch die kontrollierte, flexible und rasch ausbaubare inner- oder zwischenbetriebliche Integration multipler Anwendungen" dar. Entsprechend den vorgestellten Integrationsmerkmalen handelt es sich demnach um einen Ansatz, welchem als Integrationsgegenstand Daten, Programme und Prozesse zugrunde liegen.[48] Die folgenden Abbildung 2-4 trägt diesem Umstand Rechnung.

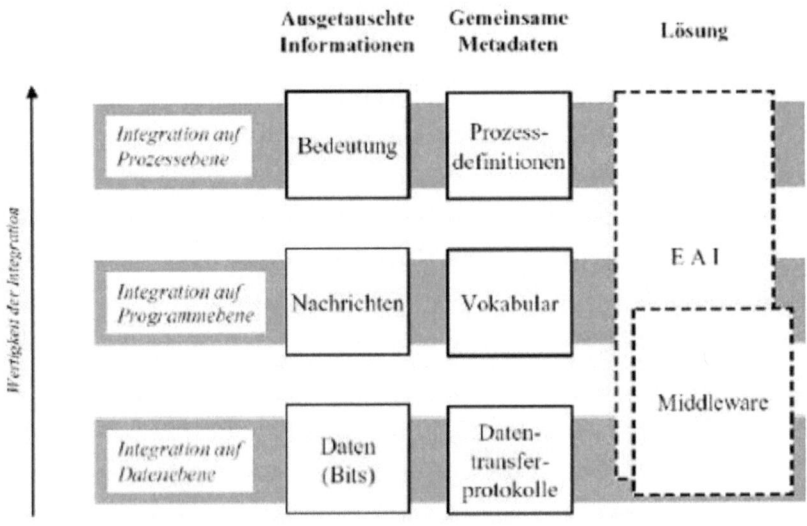

Quelle: KAIB 2002, S. 79

Abbildung 2-4 EAI zur Daten-, Programme- und Prozessintegration

Als Integrationsreichweite dieses Ansatzes lässt sich sowohl die innerbetriebliche als auch zwischenbetriebliche Integration ausmachen. Zu der Integrationsrichtung kann keine allgemeine Aussage getroffen werden. Es erscheint allerdings notwendig, dass entsprechend der obigen Beschreibung immer eine horizontale Integration entlang der Wertschöpfungskette zur Unterstützung des Geschäftsprozesses erfolgt.

---

[47] Vgl. AIER et al. 2004, S. 15
[48] Vgl. KAIB 2002, S. 83

Gemäß der vorliegenden Abbildung baut der Integrationsansatz EAI auf einer Middleware Technologie (siehe Abschnitt 2.2.2) zur Lösung des Integrationsproblems auf.[49] Im Unterschied zu den bisher genannten Integrationsansätzen stellt die EAI einen Ansatz zur semantischen Integration über Daten-, Programm- und Prozessebene dar[50] (vgl. Abbildung 2-4), indem diese Funktionalität für das Prozessmanagement sowie zur zentralen Koordination von Transaktionen bereitsteht.

Im Folgenden werden zur technischen Realisierung dieses Integrationsansatzes zwei unterschiedliche Architekturen vorgestellt.

2.3.1 Architektur

Nach (KAIB 2002, S.86) existieren grundsätzlich zwei Architekturansätze bzw. Netzwerktopologien. Zum einen die so genannte Nabe- und Speiche- Architektur und zum anderen die Bus- Architektur.

Bei der Nabe- und Speiche- Architektur (engl. Hub & Spoke) agiert die EAI – Lösung als zentrale Instanz („Nabe") zwischen den zu verbindenden Anwendungssystemen vgl. Abbildung 2-5. Eine Interaktion zwischen den Anwendungen findet nur über diese Stelle statt. Auf diese Weise müssen die zu integrierenden Anwendungen lediglich eine Schnittstelle verwenden, um zum Zwecke der Integration mit anderen Anwendungen in Interaktion treten zu können. Die Verbindung zwischen der zu integrierenden Anwendung und der „Nabe" wird als „Speiche" bezeichnet.

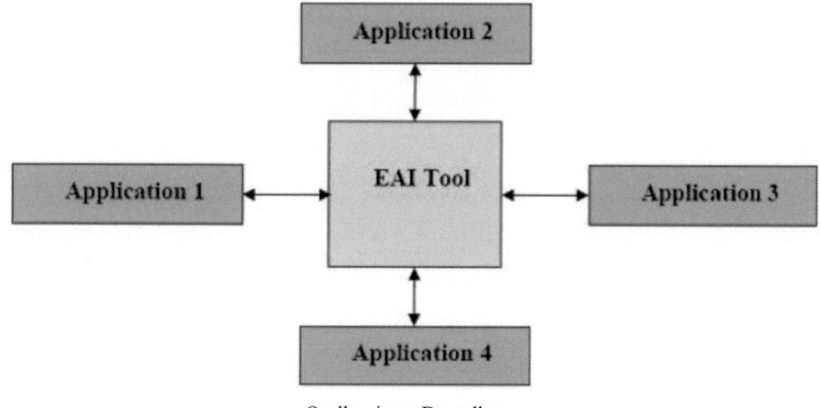

Quelle: eigene Darstellung
Abbildung 2-5 Nabe & Speiche Architektur

---

[49] Vgl. KAIB 2002, S.81
[50] Vgl. WINKELER 2000, S. 38

Die „Nabe" und „Speiche" Architektur wird nach (KAIB 2002) in der Praxis am häufigsten verwendet. Ein Nachteil der vorgestellten Lösung liegt in dem zentralen Ansatz begründet. Dieser kann damit als *single point of failure* identifiziert werden.[51]

Von der Nabe- und Speicher- Architektur ist die Bus- Architektur zu unterscheiden, siehe folgende Abbildung 2-6.

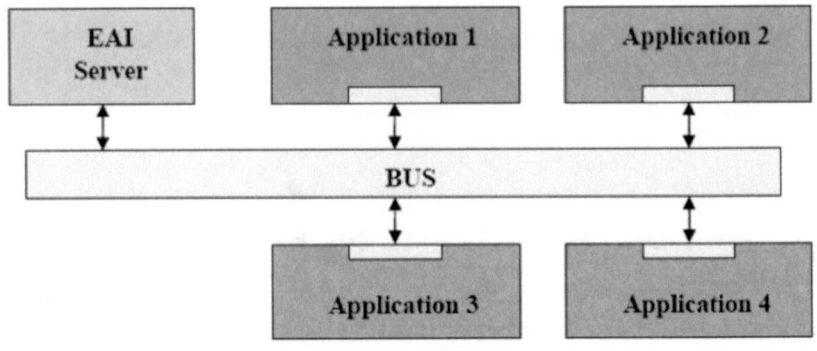

Quelle: eigene Darstellung
Abbildung 2-6 Bus Architektur

Bei der Bus– Architektur wird der Nachteil der Nabe- und Speiche- Architektur aufgehoben, indem dieser Ansatz die Funktionalitäten, die bisher von einer zentralen Instanz bereitgestellt wurden, auf verschiedene Netzwerkknoten aufteilt und dezentral verwalten lässt.[52] Aufgrund dessen spricht man bei der Bus- Architektur auch von einer verteilten Architektur. Die Nachrichten werden über den „Bus" an alle angeschlossenen Softwarekomponenten versendet. Charakteristisch für eine Bus – Architektur ist die höhere Performance[53] sowie der niedrigere Aufwand für die Anbindung einzelner Systeme.

Letztlich ist die Entscheidung, welche Architektur für die Umsetzung einer EAI – Lösung gewählt wird, aus Sicht der zu integrierenden Anwendungen irrelevant, da für diese eine Interaktion immer über eine Form von Speiche erfolgt. Eine Unterscheidung zwischen den Architekturformen findet im Rahmen dieser Arbeit anhand der unterschiedlichen Netztopologien statt.

---

[51] Vgl. SAINI 2003, S. 26
[52] Vgl. KAIB 2002, S. 87
[53] aufgrund der einfacheren Möglichkeit zu skalieren.

2.3.2 Funktionale Bestandteile von EAI - Lösungen

Aus der uneinheitlichen Begriffsdefinition folgt eine ebenso nicht klare Definition der funktionalen Bestandteile einer EAI– Lösung. Die im Folgenden dargestellten Komponenten orientieren sich maßgeblich an (KAIB 2002). Der Abbildung 2-7 entsprechend ergeben sich fünf zentrale Bestandteile einer EAI– Lösung:

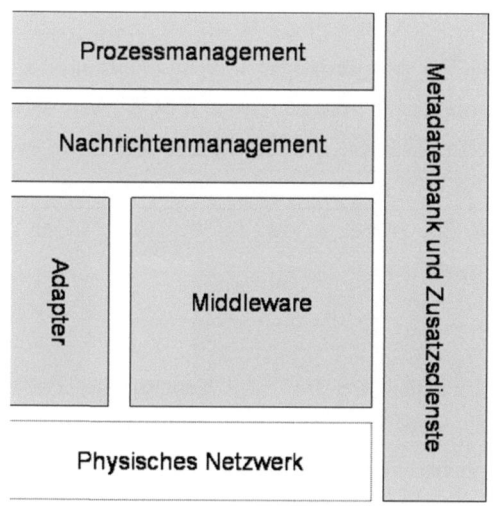

Quelle: eigene Darstellung, in Anlehnung an KAIB, 2002, S.100
Abbildung 2-7 EAI Bestandteile

Adapter

Adapter werden benötigt, um die zu integrierende Anwendung mit der EAI– Lösung zu koppeln. Hierzu wird die Exportschnittstelle der Anwendung nicht geändert (non- invasiv). Um dieses zu ermöglichen, werden Adapter im Sinne von Softwaresteckern verwendet, die anwendungs- und technologiespezifisch eingesetzt werden. Zu unterscheiden sind die Thin– von den Thick- Adaptern, die sich in dem Grad der jeweils gekapselten Logik des Adapters unterscheiden. Zum Beispiel kann der Adapter die Transformation von Daten zwischen dem Quell- und Zielsystem unterstützen.

Middleware

Der Begriff Middleware wurde im Abschnitt 2.2.2 bereits kurz vorgestellt. Im Kontext dieses Abschnittes ist keine Präzisierung dieses Begriffes notwendig. (KAIB 2002) fasst unter dem

Begriff Middleware die Summe der zur Interaktion von Anwendungen eingesetzten Technologien, bestehend aus RPC, datenzugriffsorientierter Middleware, MOM, transaktionsorientierter Middleware, komponentenorientierter Middleware, zusammen.[54] Diesen Technologien ist gemein, dass sie nach (KAIB 2002) die Datenintegration ohne eine semantische Abstimmung leisten.

Nachrichtenmanagement

Unter dem Begriff Nachrichtenmanagement wird die Funktionalität zur Realisierung der Programmintegration verstanden. Im Unterschied zur Middleware wird mit Hilfe des Nachrichtenmanagements eine Abstimmung auf der semantischen Ebene zwischen zu integrierenden Anwendungen getroffen.[55] Die Funktionalität umfasst die Bereiche der Datentransformation, Synchronisation des zeitlichen Ablaufs von AWS sowie die Möglichkeit zur Durchführung von Transaktionen.[56]

Prozessmanagement

Gemäß der obigen Definition von EAI wird hierunter eine Funktionalitätskomponente verstanden, die die auf oberste Ebene lang laufenden, unterbrechbaren, verteilten Geschäftsprozesse, die auch personenunterstützte Schritte beinhalten können, unterstützt.[57] Dieses geschieht dadurch, dass mit Hilfe des Prozessmanagements Abarbeitungsfolgen von Funktionen als Teilprozess des Geschäftsprozesses festgelegt werden können.[58] Diese Abarbeitungsfolgen werden im Folgenden auch als Workflow verstanden. Das Prozessmanagement umfasst nach (KAIB 2002, S. 120) drei wesentliche Funktionalitäten: die Prozessmodellierung, die Prozesssteuerung und die Prozesskontrolle. Während der Prozessmodellierung wird ein Prozessmodell erstellt, in dem Ressourcen, d.h. Anwendungen und Personen, zugeordnet werden sowie die Sequenzen und Informationsflüsse zwischen diesen definiert wird. Die Ausführung des Modells erfolgt mittels der bereitgestellten Funktionalität durch die Prozesssteuerung. Über Schnittstellen zu den anderen EAI– Komponenten wird die Ausführung des Workflows gesteuert. Die Prozesskontrolle übernimmt die Aufgaben der Überwachung des

---

[54] Vgl. KAIB 2002, S.102 - 118
[55] Vgl. KAIB 2002, S. 118
[56] Transaktionsfähigkeit kann auch schon durch entsprechende Middleware geleistet werden. Beispielsweise im Falle von RPC muss die Transaktionsfähigkeit für eine Folge von RPC Aufrufen durch eine bestimmte Anwendung des funktionalen Bestandteiles Nachrichtenmanagement bereitgestellt werden.
[57] Vgl. KAIB 2002, S. 120
[58] Vgl. RAUTENSTRAUCH et al. 2003, S. 267

Ablaufs (Monitoring) anhand festgelegter Metriken und umfasst die Möglichkeit zur entsprechenden Optimierung der Prozesse.

Metadienste und Zusatzdienste

Die für die Gestaltung der EAI – Lösung notwendigen Informationen werden in einer Metadatenbank gehalten, dem so genannten Repository. In diesem befinden sich Informationen über die Integrationsbeziehungen sowie über die zu integrierenden Komponenten selbst. Die für eine EAI– Lösung elementare Informationen wie Nachrichtenschemata, die Verteilung von Komponenten, sowie Transformationsinformationen werden in dieser Datenhaltungskomponente gespeichert.[59]

Neben diesen Daten selbst werden unter diesem Punkt auch Zusatzdienste subsumiert. Vor allem Dienste, die die Funktionalität für das Systemmanagement sowie für den Entwicklungsprozess gewährleisten, müssen an dieser Stelle genannt werden.[60] Das zentrale Element des Systemmanagement ist ein Verzeichnis (engl.: directory), in welchem eine eindeutige und konsistente Bezeichnung aller Komponenten des verteilten Systems, d.h. deren Ortung, Identifikation und Gebrauch sowie die Zuordnung von Systemressourcen zu diesen Komponenten, hinterlegt sind.[61] Eine Administration der EAI – Lösung wird mit Hilfe der unter diesem Punkt zusammengefassten Funktionalität ermöglicht.

2.3.3 Kritische Punkte

Im Vergleich zu den im Abschnitt 0 vorgestellten Integrationsansätzen wurde mit EAI ein Integrationsansatz präsentiert, mit dem Verbesserungen in Bezug auf die Bewältigung der Integrationsaufgabe erzielt werden können.

Dennoch ergeben sich bei der bisherigen Umsetzung dieses Ansatzes Probleme. Zwar löst EAI grundsätzlich das Schnittstellenproblem, welches bei der P2P-Integration dargestellt wurde, allerdings müssen für die Integration von so genannten Legacy - Anwendungen[62] meistens individuell Schnittstellen entwickelt werden. Bezogen auf die Ebene der Datenintegration kann nach (EICKER et al. 1992) die Verwendung von individuell zu erstellenden

---

[59] nach KAIB 2002, S. 121 zählen des Weiteren noch die Sicherheitsparameter und Verantwortlichkeiten, technologische Infrastruktur, Regeln und Logik für die Verarbeitung von Nachrichten sowie Design und Architekturinformationen zu den im dem Repository gehaltenen Informationen
[60] Vgl. KAIB 2002, S. 121
[61] Vgl. KELLER 2002, S. 47 fasst diese Anforderung unter Namensdienst zusammen
[62] Vgl. Glossar

Schnittstellen mit Hilfe des *selektiven integrationsorientierten Reengineering* verhindert werden. Auf diese Weise kann zumindest auf der Datenebene die Schnittstellenproblematik reduziert werden. Aufgrund der Tatsache, dass diese Methodik aber nur unter bestimmten Umständen wirtschaftlich eingesetzt werden kann, wie die Autoren EICKER et al. 1992 herausstellen, und zurzeit keine entsprechende Toolunterstützung existiert, wird im Folgenden davon ausgegangen, dass im Allgemeinen ein großer Aufwand bei der Erstellung von Schnittstellen bestehen bleibt.

Neben dieser Schnittstellenproblematik darf nach (AIER et al. 2004) nicht der Aufwand unterschätzt werden, der durch die Einführung einer EAI- Lösung entsteht. Dieser resultiert maßgeblich aus der Komplexität der Integrationsbeziehungen, die aus dem Geschäftsprozess entstehen. Deshalb schlagen (AIER et al. 2004) vor, dass eine EAI– Einführung mit einer vollständigen Prozessüberarbeitung[63] einhergehen muss. (HOFMANN 2003) betont, dass eines der Kernprobleme der EAI in der fehlenden Standardisierung liegt, wodurch u.a. die Verbindung unterschiedlicher EAI - Werkzeuge in einer integrierten Umgebung, z.B. für die Überwachung des Prozesses (engl. Monitoring), verhindert wird. Gerade diese Schwachstelle ist gravierend, da eine EAI – Lösung per Definition, wie im Abschnitt 0 dargestellt, die Interoperabilität zwischen Anwendungssystemen leisten muss.

Im nächsten Kapitel wird ein neues Technologiekonzept vorgestellt auf dessen Basis der EAI – Integrationsansatz umgesetzt werden kann.

---

[63] Prozessüberarbeitung im Sinne eines Business Process Reengineering nach (CHAMPY et al. 1995).

3 Serviceorientierter EAI - Integrationsansatz

In diesem Kapitel wird die serviceorientierte Architektur (SOA) als ein Konzept vorgestellt, auf dessen Basis eine EAI- Lösung zur inner – und überbetrieblichen Prozessintegration ermöglicht wird. Außerdem soll gezeigt werden, dass die SAP Exchange Infrastructure (XI) 3.0 als eine Implementierung dieses Konzeptes zur Realisierung einer EAI - Lösung zu betrachten ist.

Einleitend wird kurz dargestellt, wo die betriebswirtschaftlichen Problemstellungen liegen, die eine SOA notwendig erscheinen lassen, und abgeleitet, welche Anforderungen sich aus diesen für die im Unternehmen eingesetzten IV - Systeme ergeben. Im Anschluss erfolgt eine detaillierte Vorstellung des SOA - Ansatzes sowie eines Koordinierungsinstruments von Services, dem Enterprise Service Bus (ESB). Abschließend wird die SAP XI 3.0 vorgestellt und gezeigt, dass es sich hierbei um eine EAI – Lösung, basierend auf dem SOA – Prinzip und vergleichbar dem ESB– Konzept, handelt.

Aufgrund der Tatsache, dass für viele in diesem Text verwendete Begriffe aus Sicht des Autors keine adäquate deutsche Übersetzung existiert bzw. die deutsche Übersetzung im jeweiligen Kontext irreführend ist[64], werden in diesem Fall englische Begriffe verwendet. Der Plural dieser Begriffe orientiert sich ebenfalls an der englischen Grammatik.

3.1 Betriebswirtschaftliche Herausforderungen

Unternehmen müssen sich gegenwärtig neuen Herausforderungen stellen als noch vor einigen Jahren. Heute sind Unternehmen einem stärkeren Wettbewerb ausgesetzt, der nicht mehr nur lokal stattfindet, sondern mittlerweile verstärkt auch global.[65] Insbesondere durch die Marktliberalisierungen und technologischen Innovationen in den 80er und 90er Jahren[66] wurde der Wettbewerb in vielen Branchen verschärft.[67]

---

[64] Im Rahmen dieser Arbeit existiert beispielsweise ein Unterschied zwischen Service und der deutschen Übersetzung „Dienst". Dienst im Verständnis von TUROWSKI 2003 unterscheidet sich grundlegend von dem, was in dieser Arbeit mit Service gemeint ist.
[65] Vgl. FAZ 2002
[66] Vgl. HAGEL 2002, S. 3
[67] Als ein Indiz hierfür kann die sinkende durchschnittliche Dauer, die ein Unternehmen in dem populären amerikanischen Aktienindex S&P 500 bleibt, angeführt werden.

Die Unternehmen sind in ihren Bemühungen um die Kunden gezwungen, schnell und flexibel auf Marktveränderungen zu reagieren. Gleichzeitig müssen Unternehmen in der Lage sein, die sich ständig verkürzenden Produktlebenszyklen und zunehmende Innovationsdynamik zu bewältigen.[68] (MULHOLLAND 2003) fordert dementsprechend das *adaptive Unternehmen*, welches dieser Fähigkeit gerecht wird.[69]

Die Notwendigkeit von flexiblen Geschäftsprozessen[70] ist demzufolge kritisch für den Unternehmenserfolg, die Wertsteigerung. Zum einen deswegen, weil die Unternehmen versuchen durch eine Optimierung ihrer Prozesse[71] entlang der Wertschöpfungskette ihren Gewinn durch Kostenreduktionen zu steigern. Dieses impliziert eine verstärkte Abstimmung/ Integration mit den Geschäftspartnern und Kunden, mit dem Ziel einen möglichst hohen Automatisierungsgrad in der Koordination zu erreichen. (CHAPPEL 2004) führt dieser Entwicklung entsprechend den Begriff *extended Enterprise*[72] (zu dt. Erweiterte Unternehmung) ein. Beispiele für diese Entwicklung sind u.a. das vom Unternehmen WalMart[73] eingeführte VMI (Vendor-Managed-Inventory)[74] oder die vom Unternehmen DHL online angebotene Funktionalität der Nachverfolgung von Paketen für Kunden.

Zum anderen versuchen die Unternehmen den Gewinn durch ein Umsatzwachstum zu realisieren, welches ebenfalls nach einem hohen Maß an flexiblen Geschäftsprozessen verlangt, da nach (HAGEL 2002, S. 5) ein organisches Wachstum in diesem Marktumfeld nur noch durch neue Produkte, neue Verkaufskanäle und neue Kundensegmente stattfindet.

Diese neuen Herausforderungen antizipieren die Unternehmen durch eine Veränderung der Unternehmensorganisation, vgl. Abbildung 3-1. Die aus den 80er Jahren stammenden vertikal isolierten Abteilungen (in der Abbildung als Stovepipe/ Offenrohr bezeichnet) wurden in den 90ern durch horizontale, geschäftsprozessfokussierte Strukturen (Tunnels) abgelöst. Heutzutage hingegen muss auf Basis von effizienten internen Prozessen die Integration mit den an der Wertschöpfung beteiligten Akteuren erfolgen.

---

[68] Vgl. SCHUMACHER 2003: Wirtschaft in Echtzeit
[69] Vgl. WOODS 2004, Nachwort S.189
[70] Vgl. Glossar
[71] Falls im Text nicht anders gekennzeichnet wird der Begriff Prozess synonym für Geschäftsprozess benutzt.
[72] Vgl. CHAPPEL 2004, S. 1; MERTENS 2004, S. 9
[73] Der größte international tätige Handelskonzern.
[74] Vgl. Glossar

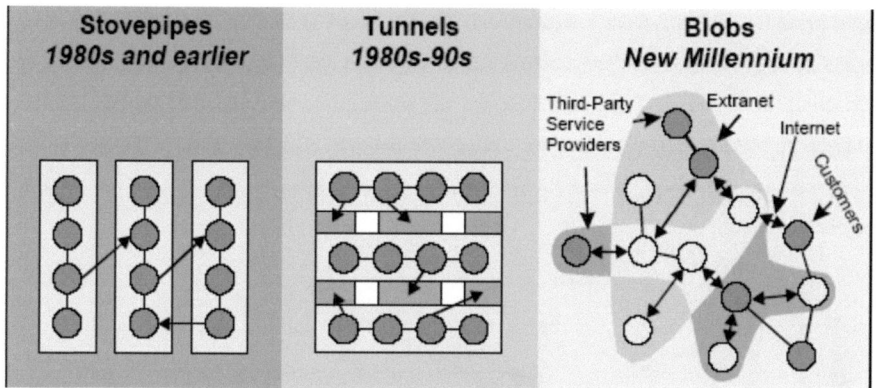

Quelle: BUTLER GROUP (1999), S. 10
Abbildung 3-1 Die Evolution von Unternehmensorganisationen

Auf Grundlage von derart flexiblen Geschäftsprozessen ist es möglich, dass sich Unternehmen stärker auf ihre Kernkompetenzen[75] zurückziehen und beginnen, Randaktivitäten entweder zu verlagern (vgl. Glossar: Outsourcing) oder komplette Prozesse durch das BPO (vgl. Glossar: Business Process Outsourcing) abzugeben. Erreichbar wird dies dadurch, dass eine flexible Gestaltung von Prozessen die Integration von Geschäftspartnern in die Wertschöpfungskette auf einfache Weise ermöglicht. Bei weitergehenden Standardisierungen in den Abläufen der unternehmensübergreifenden Koordination wird es zudem möglich werden, eine bisher eher starke Kopplung der Akteure in den Geschäftsprozessen[76] durch eine lose Kopplung zu ersetzen. Auf diese Weise können Akteure in der Wertschöpfungskette leichter ausgetauscht werden, wodurch der Kundennutzen durch eine höhere Produktqualität gesteigert und somit die Wettbewerbsfähigkeit insgesamt verbessert wird.[77]

Zusammenfassend lässt sich demnach ein allgemeiner Trend in der Wirtschaft feststellen, wonach die Unternehmen verstärkt Elemente ihrer bisherigen Wertschöpfungskette an ihre Partner abgeben (geringere Wertschöpfungstiefe), um auf diesem Wege flexibler und mit geringeren Kosten den veränderten Anforderungen des Marktes und vor allem dem stärkeren Wettbewerb global gerecht zu werden. Dieses hat unter der Annahme einer starken IT -

---

[75] Vgl. ANDERSON 2004, Trends in der Automobilindustrie nach dem Lean Manufacturing (vgl. Glossar)
[76] Vgl. HAGEL 2002, S. 69 am Beispiel Dell. Bisher war der Austausch eines Lieferanten in der Lieferkette mit hohen Kosten verbunden. Diese entstanden u.a. dadurch, dass eine starke Abstimmung der auf beiden Seiten eingesetzten Unternehmenssoftware erfolgen musste, was meist in proprietären Konnektoren oder einer Swivel-Chair Integration endete. In der Konsequenz waren solche Beziehungen schwierig zu etablieren und stellen demzufolge eine hohe Wechselbarriere dar.
[77] Vgl. HAGEL 2002, Kapitel 7: Unbundle to Rebundle

gestützten Durchführung der Prozesse Auswirkungen auf die sich im Einsatz befindenden IV - Systeme. Parallel zu den steigenden Anforderungen an das Design und die Ausführung von Geschäftsprozessen sinkt die Reaktionszeit, die maximal verstreichen darf bis auf Veränderungen im Markt reagiert werden kann, ohne dass dadurch nachhaltige Auswirkungen auf das Unternehmen entstehen.[78] Diese Problematik ist in der folgenden Abbildung zum Ausdruck gebracht.

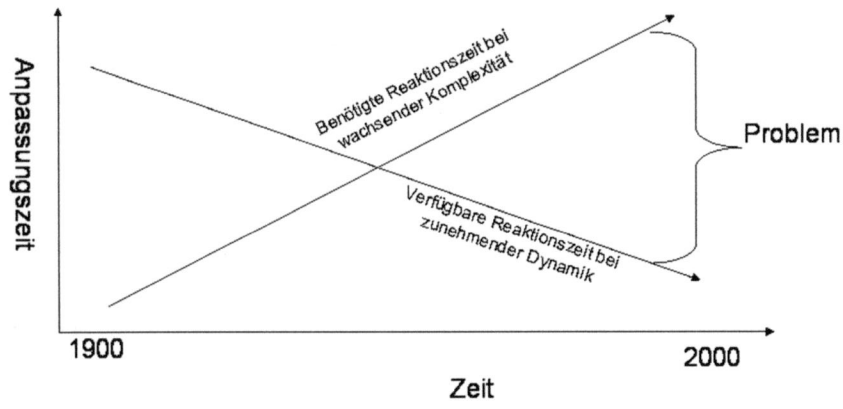

Quelle: AIER et al. 2004, S. 6

Abbildung 3-2 Veränderung der Reaktionszeit im Zeitverlauf

3.2 Anforderungen an überbetriebliche IV - Systeme

Entsprechend den Ausführungen aus dem Abschnitt 3.1 haben die neuen Herausforderungen Konsequenzen auf die sich momentan im Einsatz befindenden IV - Systeme. (CHAPPEL 2004) stellt in dem Buch *Enterprise Service Bus* fest, dass in den meisten Unternehmen zurzeit eine wie er sie bezeichnet *Accidental Architecture* existiert. Diese Architektur zeichnet sich dadurch aus, dass sie, weil sie historisch gewachsen ist, Anwendungen als Silos von Informationen[79] behandelt, die über die unterschiedlichsten Mechanismen miteinander

---

[78] Beispielsweise könnten diese Auswirkungen, unter der Annahme der erweiterten Unternehmung, Einbußen bei der Wettbewerbsfähigkeit eines Produktes bedeuten. Diese könnten aus Gründen wie einer mangelnden Umsetzungsmöglichkeit von Produktinnovationen oder in Bezug auf die Etablierung eines automatisierten Bestellsystems (VMI) entstehen.

[79] (HAGEL 2002) stellt hierzu fest: notion of functional silos, fragmenting the enterprise with barriers to coordination across functions like marketing and sales created by incompatible IT – Systems or organizational structures.

verknüpft sind. Es fehlt eine konsistente und leicht zu wartende Infrastruktur (vgl. Abbildung 3-3). Aufgrund dessen sehen sich viele Unternehmen den folgenden Problemen[80] ausgesetzt:

- Heterogenität der Systemlandschaft[81] sowohl im Unternehmen als auch in Bezug auf die vom Geschäftspartner eingesetzten Anwendungssysteme, die über einen zwischenbetrieblichen Geschäftsprozess in Abhängigkeit zueinander stehen. Insgesamt herrscht bei den an der Wertschöpfungskette beteiligten Akteuren eingesetzten Anwendungssystemen eine große Komplexität an genutzten Anwendungssystemen sowie eine enorme Kompliziertheit in deren Beziehungen.

- Teure inflexible Integrationstechniken[82], die ein nicht akzeptables Risiko für das Unternehmen darstellen, vgl. (HAGEL 2002 S. 23): Swivel Chair Integration[83].

- Monolithische Geschäftsanwendungen, die ein hohes Maß an teurem Customizing[84] und Wartung erfordern[85];

- *Locked in*[86] Problematik beim Hersteller der eingesetzten Standardsoftware;

- Mangelnde Möglichkeit der automatisierten Prozessausführungen mit Geschäftspartnern und dadurch Effizienzeinbußen, möglicherweise sogar konkrete Nachteile aufgrund der fehlenden Fähigkeit an automatisierten Prozessen teilnehmen zu können.[87] Die Forderung nach loser Kopplung in den Beziehungen zwischen den Akteuren kann nicht erfüllt werden.

---

[80] Vgl. WIEHLER 2004
[81] Vgl. KAIB 2002, S. 13
[82] Eine Integration der im Unternehmen existenten Anwendungssysteme findet nach CHAPPEL 2004 bisher über diverse Techniken wie zum Beispiel FTP, Direkte Socket Connections, properietäre MOM und manchmal CORBA oder andere Arten von RPC statt; nur vereinzelt werden EAI Lösungen eingesetzt, Vgl. Abbildung 3-3.
[83] Vgl. Glossar
[84] Vgl. Glossar
[85] Vgl. BROWN et al. 2002 schreiben dazu: „Rather, a software architect's task is commonly that of extending the life of an existing solution by describing new business logic that manipulates an existing repository of data, presenting existing data and transactions through new channels such as an Internet browser, or handheld devices, integrating previously disconnected systems supporting overlapping business activities, and so on." Vgl. hierzu auch VOLLMER et al. 2004, S. 3
[86] Vgl. Glossar
[87] Vgl. HAGEL 2002, S. 73; Situation bei WalMart für einige Lieferanten nach Einführung des VMI – Projektes.

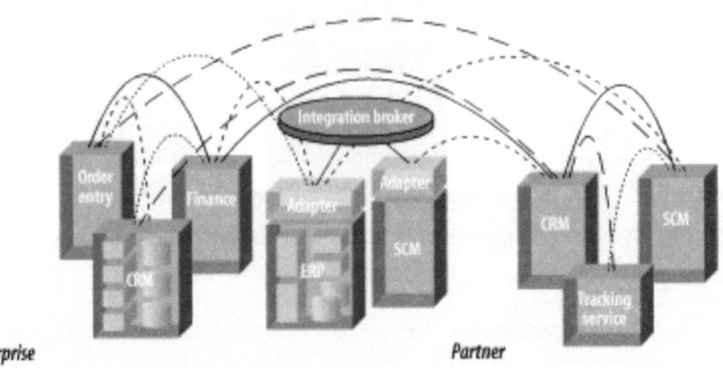

Quelle : CHAPPEL 2004, S. 29

Abbildung 3-3 Accidental Architecture

Zur Überwindung der skizzierten Probleme und um den neuen Herausforderungen begegnen zu können, schlägt (HAGEL 2002, S.25) vier Prinzipien vor, nach denen eine neue Integrationsarchitektur zur Realisierung einer Funktionsintegration entwickelt werden muss. Auf diese Weise kann die Forderung nach Flexibilität der Prozesse auf IT – Ebene gewährleistet werden.

1. Einfachheit

Mit diesem Prinzip wird verlangt, dass der Aufruf einer Funktion[88], gekapselt in einem betrieblichen Anwendungssystem, auf einfache Art erfolgt. Die Komplexität bei der Funktionsintegration (vgl. Kapitel 2.2) soll auf die für die Integration notwendige Middleware[89] verlagert werden. Durch diese „Zentralisierung" der Komplexität und der einfachen Bereitstellung der Funktionalität zum Verwalten und Herstellen von Kommunikationsverbindungen durch diese Middleware wird die Abhängigkeit zwischen den Endpunkten[90] gesenkt. Endpunkte sollen keine für eine spezifische Interaktion mit anderen Endpunkten notwendige Funktionalität implementieren.

2. Lose Kopplung

Das IV– System soll auf einer modularen Architektur basieren. Jedes Modul besitzt eine begrenzte Anzahl von öffentlichen Schnittstellen und unterstützt Standards für die

---

[88] Vgl. Glossar
[89] Vgl. das Middleware – Integrationskonzept Kapitel 2.2.2
[90] Vgl. Glossar

Interaktion. Auf dieser Grundlage können die Module lose gekoppelt werden. Der Vorteil der losen Kopplung besteht zum einen in der einfacheren Herstellung der Kommunikation im Vergleich zu dem Punkt- zu- Punkt- Integrationsansatz (vgl. Kapitel 2.2.1) und zum anderen in der gestiegenen Flexibilität, die Kommunikationsverbindungen zu anderen Modulen leichter zu substituieren. Bisherigen Ansätzen zur Realisierung dieses Prinzips, darunter CORBA (Common Object Request Broker), ist die Umsetzung nicht gelungen, da nicht im ausreichenden Maße Standards für die Modulinteraktionen etabliert wurden, sowie aufgrund der hohen Komplexität bei der Definition von Schnittstellen (vgl. Kapitel 2.2.3 Kritische Punkte).

3. Heterogenität

Eine moderne Integrationsarchitektur zeichnet sich dadurch aus, dass sie die Unternehmensrealität einer heterogenen Systemlandschaft berücksichtigt. Existierende betriebliche Anwendungssysteme werden nicht ausgesondert, sondern stattdessen werden Mittel bereitgestellt, wodurch die in diesen gekapselten Funktionalitäten, auch im Sinne des Investitionsschutzes, wieder verwendet werden können.[91] Das erklärte Ziel ist eine Evolution der bestehenden Systeme durchzuführen, im Unterschied zu einer Revolution wie es (ULLMANN 2004) ausdrückt. Als Mittel zur Integration dieser Anwendungssysteme wird eine zusätzliche Softwareschicht benötigt, die die Kommunikation und Koordinierung mit anderen Systemen unterstützt.[92] Es dürfen keine Annahmen bzgl. der einzusetzenden Basissysteme[93] getroffen werden, um somit eine Plattformunabhängigkeit zu gewähren.

4. Offenheit

Eine Integrationsarchitektur muss auf weit verbreitete und akzeptierte Standards aufgebaut sein. Auf diese Weise kann der Locked-in Problematik entgegengewirkt werden. Durch die Verwendung von erweiterbaren Standards kann zu Beginn das Prinzip der Einfachheit realisiert werden, bei gleichzeitiger Wahrung der Möglichkeit zu einem späteren Zeitpunkt spezifische Anpassungen durchführen zu können. Für einen solchen Standard bietet sich als Datenaustauschformat XML an. Eine Integrationsar-

---

[91] Vgl. GALLAS 2004, S.185 und ULLMANN 2004
[92] Beispielsweise Wrapper (Vgl. Glossar)
[93] Basissysteme stellen die Grundlage für den Betrieb von Anwendungssoftware dar. (vgl. RAUTENSTRAUCH et al. 2003, S. 280)

chitektur soll zudem die Chancen des Internets nutzen können, zum Beispiel durch die Möglichkeit der Integration von Funktionen, die nur im Internet bereitgestellt sind.

Diese vier Prinzipien definieren die Anforderungen, die an eine neue Architektur gestellt werden müssen. Im folgenden Abschnitt wird die SOA vorgestellt, die auf diesen Prinzipien basiert.

3.3 Serviceorientierte Architektur (SOA)

Eine SOA ist ein noch recht junger Begriff in der Softwaretechnik, für den momentan noch keine allgemein anerkannte Definition existiert.[94] Im Allgemeinen ist eine SOA ein Ansatz, um eine Integrationsarchitektur[95] auf Basis des Konzeptes *Service* zu realisieren wie es die IBM beschreibt.[96] Elementar für eine SOA ist demzufolge der Servicebegriff, der im nächsten Abschnitt erläutert wird. Im Anschluss daran folgt die Definition und Klärung des Begriffs SOA.

3.3.1 Anatomie eines Service

Ein Service ist nicht etwas grundsätzlich Neues in Bezug auf die Art und Weise wie Software zur Lösung von betrieblichen Aufgaben konzipiert wird, sondern baut auf schon bewährten Konzepten der Informatik auf.[97] Insofern kann der Service zunächst als eine Fortentwicklung dessen betrachtet werden. Die Konzepte im Einzelnen sind:

1. *Objektorientierte Analyse und Design*: Objekte sind nach (JACOBSEN 1994) dadurch gekennzeichnet, dass sie einerseits aus einer Menge von Operationen bestehen und andererseits aus einem Zustand, der die Effekte der Ausführung der Operationen speichert. In der Objektorientierten Analyse stammen diese Objekte aus der Fachdomäne (engl.: problem domain[98]), und werden zur Designzeit in logische Softwareobjekte transformiert. Im Anschluss werden diese Objekte in einer objektorientierten Pro-

---

[94] Vgl. MCGOVERNet al. 2003, S. 36
[95] Vgl. HAGEN 2004: Die Integrationsarchitektur ist ein Teilgebiet der IT– Architektur. Sie definiert Prinzipien, Prozesse und technische Lösungen für das Management der Verteilung und Heterogenität moderner Applikationslandschaften und der zugrunde liegenden technischen Plattformen.
[96] Vgl. IBM 2004b, S.37
[97] Vgl. IBM 2004c, S. 20-24
[98] Im einfachsten Fall dienen sie dazu, Dinge aus der realen Welt zu modellieren und damit zu abstrahieren.

grammiersprache implementiert. In objektorientierten Programmen bilden Objekte die Einheiten der Datenkapselung.

2. *Komponentenbasiertes Design*: das komponentenbasierte Design leitet sich nach (RAUTENSTRAUCH et al. 2003, S. 276) aus dem Objekt - Paradigma ab und stellt insofern eine Weiterentwicklung von diesem dar. Eine Komponente ist ein wieder verwendbares, für sich selbst stehendes, abgeschlossenes Stück Software, das unabhängig von bestimmten Anwendungssystemen ist.[99] Der Unterschied zu Objekten liegt sowohl in der Systemunabhängigkeit, in der unvorhersehbaren Einsetzbarkeit, in der unabhängigen Vermarktbarkeit als auch in der unterschiedlichen Granularität der gekapselten Funktionalität[100]. Grob-körnigere Komponenten bieten wohl definierte Funktionalität, die sich aus einer kohäsiven Menge fein granularer Objekte zusammensetzt.

Aufbauend auf diesen vorgestellten Konzepten versteht das serviceorientierte Design, einen Service als eine grobkörnige, auffindbare Software-Entität, welche in einer einzigen Instanz[101] existiert, die mit anderen Anwendungen oder Services über ein lose gekoppeltes, nachrichtenbasiertes Kommunikationsmodel interagiert.[102] Dabei wird der Service, bestehend aus einer zusammenhängenden Menge von vermarktbaren Diensten[103], über Computernetze einem autorisierten Nutzerkreis mit Hilfe von standardisierten Kommunikationsprotokollen über wohldefinierte Schnittstellenbeschreibungen angeboten.[104]

Ein Service erfüllt durch seine Dienste eine diskrete betriebswirtschaftliche Aufgabe im Rahmen eines Geschäftsprozesses.[105] Er stellt eine zusätzliche Ebene dar, die auf die im System gekapselte Funktionalität in Form von Anwendungssystemen (Legacy Anwendungen) oder Komponenten gelegt wird, und auf diese Weise nach innen wie auch nach außen hin exponiert werden kann, und somit Geschäftspartner für eine Geschäftsprozessintegration zur Verfügung gestellt wird.[106] In Abbildung 3-4 sind die den Service konstituierenden Ebenen dargestellt. Ziel der Modellierung in klar abgegrenzte Ebenen ist die Entkoppelung der Ebenen, um z.B. rein technische Veränderungen auf der Objektschicht unabhängig von der

---

[99] Vgl. RAUTENSTRAUCH et al. 2003, S. 275
[100] Vgl. MCGOVERN et al. 2003, S. 51
[101] Nach (KRAMMER et al. 2002, S. 3) gilt diese Aussage in Bezug auf Web Services nicht uneingeschränkt. Für diese Arbeit wird nach (IBM 2004a, S. 21) hingegen diese Eigenschaft als charakterisierend für einen Service verstanden.
[102] Vgl. BROWN et al. 2002, S. 4
[103] Vgl. Glossar
[104] in Anlehnung an die Web Service Definition von KRAMMER et al. 2002, S.2
[105] Vgl IBM 2004c, S. 28; GOLD-BERSTEIN 2004
[106] Vgl. BROWN et al. 2002, S. 7

Servicedefinition durchführen zu können.[107] Damit kann der Service ebenso wie die Komponente eine Implementierungsunabhängigkeit für sich in Anspruch nehmen. Es besteht demnach keine invasive Anpassungsnotwendigkeit.[108]

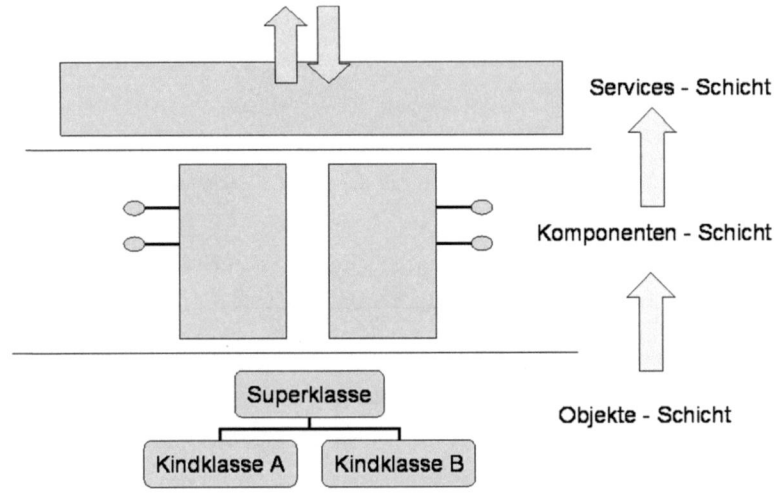

Quelle: eigene Darstellung in Anlehnung an IBM 2004c, S. 22

Abbildung 3-4 Services, Komponenten und Objekte

Der Service - Begriff ist technologieneutral; eine Möglichkeit einen Service zu implementieren kann auf Basis von Web - Services geschehen. Nach (KRAMMER et al. 2002) können für Web - Services und damit im Verständnis dieser Arbeit[109] auch Services drei voneinander zu unterscheidender Spezialisierungen[110] identifiziert werden, die im Zusammenhang von EAI auf Basis einer SOA eine Rolle spielen.

- Typ 1: Publikation von Information

  Dieser Typ stellt Informationen bereit. Dabei gilt für die gewählte Granularität der Information das kleinstmögliche noch betriebswirtschaftlich sinnvolle Maß. Der Service ist zustandslos und speichert dementsprechend keine Daten, die über die Zeit der An-

---

[107] Vgl. AIER et al. 2003, S. 25
[108] Vgl. EDS 2003a: Invasion verstanden als erzwungene Anpassung oder sogar Neuzuschnitt der Komponente
[109] Im Verständnis dieser Arbeit sind Web - Services eine Variante von Services.
[110] (KRAMER et al. 2002, S. 4) verwenden den Begriff *Ausprägungen* des Service anstatt Spezialisierung. Nach Meinung des Autors ist der Begriff Spezialisierung treffender.

frage hinausgehen. Ein Beispiel für einen solchen Service wäre die Bereitstellung von Börsenkursinformationen.

- Typ 2: Funktionsbibliothek

Services von diesem Typ bieten eine Menge von einzelnen Diensten eines betrieblichen Aufgabenbereiches an. Der Service ist zustandsbehaftet und speichert die vom Nutzer angegebenen Daten oder das Ergebnis der Verarbeitung in einer eigenen Datenhaltungskomponente. Die vom Service bereitgestellte Funktionalität kann durch das Zusammenspiel mit lokalen oder anderen Services gebildet werden. Diese Abhängigkeiten machen eine feste Verknüpfung des Services mit den Teilen des Anwendungssystems nötig.

Ein Beispiel für einen solchen Service wäre die Lohnbuchhaltung. Hierfür verfügt der Service über eine eigene Datenhaltung, um die Angaben des Mitarbeiters zu speichern wie beispielsweise Familienstand und Steuerklasse. Aufgrund einer engen Verflechtung der Lohnbuchhaltung mit anderen Systemen der betrieblichen Anwendungslandschaft, wie dem Inkasso-/ Exkassosystem zur Buchung auf Kontokorrentkonten des Unternehmens, ist eine feste Verknüpfung mit anderen Services notwendig.

- Typ 3: Prozessbündel

Der Service in Form eines Prozessbündels entspricht der Bündelung mehrerer Einzelleistungen, die bei anderen Services nachgefragt werden. Auf diese Weise können Services erstellt werden, die eine komplexe Gesamtleistung bereitstellen, aber als ein einziger Service nachgefragt werden. Im Unterschied zur Funktionsbibliothek muss keine feste Verknüpfung zwischen den Services existieren, da eine Kopplung zwischen Services ad hoc erfolgen kann.

Für das Prozessbündel gilt, dass es sowohl zustandslos als auch zustandsbehaftet mit einer eigenen Datenhaltungskomponente existieren kann.

Ein Beispiel für diesen Typ ist die Auftragsabwicklung. Einzelprozessschritte entsprechen Diensten, die von unterschiedlichen Services erbracht werden können. Hierbei kann eine ad hoc Verknüpfung mit einem anderen Service notwendig sein, um dynamisch zur Laufzeit mit dem für die spezifische Situation günstigsten Logistikpartner in Kontakt zu treten.

Anhand der drei vorgestellten Typen von Services wird deutlich, dass von keinem einheitlichen Bild und auch keinem einheitlichen Verständnis vom Service - Begriff ausgegangen werden kann.[111] Im weiteren Verlauf dieser Arbeit wird der Service - Begriff als ein Obergriff für die drei obigen Typen von Services verstanden. Für den Nutzer (Service - Konsument) sind die Implementierung und der Typ eines Services unerheblich; dieser betrachtet den Service lediglich als Endpunkt, welcher einen für den Aufrufer wichtigen Dienst bereitstellt.

Durchgängiges Prinzip und Voraussetzung für die Umsetzung des Servicekonzeptes ist die Verwendung von verbreiteten und akzeptierten Standards.[112] Diese Aussage bezieht sich zum einen auf die Definition der Schnittstellen eines Services, die die Voraussetzung für das dynamische Binden (engl. Dynamic Binding) darstellen und zum anderen auf die Service – Interaktion als solche, in Bezug auf den Transport von Nachrichten. Hierfür hat das W3C eine Vielzahl an XML - basierten Standards[113] definiert, die im Zusammenhang mit Web Services genutzt werden. Dieser Punkt wird bei der Diskussion über die Ebenen der Koordinierung von Services näher untersucht.

3.3.2 Klärung des Begriffs SOA

Nachdem der Begriff Service geklärt wurde, wird nun die Antwort auf die Frage gesucht, was sich hinter einer SOA verbirgt. Hier zunächst einige mögliche Definitionen:

"A service oriented architecture is essentially a collection of services. These services communicate with each other. The communication can involve either simple data passing or it could involve two or more services coordinating some activity. Some means of connecting to each other is needed."[114]

---

[111] Vgl. LAURES et al. 2005, S.42; LAURES stellt das SOA Blueprint Projek der „The Middleware Company" vor. Dieses Projekt nutzt eine von der in dieser Arbeit zu unterscheidende Service – Kategorisierung. Dadurch wird ein weiteres Mal das unterschiedliche Service – Begriffsverständnis unterstrichen. Das SOA Blueprint Project verwendet u.a. die Unterteilung von Services in Worfklow – Service, Daten – Service oder Abonnement – Service.

[112] Vgl. SAINI 2004, S. 62

[113] die wichtigsten Standards sind bzgl. des SOA Paradigmas:
- WSDL: Schnittstellendefinition
- SOAP: Nachrichtenprotokoll
- UDDI: Zur Realisierung des Verzeichnisdienstes

[114] Vgl. O.V.2003

„SOA ist die Kunst, die derzeit verfügbaren Technologien und Standards so ins Zusammenspiel zu bringen, dass die Entwicklung und das Management von Diensten optimal unterstützt wird." [115]

„Service-oriented Solutions [...] Applications must be developed as independent sets of interacting services offering well-defined interfaces to their potential users. Similarly, supporting technology must be available to allow applications to browse collections of services, select those of interest, and assemble them to create the desired functionality. [116]

Diese Aussagen sind für den Zweck der Arbeit zu allgemein und zu unkonkret. Aus diesem Grund spiegelt die folgende Definition nach Meinung des Autors die wesentlichen Attribute der SOA am besten wieder. Auf diese wird sich im Laufe der Arbeit ausschließlich bezogen, wenn die Rede von einer SOA ist:

„Der Kernansatz der SOA ist es, Services herzustellen, die plattformunabhängig, lose gekoppelt und auf einer Ebene der Geschäftsprozesse modelliert sind. Bei einem Vorgehen nach der SOA wird ein so genannter Servicearchitekturbus implementiert, der die Implementierungsdetails nach außen versteckt." [117]

Die zentralen Elemente einer SOA sind demnach autonome Services (vgl. Abschnitt 3.3.1 Anatomie eines Service) deren Zwecke durch einen Geschäftsprozess bestimmt sind. Zur Implementierung dieser Architektur wird ein Servicearchitekturbus benötigt. (vgl. Abschnitt 3.3.3.2). Zur stärkeren Konkretisierung des Begriffs SOA stellt die folgende Tabelle eine Zusammenfassung der wichtigsten Eigenschaften einer SOA dar.[118]

---

[115] Vgl. ULLMANN 2004
[116] Vgl. BROWN et al. 2002, S. 4
[117] Vgl. HERZIG 2003
[118] Die Auflistung dieser Eigenschaften stammt maßgeblich aus MCGOVERN et al. 2003, S.41

Tabelle 3-1 Eigenschaften einer SOA

Eigenschaft	Beschreibung
Wiederauffindbar und dynamisch binden	SOA unterstützt das Konzept der Ermittlung von Services, indem ein Konsument, der einen Service in Anspruch nehmen möchte, diesen durch Angabe von Kriterien zur Laufzeit findet. Der unmittelbare Aufruf des Service wird durch das dynamische Binden sichergestellt. (vgl. Abbildung 3-5)
Modular und Autonom	Ein Service entspricht einem Modul und stellt seine Funktionalität über Schnittstellen zur Verfügung (vgl. Kapitel 3.3.1). Kennzeichnend für die Schnittstellen ist, dass diese kohäsiv zum Kontext des Moduls[119] sind. Inter - Service Abhängigkeiten sind minimal und in diesem Fall veröffentlicht. Ein Service deckt mit seiner Funktionalität einen definierten Problembereich ab.
Interoperabilität	Eine SOA soll per Definition das Problem, die Interoperabilität aufgrund des Einsatzes verschiedener Plattformen und Programmiersprachen, lösen. Im Besonderen soll eine SOA die Welten von J2EE und .Net integrieren können, welches zurzeit ein akutes Problem darstellt.[120]
Lose gekoppelt	Kopplung bezieht sich auf die Stärke der Abhängigkeit zwischen den Services. Generell unterscheidet man starke und lose Kopplung. Die an dieser Stelle geforderte lose Kopplung meint, dass es nur wenige bekannte Abhängigkeiten zwischen Modulen gibt, im Gegensatz zu vielen oft unbekannten Abhängigkeiten bei starker Kopplung. Lose Kopplung ermöglicht die vereinfachte Modifikation von Services, ohne dabei die Gefahr von Inkonsistenzen durch Vernachlässigung bestehender Abhängigkeiten zu riskieren.
Eindeutig adressierbar im Netzwerk	Diese Eigenschaft trägt der Forderungen nach verteilter Ausführung von Services Rechnung, d.h. ein Konsument muss den Service im Netzwerk aufrufen können.
Grobe Granularität	Services sollen einen gewissen Detaillierungsgrad an angebotener Funktionalität nicht unterschreiten. Diese Eigenschaft hat direkte Auswirkungen auf die Netzwerkauslastung aufgrund der Tatsache, dass in einer verteilten Umgebung fein granulare Services einen höheren Kommunikationsbedarf haben als grob granulare Services.[121]
Lokationstransparenz	Dies ist eine Schlüsseleigenschaft einer SOA. Dem Konsumenten eines Service ist der Service - Anbieter nur durch den Maklerdienst auf Basis eines Service -Verzeichnisses bekannt. Dadurch sinkt die Abhängigkeit zwischen Konsumenten und Service - Anbietern, weil weniger Annah-

---

[119] Vgl. MEYER 1997, S. 39-48 definiert 5 Kriterien, die festlegen ob eine Komponente ausreichend modular ist. Dieselben Kriterien lassen sich auf die Frage nach ausreichender Servicemodularität ebenfalls anwenden
[120] Vgl. HOFFMANN 2003
[121] Vgl. MCGOVERNet al. 2003, S. 50; grob granulare Services können durch die Konsolidierung von Komponenten auf einem physischen System, die Inter - Komponenten Kommunikation durch lokale Aufrufe realisieren.

	men zur Service - Interaktion zwischen den beteiligten Parteien a priori getroffen werden müssen.[122] Diese Eigenschaft ist eine Grundvoraussetzung für das dynamische Binden.
Zusammensetzbar	Die geforderte modulare Struktur von Services erlaubt das Zusammensetzen von Services zu neuen Services.[123] Auf diese Weise können die Dienste einer anderen als die zur Designzeit von dem Architekten ursprüngliche Verwendung zugeführt werden. Bestehende Anwendungen sollen ihre Funktionalität als Services anbieten, welche dann im Rahmen eines Geschäftsprozesses kombiniert werden. Des Weiteren ergibt sich die Möglichkeit der Wiederverwendbarkeit von Services und damit ein höherer ROI für die bestehende Infrastruktur.[124]
Zuverlässigkeit und Robustheit	Eine SOA ist aufgrund ihrer Eigenschaft der losen Kopplung robuster gegenüber Ausfällen von einzelnen Services in der Hinsicht, dass der Konsument wegen des dynamischen Bindings einen alternativen Service anfordern kann.

Nach (PAPAZOGLOU 2003) ist in der folgenden Abbildung 3-5 die einfachste Variante einer SOA dargestellt. Sie wird auch als SOA Paradigma bezeichnet.

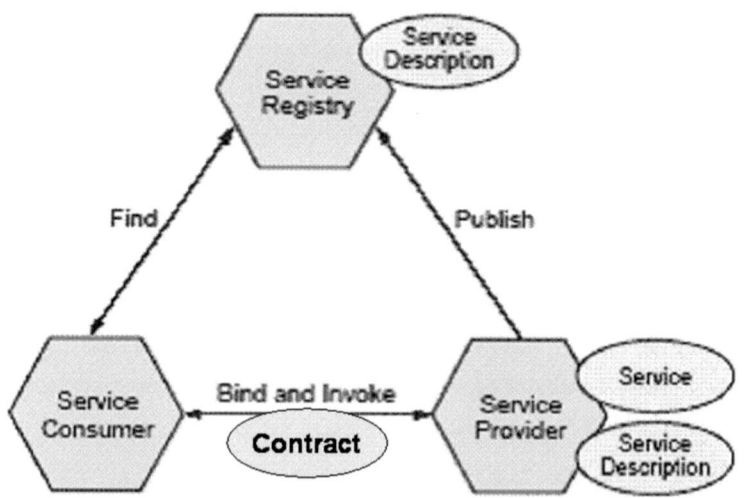

Quelle: eigene Darstellung in Anlehnung an IBM 2004c, S. 26 und MCGOVERN et al. 2003, S. 37

Abbildung 3-5 Find Bind Execute Paradigma (die Basis SOA)

---

[122] im Unterschied zum Objekt-orientierten Design, bei dem lediglich die Implementierung von der Schnittstelle getrennt ist, während mit dieser Eigenschaft verlangt wird, dass noch nicht mal die Schnittstelle bekannt sein muss. Es müssen nur die Informationen über den Aufruf der Services in Form eines Verzeichnisses abrufbar sein. Vgl. MCGOVERN et al., S. 2003, S. 59. Dies ermöglicht eine weitere Reduzierung der Abhängigkeiten zwischen Konsument und Service - Anbieter im Sinne der losen Kopplung.
[123] Vgl. ULLMANN 2004
[124] Vgl. HAGEL 2002, S. 25

Es besteht aus den folgenden Elementen, die in einer SOA miteinander kollaborieren.

- Service - Anbieter: Software-Entität, welche die Service- Spezifikation implementiert und im Netzwerk adressierbar ist. Diese führt die Anfragen des Service- Konsumenten aus (*invoke* Operation). Des Weiteren veröffentlicht der Service- Anbieter seinen Service beim Service- Verzeichnis (*publish* Operation).

- Service - Konsument: Software-Entität, die den Service- Anbieter mittels einer Serviceanfrage (*invoke* Operation) aufruft. Dies kann beispielsweise eine Endanwendung oder ein anderer Service sein. Der Service- Konsument findet einen Service durch eine Anfrage an das Verzeichnis über die Operation *find*. Im Anschluss findet der Aufruf dieses Services beim Service - Anbieter statt; die Festlegung auf das zu nutzende Transportprotokoll erfolgt durch den *Binding* Schritt.

- Service - Verzeichnis: Repräsentiert einen speziellen Dienst, auch als Maklerdienst bezeichnet, der das Nachschlagen eines Service ermöglicht (*find*). Es beinhaltet ein Verzeichnis aller veröffentlichten Services und ermöglicht die Suche innerhalb des Verzeichnisses.

- Contract[125]: Ein Contract (dt.: Vertrag) ist eine Spezifikation der Kommunikation zwischen Service - Konsument und Service - Anbieter. Er legt das Format der Anfrage und der Antwort fest. Zusätzlich können Vor – und Nachbedingungen an dieser Stelle definiert werden, die vor dem Aufruf des Services gelten sollen.[126] Des Weiteren können hier auch Angaben über die Dienstgüte (engl. Quality of Service) hinterlegt werden, welche dann im Rahmen eines Service Level Agreements[127] verwendet werden könnten.

Der Begriff Service im Verständnis eines „Software Service" ist nicht neu.[128] Beispielsweise führte das Unternehmen Sun diesen Begriff bereits Ende der neunziger Jahre mit ihrer Technologie JINI ein.[129] Dies bedeutet, dass unter einer SOA nicht eine konkrete Technologie

---

[125] Vgl. MCGOVERN et al.2003, S. 38
[126] Diese Forderung findet sich in MCGOVERN et al. 2003, S. 37
[127] Service Level Agreements definieren die Einhaltung der vereinbarten Qualität von Service und Verfügbarkeit.
[128] Vgl. GALLAS 2004, S. 194
[129] Vgl. DEARING 2003

wie JINI oder wie die zurzeit häufig diskutierten Web – Services, und schon gar nicht eine Gleichsetzung von SOA und Web - Service[130] verstanden werden darf.

Vielmehr besteht der Zusammenhang zwischen SOA und einer dieser implementierenden Technologien darin, dass die Frage nach dem Einsatz einer SOA und damit einer Durchführung der Geschäftsprozesse auf Basis von Services eine strategische ist, während die konkrete Implementierung der Services mittels einer ausgewählten Technologie eher eine taktische Fragestellung ist.

Das Konzept SOA ist unabhängig von der Technologie. Abbildung 3-6 soll diesem Umstand Rechnung tragen und verdeutlichen, dass es sich bei einer SOA um eine Softwarearchitektur[131] handelt, welche mit Hilfe verschiedener Technologien realisiert werden kann.

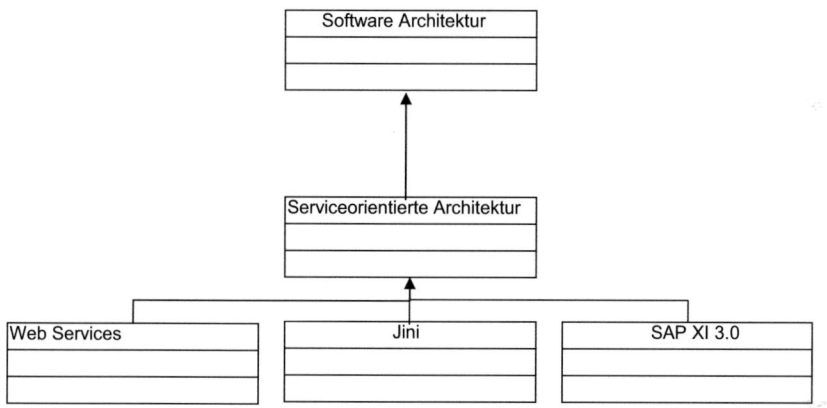

Quelle: eigene Darstellung in Anlehnung an MCGOVERN et al. 2003, S. 37

Abbildung 3-6 Einordnung SOA

Zusammenfassend ist festzustellen, dass mit Hilfe einer SOA inner- wie überbetriebliche Geschäftsprozesse unter Nutzung der Vorteile, die sich aus der losen Kopplung sowie der Kapselung von Funktionalität zur Durchführung von betrieblichen Aufgaben in Services ergeben, einfacher und flexibler durchgeführt werden können. Diese Möglichkeiten bilden die Voraussetzung zur Bewältigung der in Abschnitt 3.1 genannten Herausforderungen.

---

[130] Vgl. BRADLEY 2003; der Autor betont, dass es schwierig möglich sein wird, alleine auf Basis von Web - Service Standards eine EAI Lösung zu realisieren, aufgrund der im Unternehmen vorherrschenden monolithischen Anwendungen (vgl. Kapitel 3.2). Diese Anwendungen müssten für die Konsumtion von Web - Services in der Rolle des Service - Anbieters umgeschrieben werden. Um dieses zu vermeiden, müssen zum einen Wrapper/ Adapter eingesetzt werden und zum anderen verschiedene Infrastrukturen (nicht nur http-basierend) unterstützt werden.

[131] Vgl. Glossar

3.3.3 Komposition von Services

Bis zu diesem Abschnitt wurde die SOA und deren Eigenschaften sowie der Service - Begriff geklärt. In dem nun folgenden Teil wird beschrieben wie Services kombiniert[132] werden können, um betriebliche Aufgaben im Sinne der im Abschnitt 3.2 vorgestellten Anforderungen an IV – Systeme zu bewerkstelligen.

3.3.3.1 Koordination

Die einzelnen Techniken oder Koordinierungsinstrumente, die im Rahmen der Komposition notwendig sind, damit Services arbeitsteilig eine bestimmte betriebliche Aufgabe bewältigen, lassen sich ausgehend von der zu unterstützenden betrieblichen Aufgabe und in Anlehnung an (ROHDE 1999, S. 106 -112) mit Hilfe des vorgeschlagenen *Modells zur computergestützten Koordination in Wertschöpfungskooperationen* systematisieren. So setzt die arbeitsteilige Bewältigung einer betrieblichen Aufgabe eine zielgerichtete Kooperation der jeweiligen Services voraus, die sowohl in zeitlicher als auch inhaltlicher Beziehung abgestimmt sein muss. Diese Aussage wurde von (TUROWSKI 2003) in Bezug auf die Komposition von Fachkomponenten getroffen. Nach Meinung des Autors kann diese aber auch auf den Service - Begriff angewandt werden.[133]

In Abbildung 3-7 sind die verschiedenen Ebenen, auf denen eine Koordinierung nach (TUROWSKI 2003) erzielt werden muss, wiedergegeben. Erst nachdem auf jeder der Ebenen eine Koordinierung durch Koordinierungsinstrumente gewährleistet ist, kann eine Servicekomposition umgesetzt werden. Diese formale Aussage deckt sich mit den Festlegungen der IBM zu einer SOA.[134]

---

[132] siehe Tabelle 3-1 Eigenschaften einer SOA – Zusammensetzbar; Im direkten Zusammenhang mit dem Service - Begriff spricht man auch von einer Orchestrierung von Services (Vgl. EDS 2003b, S.12) oder auch Choreographie von Services (Vgl. LEymann 2003). Die Kombination von Services entstammt der Begriffswelt der Komponenten. (Vgl. TUROWSKI 2003, S. 151)

[133] Eine kurze Gegenüberstellung von Web - Services mit Fachkomponenten nach KRAMMER et al. 2002 findet sich im Anhang A.b. Aus dieser geht hervor, dass eine Kombinierbarkeit von Web – Services in Bezug auf die erbrachte Leistung möglich ist. Dementsprechend sind auch für Web – Services Koordinationsinstrumente notwendig um eine Kombinierbarkeit erzielen zu können. Aufgrund der bereits erwähnten Beziehung zwischen Web – Services und dem allgemeinen Service - Begriff kann diese Aussage auf die Services ausgedehnt werden.

[134] Vgl. IBM 2004b, S. 39ff: Coupling and decoupling aspects of service interactions. Und S. 80ff: The role of the ESB and other SOA Components;

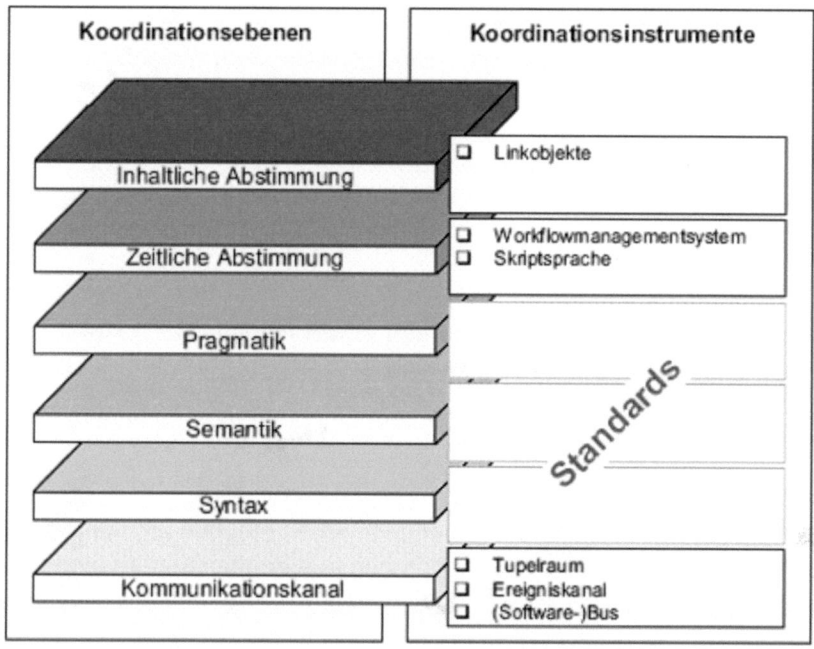

Quelle: TUROWSKI 2003, S. 154

Abbildung 3-7 Koordinationsebenen und Koordinationsinstrumente

Inhaltliche Abstimmung

Nach (TUROWSKI 2003) wird auf der Koordinationsebene *Inhaltliche Abstimmung* bestimmt, welcher Service zur Ausführung gebracht wird, wenn mehrere zur Bewältigung der nachgefragten Aufgabe zur Verfügung stehen oder wenn die Services eine sich überlappende Funktionalität bereitstellen.

Zur Erinnerung: Funktionalität wird wie in Abschnitt 3.3.1 beschrieben in Form von Schnittstellen angeboten. Ein fachlicher Konflikt im Sinne von sich überlappender Funktionalität bestünde dann, wenn sich zwei Services aus einem verwandten betriebswirtschaftlichen Problembereich in mindestens einer angebotenen Funktion, die durch einen Dienst über seine Schnittstelle bereitgestellt wird, gleichen. Zur Aufhebung dieses fachlichen Konfliktes existieren zwei Ansätze. Zum einen kann eine sich überlappende Funktionalität per Definition ausgeschlossen werden[135] und zum anderen existiert ein Konzept, welches auf atomare

---

[135] Vgl. TUROWSKI 2003, S. 82

Services aufbaut. Diese atomaren Services sind die Bausteine[136] zur Komposition weiterer grob granularer Services. Kommt es nun zu einem fachlichen Konflikt, wird dieser über ein so genanntes Linkobjekt gelöst, indem über einen Indirektionsmechanismus entschieden wird, welcher Service aufgerufen wird.

Zeitliche Abstimmung

Mit der zeitlichen Abstimmung ist die Ausführungsreihenfolge von Services gemeint, um einen Workflow[137] zu realisieren. IBM hat hierfür den Begriff des Business Service Choreograph[138] (BSC) eingeführt. Im allgemeinen Sinn versteht man unter der zeitlichen Abstimmung ein Workflowmanagementsystem (WFMS).[139]

Pragmatik + Semantik + Syntax

Zur Realisierung der Kooperation ist eine Kommunikationsfähigkeit zwischen den Services grundlegend. Kommunikation zwischen Services findet auf Basis von ausgetauschten Nachrichten statt (vgl. Abschnitt 3.3.1). Hierfür muss zwischen den Kommunikationspartnern Klarheit über Semantik und Syntax der Nachricht herrschen. Zudem muss deutlich werden, was der Service - Konsument mit dem Aufruf des Services beim Service – Anbieter bewirken möchte (Pragmatik). Dies kann beispielsweise über SLAs[140] erfolgen.

Um das Ziel der Interoperabilität von Services in einem heterogenen Umfeld zu gewährleisten, müssen Standards definiert werden, um das syntaktische Verständnis von Nachrichten sicherzustellen.[141] Zurzeit existieren für Web – Services Standards, die einen syntaktischen Rahmen vorgeben wie Services beschrieben (WSDL), gefunden (UDDI) und Daten ausgetauscht werden (SOAP).[142] Für das Verständnis der Semantik eines Services müssen ebenfalls Standards etabliert werden, um sicherstellen zu können, dass der Service - Konsument und der Service - Anbieter das gleiche Verständnis über die ausgetauschten Nachrichten besitzen. Zurzeit existieren hierfür erste Ansätze im Rahmen von UDDI, in dem Services in Taxonomien eingeteilt werden können.

---

[136] Der Begriff "Baustein" wird an dieser Stelle verwendet, um Strukturelemente jedweder Art und Granularität zu beschreiben; auf diese Weise wird der Begriff Komponente vermieden.
[137] Vgl. Glossar
[138] Vgl. IBM 2004b, S. 49
[139] Systeme, die auf Basis von Workflow-Modellen anwendungsübergreifend die funktional und zeitlich korrekte Ablauffolge von Aktivitäten steuern und überwachen. Vgl. RAUTENSTRAUCH et al. 2003, S. 267.
[140] Mittels SLA können qualitative Aspekte der Serviceausführung garantiert werden.
[141] Vgl. IBM 2004b, S. 40: die verwendeten Objekttypen des Aufrufers sind bei einem geschäftsübergreifenden Prozess von denen des Service - Anbieters verschieden. Der Objekttyp Kunde ist in beiden Systemen unterschiedlich modelliert. Dennoch muss auf Basis von entsprechenden Standards ein Austausch von Kundendaten möglich sein.
[142] Vgl. DOSTAL et al. 2004

Weitergehende Konzepte wie das Semantic Web mit dem die Semantik von Services beschrieben werden könnte, werden zurzeit noch nicht von UDDI unterstützt.[143] Zur Realisierung von Interoperabilität ist es grundlegend, dass für die Umsetzung dieser Ebenen weit verbreitete und akzeptierte Standards eingesetzt werden. Insbesondere für die Koordinierung von Web – Services hinsichtlich der *Zeitlichen Abstimmung* existieren Standards wie das WS – Transaction und WS – Coordination, welche als Ergänzung zu dem Business Process Execution Language For Web - Services (BPEL4WS)[144] Standard betrachtet werden.[145]

Kommunikationskanal

Nachrichten werden innerhalb einer SOA über Kommunikationskanäle vom Service - Konsumenten an einen Service - Anbieter verschickt. Nach (TUROWSKI 2003) basiert ein Kommunikationskanal, aus der technischen Perspektive heraus, auf einer Kommunikationstechnik, die auf die Schichten eins bis sechs des OSI- (Open Systems Interconnection) Referenzmodells aufbaut. Der Kommunikationskanal ist ein Koordinierungsinstrument für die Umsetzung des SOA Prinzips der losen Kopplung (vgl. Tabelle 3-1 Eigenschaften einer SOA) in der Weise, dass der Service - Konsument weniger Annahmen über den Aufruf des Service - Anbieters treffen muss. Er muss lediglich noch eine Kompositionstechnik zur Realisierung des Kommunikationskanals kennen, um den Service aufzurufen, anstatt für jeden Service – Anbieter, der den nachgefragten Dienst anbietet, unter Umständen eine speziellen auszuwählen (vgl. Kapitel 2: Punkt zu Punkt Verbindungen). Damit wird der Aufruf flexibel und unabhängig von der jeweiligen Service - Implementierung und der damit verbundenen jeweiligen Aufrufart. Es ist möglich Service - Anbieter zu substituieren, ohne dass dadurch die Art des Aufrufs von Seiten des Service - Konsumenten tangiert wird.[146]

3.3.3.2 Enterprise Service Bus (ESB)

Ein Koordinierungsinstrument zur Realisierung der Komposition von Services stellt der ESB dar. Ein ESB ist nach Darstellung von IBM zunächst als eine Erweiterung des bisherigen Bus - Konzepts zu verstehen.[147]

---

[143] Vgl. DOSTAL et al. 2004
[144] Vgl. Glossar
[145] Vgl. SCHMIETENDORF et al. 2004, S. 34
[146] Vgl. IBM 2004b, S. 41
[147] Vgl. IBM 2004b, S. 78

Das Bus– Konzept wurde im Kapitel 2 vorgestellt. Es wurde darauf hingewiesen, dass die Unterschiede zwischen Bus und Nabe & Speiche Architektur im Rahmen dieser Arbeit auf der Ebene der Netztopologie zu betrachten sind. Im Verständnis der IBM zeichnet sich der Bus gegenüber der Nabe & Speiche Architektur bzgl. der Möglichkeit zur Kombination von mehreren Naben (Hubs) zu einem Bus aus,[148] wodurch eine verteilte Architektur von Hubs entsteht. Diese können im Bus – Konzept zentral administriert werden. Ein ESB besitzt die Eigenschaft, dass er innerhalb einer SOA, die Services, die an die Hubs gekoppelt sind, managen kann. Dieser Zusammenhang ist in der Abbildung 3-8 dargestellt. Das ESB – Konzept dient der Implementierung einer SOA, um eine EAI zu realisieren.

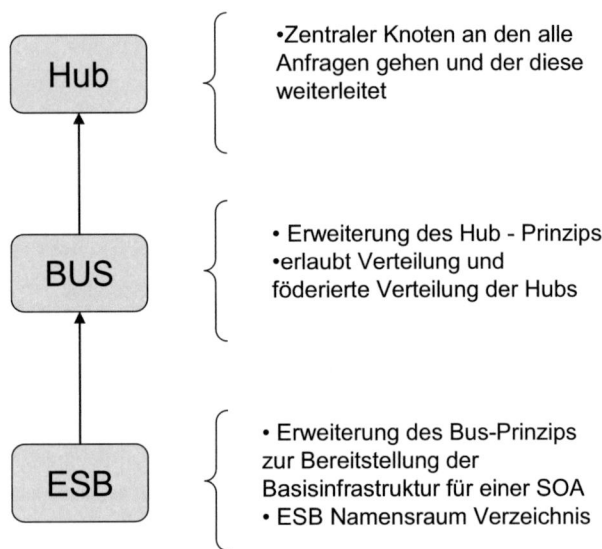

Quelle: eigene Darstellung in Anlehnung an IBM 2004b, S. 79

Abbildung 3-8 Einordnung ESB, Bus, Hub

Die elementare Aufgabe eines ESB, wie es die IBM definiert und in der Koordinierungsebene *Kommunikationskanal* (vgl. Abbildung 3-7) bereits vorgestellt wurde, besteht darin, eine Infrastruktur bereitzustellen, die es ermöglicht, die Serviceanfrage eines Service - Konsumenten an den Anbieter weiterzuleiten.[149] Hierbei soll der Nachrichtenaustausch[150] auf Standards basieren.[151] Damit

---

[148] Vgl. IBM 2004b, S. 78 und CHAPPEL 2004, S.12
[149] Vgl. IBM 2004b, S. 76

können die Anforderungen zur Koordinierung auf Ebene von Pragmatik, Semantik und Syntax erfüllt werden. Weiterhin soll der ESB diese Fähigkeit innerhalb eines heterogenen Systemumfeldes sicherstellen.[152] Dabei soll der ESB gleichzeitig einfach zu administrieren sein, um Services schnell und unkompliziert an den ESB koppeln zu können. Auf diese Weise kann Funktionalität zur Erfüllung von betrieblichen Aufgaben „on demand" zur Verfügung gestellt und die IT – gestützte Durchführung von Geschäftsprozessen flexibel an Veränderungen angepasst werden.[153]

Nach (BUCKLEY et al. 2004 und IBM 2004b, S. 76) soll der ESB ein ereignisgesteuertes[154] und dokumentenorientiertes[155] Verarbeitungsmodell besitzen. Als Basistechnologie greift der ESB nach (CHAPPEL 2004, S. 77 und S. 146) auf eine Message Oriented Middleware (MOM)[156] zurück. In Abbildung 3-9 sind die Infrastrukturkomponente ESB sowie die weiteren Softwarekomponenten, die zur Realisierung eines SOA notwendig sind, dargestellt.[157] Die Softwarekomponente Business Service Choreograph übernimmt als Koordinierungsinstrument in Anlehnung an (TUROWSKI 2003) die zeitliche Abstimmung zwischen den Services. Der ESB leistet durch die Realisierung des inhaltsbasierten Weiterleitens (Content Based Routing)[158] die inhaltliche Abstimmung von Services. Um Serviceanfragen an einen Service - Anbieter weiterleiten zu können, bedarf es Informationen (Routing informations). Die Bereitstellung dieser Informationen leistet das ESB Namensraum - Verzeichnis,[159] das einen Bestandteil der Implementierung des ESB darstellt. Von diesem Verzeichnis ist das Business Service Verzeichnis zu unterscheiden, welches auf einem anderen Abstraktionsniveau die Services in Taxonomien verwaltet und weitere Informationen zu der von den Services gekapselten Funktionalität zur Lösung von betrieblichen Aufgaben bereithält. Dieses Verzeichnis kann beispielsweise mittels UDDI realisiert sein.[160]

---

[150] im Unterschied zu CORBA, welches objekt-orientiert ist, d.h. die Interaktion zwischen Konsument und Anbieter erfolgt über den Austausch von Objekte während bei einer SOA auf Basis eines ESB die Interaktion über Nachrichten erfolgt. Vgl. GOKHALE et al 2002
[151] Vgl. SAINI 2004, S. 62
[152] Vgl. GALLAS 2004, S. 207. Der Autor verwendet nicht explizit den Begriff ESB in seiner Publikation, er umschreibt aber mit dem von ihm gewählten Begriff eines servicebasierten EAI - Frameworks dieses Konzept.
[153] Vgl. SAINI 2004, S. 63
[154] Ereignis verstanden als Nachricht eines Endbenutzers oder Applikation, die vom ESB über einen Endpunkt „empfangen" wird und dabei in ein für die Weiterverarbeitung internes Format transformiert wird. Vgl. BUSSLER 2003, S. 35
[155] Dokumentorientiert im Unterschied zu RPC-orientiert
[156] Für eine Übersicht über verschiedene Typen von Middleware vgl. ALONSO et al. 2004, S. 34 bzgl. MOM vgl. Kapitel 2.2.2
[157] Vgl. IBM 2004, S. 80
[158] Vgl. CHAPPEL 2004 S. 67, abhängig vom Inhalt der Nachricht wird diese an einen Service - Anbieter weitergeleitet.
[159] Vgl. IBM 2004b, S. 81
[160] Vgl. IBM 2004b, S. 81

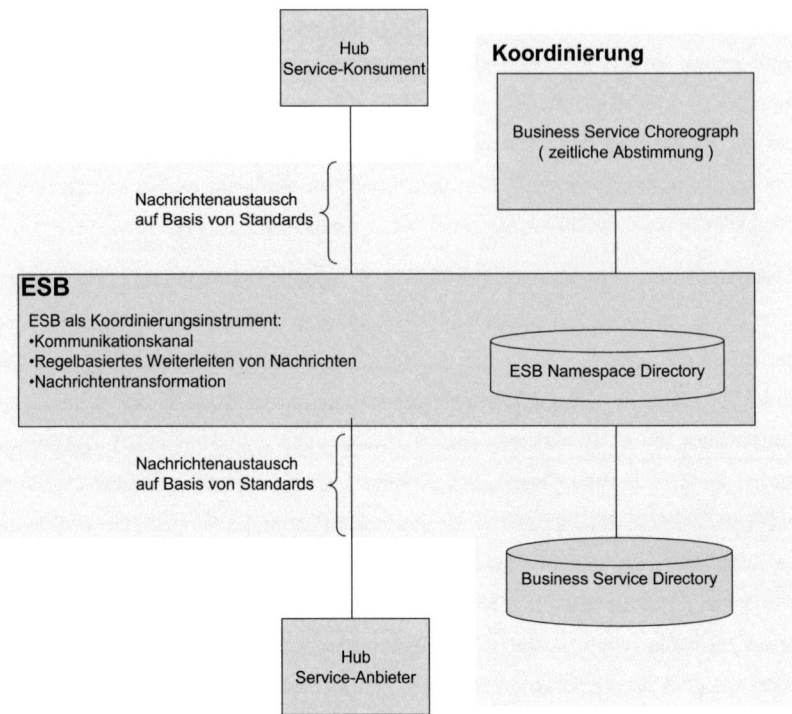

Quelle: eigene Darstellung in Anlehnung an IBM 2004b, S. 81

Abbildung 3-9 Architektur einer SOA auf Basis eines ESB

Der ESB ist die Infrastrukturkomponente, die weder Geschäftslogik besitzt noch ausführt. Dieser Sachverhalt stellt einen Unterschied zu den Service - Konsumenten und Anbietern sowie dem Business Service Choreograph dar, welche innerhalb einer SOA basierten EAI - Lösung die Geschäftslogik implementieren und zur Ausführung bringen sollen.[161]

Nachdem die allgemeine Architektur eines ESB vorgestellt wurde, wird an dieser Stelle der schematische Aufbau des ESB dargestellt und die Funktionsweise sowie die wichtigsten Prinzipien, die diesem Aufbau zugrunde liegen, beschrieben.

Der ESB operiert in einer Zone,[162] innerhalb derer er das Management von Serviceanfragen und Serviceaufrufen leistet.

---

[161] Vgl. IBM 2004b, S. 88
[162] vgl. IBM 2004b, S.91

Die Kommunikation zwischen den Service - Konsumenten und Service - Anbietern wird über Ports[163] (im Unterschied zu Adaptern)[164] geregelt. Zu unterscheiden sind die eingehenden Ports (inbound Ports) zur Anfrage eines Service von den ausgehenden Ports (outbound Ports) zur Ausführung eines Service. Ein Port ist somit einem Service eindeutig zugeordnet.[165] Die Zuordnung oder Registrierung erfolgt als Konfigurationsschritt im ESB Namensraum - Verzeichnis.

Das auf der Koordinationsebene *Kommunikationskanal* (vgl.Abbildung 3-7) geforderte lose Koppeln von Services wird durch dieses Port - Prinzip realisiert, indem Services, die über einen ausgehenden Port ihre Schnittstellen veröffentlichen, durch eine Konfiguration des Systems substituiert werden können. Es muss hierzu lediglich in dem ESB Namensraum - Verzeichnis eine Anpassung in Form von Änderungen in den dort definierten Weiterleitungsregeln vorgenommen werden.[166] Der Service - Konsument muss über diese Änderung nicht informiert werden, da sein eingehender Port von dieser Änderung nicht betroffen ist. Die Abhängigkeit zwischen Konsument und Anbieter ist diesbezüglich nicht vorhanden.[167] Der ESB kann durch die Installation weiterer Ports spezielle Altanwendungen (Legacy Anwendungen) integrieren.

---

[163] Eingehende und ausgehende Ports werden definiert durch:
- Protokoll
- Eine oder mehrere Adressen
- Durch die spezifische Art des Umganges von Service - Interaktionen wie zum Beispiel Transaktionalität, Sicherheit usw.

Ein eingehender Port hört auf einer spezifischen Adresse über ein spezifisches Protokoll. Ein ausgehender Port kann aus einer Menge von Adressen bestehen, die spezifisch für den Service sind. Hierbei muss das verwendete Protokoll das gleiche sein. Vgl IBM 2004b S. 97. Aufgrund einer nicht vorhandenen adäquaten deutschen Übersetzung für diesen Begriff, wird im Folgenden dieser Begriff genutzt.

[164] benötigen nicht den Overhead, der durch das Portkonzept entsteht. Sie stellen eine direkte Verbindung zum ESB dar

[165] Vgl. IBM 2004b, S.97

[166] Vgl. IBM 2004b, S.81. Die Weiterleitungsregeln können im ESB Namensraum - Verzeichnis oder in einer speziellen Weiterleitungstabelle (Routing Table) gespeichert sein.

[167] Weiterhin existiert die Abhängigkeit in Form der angebotenen Funktionalität; von dieser ist der Service - Konsument abhängig. Allerdings kann diese auch von einem anderen Service bereitgestellt werden. Es existiert keine direkte Abhängigkeit zwischen zwei Services.

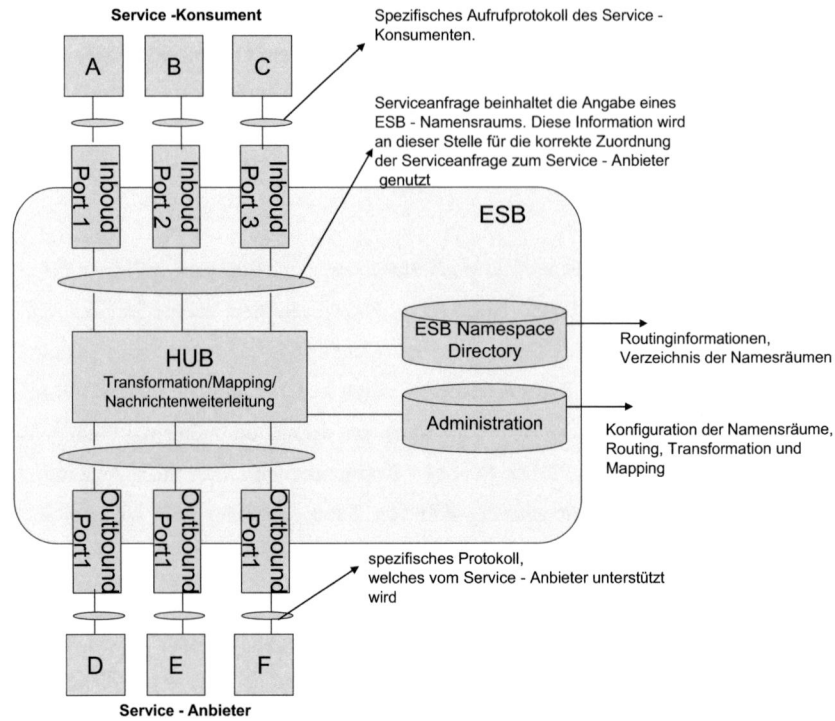

Quelle: eigene Darstellung in Anlehnung an IBM 2004b, S. 98

Abbildung 3-10 Allgemeiner Aufbau eines ESB

Die in der Abbildung 3-10 dargestellte Ellipse zwischen dem Service - Konsumenten und dem Port stellt die Perspektive dar, die der Service - Konsument auf den ESB hat und die er kennen muss, um mit diesem zu interagieren. An dieser Stelle werden auch Vereinbarungen über die Details der Service – Interaktion, d.h. Sicherheit, Fehlerbehandlung usw. getroffen.[168] Eine Implementierung eines ESBs wird typischerweise Ports anbieten, die auf verbreiteten und standardisierten Protokollen, wie z.B. SOAP und http, beruhen. Für die korrekte Weiterleitung der Anfrage an den ausführenden Service durch den Hub wird das ESB Namensraum - Verzeichnis genutzt, in dem die Namensräume und Weiterleitungstabellen verwaltet werden. Beim Aufruf eines eingehenden Ports wird der Namensraum durch den Konsumenten spezifiziert und damit konkretisiert, welcher Service bzw. welche Schnittstelle gemeint ist. Dieser Namensraumkontext ist in Abbildung 3-10 als Ellipse zwischen Port und Hub darge-

---

[168] Vgl. IBM 2004b, S. 104

stellt[169]. Der Hub ist die ausführende Einheit innerhalb des ESBs. An dieser Stelle findet die Nachrichtenverarbeitung durch Ausführung von Weiterleitungsregeln als auch Transformationsvorschriften statt, die entweder im ESB Namensraum - Verzeichnis hinterlegt sind oder durch die Nutzung der Administrations - Services konfiguriert wurden (vgl. Kapitel 2.3.2, Funktionale Bestandteile von EAI). Wesentlich für einen ESB ist, dass nicht programmiert sondern nach (CHAPPEL 2004, S. 5) konfiguriert wird.

Der in Abbildung 3-10 dargestellte Business Service Choreograph zur Realisierung der zeitlichen Abstimmung wird selbst als Service[170] über einen Port angebunden.

Bezogen auf die im Kapitel 2 vorgestellten funktionalen Bestandteile einer EAI – Lösung lässt sich feststellen, dass das ESB – Konzept die dort beschriebenen Aufgaben erfüllt. Der Inhalt der folgenden Tabelle trägt zur Verdeutlichung dieser Aussage bei.

Tabelle 3-2 Funktionale Bestanteile von EAI im ESB

Funktionaler EAI Bestandteil	ESB Entsprechung
Adapter	Der ESB verwendet das in Abbildung 3-10 dargestellte Portprinzip, um die zu integrierende Anwendung an sich koppeln zu können. Die Forderung nach Nicht- Invasion kann auf dieser Grundlage erfüllt werden.
Middleware	Der ESB verwendet eine MOM nach (CHAPPEL 2004, S. 77ff).
Nachrichtenmanagement	Das Nachrichtenmanagement wird innerhalb der ausführenden Einheit, dem Hub, auf Basis von Informationen aus dem ESB Namensraum - Verzeichnis sowie explizit definierten Transformationsvorschriften durchgeführt.
Prozessmanagement	Die zeitliche Abstimmung von Serviceaufrufen findet über den Business Service Choreograph statt, der nicht Bestandteil des ESB ist, sondern selbst an diesen angeschlossen ist, vgl.Abbildung 3-9.
Metadienste und Zusatzdienste	Diese Funktionalität wird mittels der in Abbildung 3-10 dargestellten Komponente Administration abgedeckt. Als Repository dient das ESB Namensraum - Verzeichnis.

---

[169] Mit Hilfe des Namensraumes sollen Services die konzeptuell/ logisch eng in Beziehung stehen gruppiert werden. Beispielsweise ist es möglich, dass über einen ESB verschiedene gleichnamige Services wie *GetCustomerAddress* verwaltet werden. Um die korrekte Zuordnung von Aufruf und Ausführung des im Kontext gemeinten Services zu realisieren, bietet sich das Namensraum- (engl. Namespace) Konzept an. (Vgl. auch Abschnitt zur inhaltlichen Abstimmung: Fachkonflikt)

[170] (CHAPPEL 2004, S.109) unterscheidet zwischen Integration Services und Business Services, die alle flexibel an den ESB gekoppelt werden können. Der BSC fällt unter die erste Kategorie.

Zusammenfassend lässt sich feststellen, dass das ESB - Konzept eine robuste, verwaltbare und verteilte Integrationsinfrastruktur auf Basis einer MOM bietet, die konsistent zu den Anforderungen einer SOA ist (vgl. Tabelle 3-1: Eigenschaften einer SOA). Der ESB ermöglicht die Interaktion von Services, die als implementierungsunabhängige Schnittstellen registriert und lose koppelbar sind. Aufgerufen werden diese über standardisierte Kommunikationsprotokolle[171]. Auf diese Weise kann die Interaktion plattformübergreifend erfolgen und somit Interoperabilität sowohl inner- als auch zwischenbetrieblich gewährleisten werden. Insofern entsprechen die Eigenschaften des ESB den am Anfang des Kapitels genannten Anforderungen an IT – Systeme vollständig. Eine Konkretisierung dieser Anforderungen wurde von der IBM[172] definiert, um die Möglichkeiten des ESB zu beschreiben. In Anlehnung an diese wurde ein Evaluierungsschema für ESBs erstellt (vgl. Anhang A.d), anhand dessen das nun im Folgenden vorgestellte Produkt untersucht wurde.

3.4 Prozessintegration mit SAP Netweaver

Im folgenden Abschnitt wird kurz das Netweaver Konzept der SAP vorgestellt und im Anschluss die Prozessintegrationskomponente dieser Lösung, die SAP Exchange Infrastructure 3.0, hinsichtlich ihrer SOA Eigenschaften untersucht. Des Weiteren wird der Schwerpunkt dieses Abschnittes darauf gelegt, wie die XI die Koordinierung von Services ermöglicht und somit der Funktionalität eines ESB entspricht. Diese Untersuchung wird am Ende des Kapitels mit einer Gegenüberstellung von ESB und XI abgeschlossen. Das Ziel des Netweaver- Konzeptes ist es eine Enterprise Service Architecture (ESA) auf Basis einer SOA (vgl. Abschnitt 1.3.) zu realisieren.[173] Der in dieser Arbeit verwendete Begriff ESA orientiert sich an der Beschreibung von (WOODS 2004).

3.4.1 Netweaver

Netweaver ist eine Vision der SAP, die vom Vorstandsmitglied Shai Agassi Anfang 2003 vorgestellt wurde.[174] Netweaver soll den Änderungen in den Geschäftsprozessen, die sich aus den neuen Herausforderungen, dargestellt in Abschnitt 3.1, Rechnung tragen, indem es

---

[171] Ein solches Protokoll wäre beispielsweise SOAP über das http - Protokoll
[172] Vgl. IBM 2004b, S.83
[173] Vgl. MATTERN 2003, S. 38
[174] Vgl. Computer Zeitung Nr. 3/4 vom 20. Januar 2003 Seite 1

erlaubt, die Prozesse aus modularen Services zusammenzusetzen, um betriebswirtschaftliche Aufgaben zu lösen.[175]

Es soll eine umfassende Integrations- und Applikationsplattform für die Lösungen innerhalb und über Unternehmensgrenzen hinweg realisieren.[176] Der Begriff Integration wird im Sinne von Netweaver sehr weit verstanden und beinhaltet ebenso eine Integration im Sinne von Kollaboration auf Mitarbeiterebene und Geschäftspartnerebene.[177] Bezogen auf die Integrationskonzepte, die bereits in Kapitel 2 vorgestellt wurden, handelt es sich dabei auf der Ebene von IV - Systeme um eine Funktionsintegration der an der Durchführung der Geschäftsprozesse unterstützend verwendeten Anwendungssysteme. Netweaver besteht organisatorisch aus den in Abbildung 3-11 dargestellten vier Kernbereichen, um die zuvor beschriebene Integrationsleistung zu vollbringen.

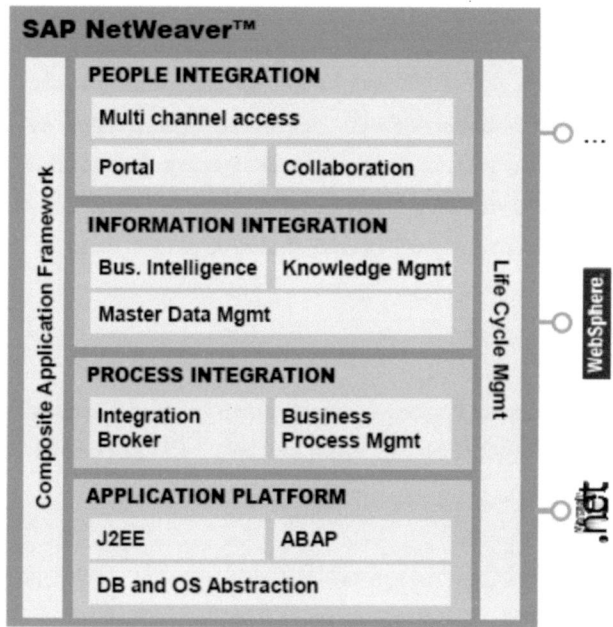

Quelle: SAP LIBRARY 2004

Abbildung 3-11 Netweaver Architektur

---

[175] Vgl. WOODS 2003, S.4; MATTERN 2003
[176] Vgl. SCHNEIDER-NEUREITHER 2004, S. 25
[177] Vgl. SCHNEIDER-NEUREITHER 2004, S. 20

People Integration

Ziel der People Integration ist eine weitgehend einheitliche, personalisierbare Oberfläche rollenbasiert zu präsentieren. Primäres Softwareprodukt der SAP ist hierfür das Enterprise Portal (EP), unter dessen Dach alle die für einen Mitarbeiter individuell wichtigen Anwendungen über eine einheitliche Oberfläche webbasiert (Single Point of Entry) zur Verfügung gestellt werden.[178] Zusätzlich umfasst die People Integration Groupware[179] ähnliche Funktionalitäten (wie z.B. Instant Messaging), die die Kollaboration unterstützen und somit diese auch effektiver gestalten. Das Portal unterstützt neben der üblichen HTML - basierten Browserschnittstelle noch weitere Informationskanäle[180], wie zum Beispiel WAP. Ein weiterer Aspekt der People Integration ist die Integration von Lieferanten und Kunden in das Unternehmen, beispielsweise in Form eines Extranets.[181]

Information Integration

Hierunter subsumiert die SAP das Thema Knowledge Management, welches ebenfalls über das o.g. Enterprise Portal angeboten wird. Des Weiteren gehört hierzu das SAP Business Warehouse sowie die Komponente Master Data Management, wodurch in der Kombination der beiden eine unternehmensweite Informationsaggregation sowie die Möglichkeit der effektiven Suche in dieser bereitgestellt werden. Innerhalb des EPs findet die Präsentation der Ergebnisse statt.

Process Integration

Auf dieser Ebene werden die Prozesse intern wie extern integriert. Hierfür steht die Komponente SAP XI zur Verfügung, die im folgenden Abschnitt 3.4.2 näher beschrieben wird.

Application Platform

Die Basis zur Ausführung von Applikationen bildet der SAP Web Application Server (WebAS) 6.40. Es handelt sich hierbei um eine Weiterentwicklung des SAP R/3 Basis Kerns

---

[178] Vgl. hierzu MERRILL LYNCH 1998, S. 11:A trend has already taken hold within many of the Enterprise Information Portal segments is creating packaged Applications that provide targeted content to specific industries or corparte functions.

[179] Eine deutsche Bezeichnung wäre Kollaborationssoftware und bezeichnet eine Softwarelösung zur Unterstützung von Kooperationen über zeitliche und räumliche Grenzen hinweg.

[180] Als Kanal im informationstheoretischen Sinne (auch Informationskanal, Übertragungskanal oder Übertragungsweg) bezeichnet man ein Gerät beziehungsweise eine Vorrichtung, das zum Übermitteln von Informationen über räumliche oder zeitliche Distanz geeignet ist.

[181] Vgl. SCHUMANN 2003, S.12

mit seiner ABAP – Laufzeitumgebung. Der WebAS zeichnet sich insbesondere dadurch aus, das er zwei Laufzeitumgebungen unterstützt, zum einen ABAP und zum anderen eine J2EE Umgebung. Auf diese Weise soll der WebAS die Entwicklung und Bereitstellung von Web - Services und Web - Anwendungen ermöglichen.[182] Im Folgenden wird zwischen diesen von einander unabhängigen Teilen unterschieden zwischen Java – und ABAP- Personality des WebAS in Anlehnung an (SCHNEIDER-NEUREITHER 2004, S.65) Eine Integration zwischen der ABAP- und der Java- Personality wird mittels einer speziellen Softwareschicht auf der Java Seite, dem sog. Java Connector (JCO) ermöglicht.[183] Für einen kurzen Überblick über die Evolution des SAP Basis Kerns sowie den schematischen Aufbau des neuen WebAS 6.40 siehe Anhang A.c

Ergänzt werden diese Hauptkomponenten durch die zwei Querschnittsfunktionen (vgl. Abbildung 3-11), das *Life Cycle Management* und das *Composite Application Framework*. Zur Unterstützung des Lebenszyklus von Software bedarf es einer Komponente, die die verschiedenen Stadien unterstützt, vom Design[184] bis zum Monitoring[185].[186] Diese Aufgabe wird durch das Life Cycle Management von Netweaver unterstützt. In der Abbildung 3-11 auf der linken Seite ist ebenfalls das *Composite Application Framework (CAF)* dargestellt, das ein wesentlicher Bestandteil der ESA Strategie ist und deswegen an dieser Stelle kurz berücksichtigt wird.

Die Vision von Netweaver ist eine Technologie zur Verfügung zu stellen, um die Entwicklung und Anwendung von sog. xApps zu ermöglichen.[187] Hierunter versteht man vorgefertigte Anwendungen, die aus Objekten, Services und Prozessen bestehen, die von einer ESA Plattform (Netweaver) bereitgestellt werden.[188] Das CAF stellt eine Entwicklungs- und Laufzeitumgebung für xApps bereit. Zurzeit existieren noch sehr wenige xApps, die von SAP zur Verfügung gestellt werden. Diese werden aber in Zukunft die Rolle des bisherigen R/3 übernehmen und damit eine ESA realisieren. Ein Beispiel für ein schon existierendes xApp ist

---

[182] Vgl. WEITZEL et al. 2001, S.24
[183] Vgl. HEINEMANN et al. 2003, S. 71
[184] Z.B. das Design einer Serviceaggregation oder Packaged Applications Vgl. WOODS 2003
[185] Unter Monitoring werden in diesem Kontext alle Arten der Erfassung von Zuständen, eines Vorgangs oder Prozesses mittels technischer Hilfsmittel oder anderer Beobachtungssysteme verstanden. Ein Monitoringsystem ermöglicht Interventionen in die betreffenden Prozesse, sofern sich abzeichnet, dass der Prozess nicht den gewünschten Verlauf nimmt.
[186] Vgl. SCHNEIDER-NEUREITHER 2004a, S. 27
[187] Vgl. SCHNEIDER-NEUREITHER 2004a, S. 27
[188] Vgl. WOODS 2003, S.3

xRPM (Resource and Program Management), welches der Steuerung und Ausführung von Forschungs- und Entwicklungsprozessen in IT – Projekten dient.

3.4.2 Exchange Infrastructure XI 3.0

Die Basisinfrastrukturkomponente, durch die eine Integration auf den verschiedenen Ebenen erreicht werden soll, ist die SAP Exchange Infrastructure, die nach Angaben der SAP eine Implementierung der SOA darstellt.[189] Inwieweit dieses zutrifft wird im folgenden Abschnitt anhand der Beschreibung einer SOA (vgl. Abschnitt 3.3) untersucht.

3.4.2.1 Komponenten XI

Die XI 3.0 Architektur besteht aus diversen Komponenten, die an dieser Stelle kurz vorgestellt werden. Im Anschluss daran wird anhand dieser gezeigt, inwieweit die Konzepte der SOA umgesetzt wurden. In Abbildung 3-12 sind diese Komponenten dargestellt.

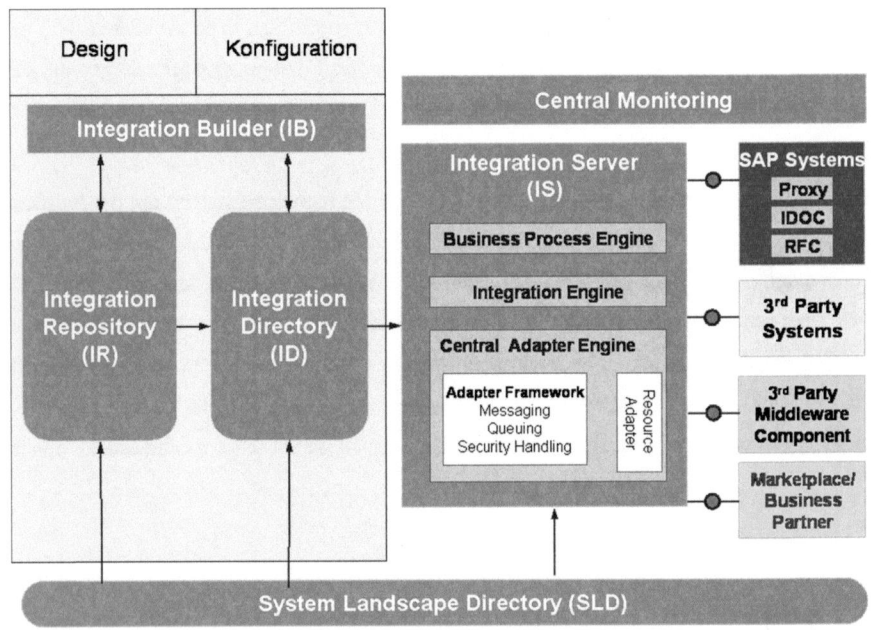

Quelle: eigene Darstellung in Anlehnung an SAPLIBRARY 2004

Abbildung 3-12 Komponenten der XI 3.0

---

[189] Vgl. COMPUTERWOCHE Nr. 15 vom 09.04.2004 S.38-39 : Enterprise Resource Planning – SAP baut serviceorientierte Anwendungssoftware

System Landscape Directory (SLD)

Das SLD ist ein Verzeichnis, in dem die gesamten im Unternehmen eingesetzten Anwendungen registriert sind. Die Modellierung dieser Informationen und das Speichern dieser Daten erfolgt auf Basis des objektorientierten Common Information Model[190] (CIM) Standards. Grundlage für die Speicherung einer Repräsentation der Unternehmenslandschaft bildet der Softwarekatalog im CIM Standard, der alle SAP Produkte enthält und ständig von der SAP aktualisiert wird. Das Objektmodell des Softwarekatalogs ist in der folgenden Abbildung 3-13 dargestellt.

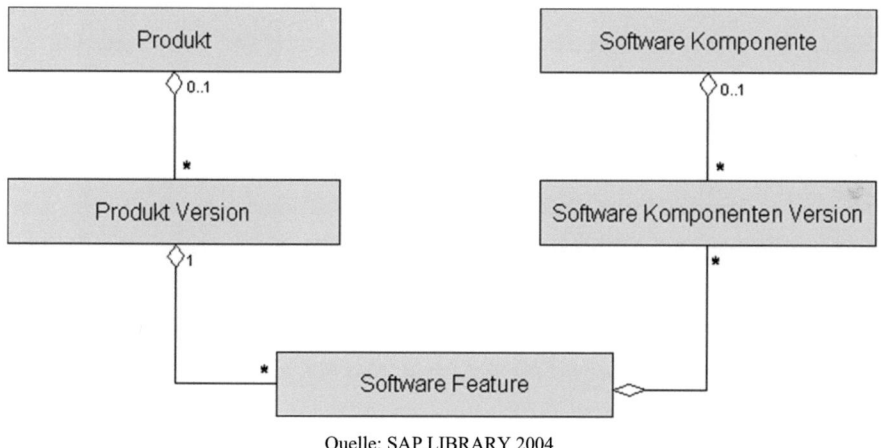

Quelle: SAP LIBRARY 2004

Abbildung 3-13 Objektmodell des Softwarekatalogs im CIM Standard

Ein Produkt ist die Gesamtheit aller Produktversionen; es repräsentiert eine Software, welche ausgeliefert, installiert und aktualisiert werden kann. Ein Beispiel eines Produktes ist SAP CRM. Die Produktversion ist eine spezielle Version des Produktes, welches zu einem bestimmten Zeitpunkt ausgeliefert wurde. Die aktuellste Produktversion von SAP CRM ist zurzeit 4.0. Eine analoge Beziehung in Bezug auf die Versionierung existiert zwischen Softwarekomponente und Softwarekomponentenversion. Mit einer Softwarekomponente ist im SAP- Kontext ein Modul eines Produktes gemeint, welches nicht nur in einem Produkt verwendet wird, sondern entsprechend dem Wesen eines Moduls mehrfach in unterschiedlichen Produkten genutzt werden kann. Beispielsweise ist die Softwarekomponente SAP JCO nicht exklusiv dem Produkt SAP CRM 4.0 zugeordnet. Die Assoziation zwischen Produktver-

---

[190] http://www.dmtf.org/standards/cim

sion und Softwarekomponentenversion wird über die Klasse Softwarefeature geleistet, die sich aus einer oder mehreren Softwarekomponentenversionen zusammensetzt und eine Produktversion spezifiziert. Abhängigkeiten zwischen Softwarekomponenten können ebenfalls im Rahmen des CIM - Standards spezifiziert werden, um beispielsweise auszudrücken, dass eine bestimmte Anwendung als Grundvoraussetzung eine bestimmte Datenbank benötigt.

Nach der Abbildung aller verfügbaren Softwarekomponenten mit ihren jeweiligen Versionen erfolgt die Zuordnung zu den physisch im Unternehmen eingesetzten IV – Systemen. Im SLD wird die Anwendungslandschaft in technische und Business Systeme unterteilt. Ersteres meint ein physisches System, auf dem Software installiert und administrierbar ist und das über eine eindeutige Adresse im Netzwerk verfügt, beispielsweise eine SAP Basisinstallation. Ein Business System hingegen bezeichnet ein logisches System[191], welches dem technischen zugeordnet ist. Diesem logischen System entspricht in der SAP XI ein Sender oder Empfänger von Serviceanfragen oder Aufrufen. Ein Business System kann beispielsweise ein Mandant auf einer als technisches System definierten SAP Basis - Installation sein. Dem Business System werden Produktversionen zugeordnet. Zur Sicherstellung, dass das SLD immer die aktuellsten Informationen über die im Unternehmen zu verwaltenden Systeme hat, existiert für SAP R/3 4.6 und Netweaver auf Basis des WebAS 6.40 ein Synchronisationsmechanismus (engl. Bridge), über den das SLD ständig über RFC aktualisiert wird.

Ziel des SLD ist es, alle Systeme eines Unternehmens sowie die darauf verfügbaren Softwarekomponenten gebündelt in Form eines Produktes in einem Verzeichnis abzubilden. Diese Informationen werden den weiteren XI - Komponenten über interne Kommunikationskanäle zur Verfügung gestellt. Diese sind für den Entwickler jedoch nicht transparent.

Integration Repository (IR)

Das IR ist Teil des Integration Builders (IB), zu dem auch das Integration Directory (ID) gehört. Aufgabe des Integration Builders ist es, die Schnittstellen der Softwarekomponenten aus dem SLD zu modellieren und zu verwalten und die Koordinierung dieser über das ID zu konfigurieren. SAP fasst dieses unter der Aufgabe des Designs[192] von Geschäftsprozessen zusammen.

---

[191] System, auf dem Anwendungen integriert auf einer gemeinsamen Datenbasis laufen. Im SAP-Sinn entspricht dieses dem Mandanten.
[192] Vgl. SAP LIBRARY 2004a

Im IR werden die Schnittstellen verwaltet, auf die innerhalb der Systemumgebung zugegriffen werden sollen. Schnittstellen sind dabei Softwarekomponentenversionen aus dem SLD zugeordnet, die nicht notwendigerweise zum Zeitpunkt des Designs physisch implementiert sein müssen.[193] Innerhalb der Softwarekomponenten werden die Schnittstellen durch die Angabe von Namensräumen geordnet (vgl. Abbildung 3-14). Diese Art der Ordnung entspricht der im Abschnitt 3.3.3.2 im Zusammenhang mit dem ESB vorgestellten Konzept des ESB Namensraum - Verzeichnis. Eine Schnittstelle wird im IR als so genanntes Message Interface (MI) durch Angabe der über diese Schnittstelle ausgetauschten Nachrichten näher bestimmt. Dieses Schnittstellenkonzept entspricht dem im Abschnitt 3.3.3.2 vorgestellten Port-Konzept. Bei der Definition wird festgelegt, ob diese Schnittstelle in der Rolle des Service - Anbieters eine Serviceanfrage beantwortet (eingehendes MI) oder in der Rolle des Service - Konsumenten einen Service aufruft (ausgehendes MI)[194].

Des Weiteren wird die Kommunikationsart festgelegt (asynchron oder synchron) und damit auch die dieser Schnittstelle zugeordnete Nachrichtenanzahl.[195] Bei einem synchron ausgehenden MI muss sowohl die ausgehende Nachricht als auch die Antwort bei der Definition berücksichtigt werden. Für die Verwendung der Schnittstellen innerhalb der Workflowmodellierung existiert neben der Festlegung eingehend oder ausgehend noch die Unterscheidung in *abstract* für die Verwendung in einem Business Process[196], als Workflowdefinition in XI. Neben dem Standard - Nachrichtentyp existiert für die Übermittlung von Fehlern bei der Nachrichtenverarbeitung durch den Empfänger die Möglichkeit einen Fault Message Type zu definieren.[197]

---

[193] An dieser Stelle unterscheidet SAP zwischen Inside-out (Modellierung einer schon implementierten Schnittstelle einer Softwarekomponentenversion) und Outside-in (Modellierung einer noch nicht implementierten Schnittstelle). Auf diese Weise wird der Entwicklungsprozess flexibler, da eine Modellierung der Schnittstelle auch ohne die Existenz der Schnittstelle einer Softwarekomponente erfolgen kann.
[194] Die Bezeichnungen sind umgekehrt zu denen, vorgestellt im Abschnitt 3.3.3.2, aufgrund einer anderen Perspektive. An dieser Stelle ist die Perspektive gewählt ausgehend von den Akteuren. Der Service - Konsument sendet über seine ausgehende Schnittstelle eine Anfrage und der Service - Anbieter empfängt eine Nachricht über seine eingehende Schnittstelle. Im Unterschied zu der gewählten Perspektive im Abschnitt 3.3.3.2, die ausgeht vom ESB.
[195] Ein asynchroner Aufruf erfolgt durch den Versand einer Nachricht wohingegen bei synchroner Kommunikation vom Aufrufer noch eine Antwort vom Aufgerufenen erwartet wird.
[196] Bei der Business Process Definition können nur MIs, die als *abstract* gekennzeichnet sind, benutzt werden. Je nachdem ob sie in einem *send* (eine Nachricht wird verschickt) oder in einem *receive* (eine Nachricht wird empfangen) Schritt zum Einsatz kommen, ergibt sich ob sie als eingehende oder ausgehende Nachrichtenschnittstelle agieren.
[197] Dieser Bestandteil des IR – Konzeptes ist an das SOAP Nachrichtenmodell angelehnt, vgl. http://www.w3.org/TR/soap12-part1/#soapfault

Die Nachrichten werden als Nachrichtentyp innerhalb des IR definiert. Ein Nachrichtentyp besteht aus einem in XML definierten Datentyp; hierbei wird das XML Schema für den Import und Export unterstützt.

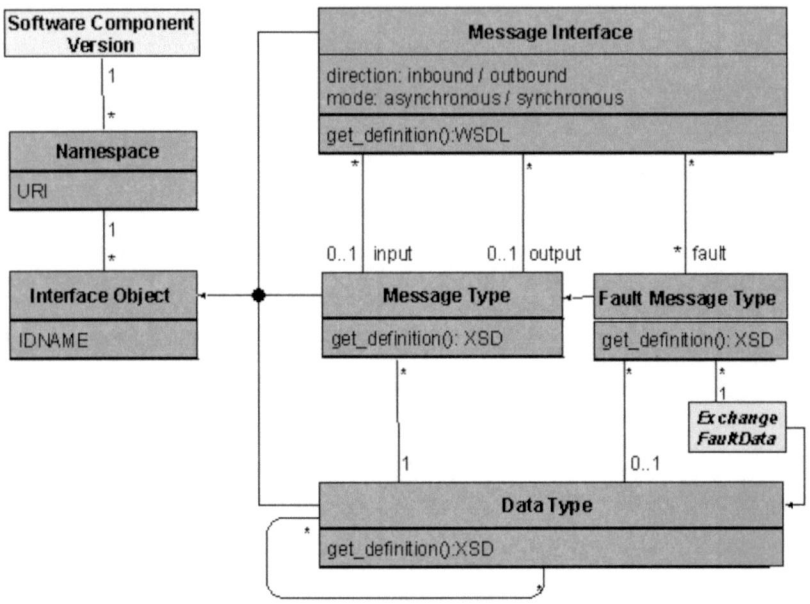

Quelle: SAP LIBRARY 2004

Abbildung 3-14 Konzepte des IR

Neben der Definition der Nachrichtenschnittstelle wird im IR auch das Mapping[198] von MIs festgelegt (Interface - Mapping). Hierunter versteht man einen Mechanismus, der mit Hilfe von Regeln die Kompatibilität zwischen einer Anfrage des Service - Konsumenten (über das ausgehende MI) und dem tatsächlichen Aufruf der Schnittstelle des Service - Anbieters (über das eingehende MI) sicherstellt, indem dieser die auszutauschenden Nachrichten entsprechend transformiert. Auf diese Weise können Inkompatibilitäten in der Definition von Schnittstellen durch die Angabe eines Mapping gelöst werden. Für den Nachrichtenaustausch auf Basis der SAP eigenen RFC oder IDOC Mechanismen bietet das IR die Möglichkeit, diese Schnittstellendefinitionen aus den R/3 Systemen zu importieren und auf diese Weise deren Nutzung zu

---

[198] Die dt. Übersetzung in „Zuordnung" ist nicht adäquat; aus diesem Grund wird im Folgenden der Begriff Mapping benutzt.

erleichtern. Beim Importvorgang werden ABAP Datenstrukturen auf XML Schema als Datentypen abgebildet und auf dieser Grundlage ein Interface Objekt (vgl. Abbildung 3-14) erstellt.

Zur Abbildung eines Workflows werden in dem IR so genannte Business Szenarien modelliert, in denen die Kopplung von Schnittstellen systemübergreifend definiert wird. In einem Business Szenario werden alle für den Austausch der Nachrichten relevante Aspekte einer systemübergreifenden Prozessintegration abgebildet. Ein Teil eines solchen Szenarios kann ein Business Process[199] sein. Ein Business Process wird ebenfalls in dem IR angelegt. Es handelt sich hierbei um einen ausführbaren softwarekomponentenbezogenen Workflow, der die zustandsbehaftete Verarbeitung von Nachrichten zwischen Schnittstellen (MI) einer Komponente erlaubt. Dieses Ablaufdiagramm, in dem die Schritte des Workflows in einer fest vorgegebenen Sequenz in Form des Business Processes festlegt werden, wird über einen eigenen Editor innerhalb des IR modelliert und verfügt über den vollen Sprachumfang der BPEL4WS[200] Version 1.1. Dadurch ist sichergestellt, dass auch komplexe Anforderungen an den Prozess realisiert werden können, z.B. Parallelverarbeitung, Schleife, zeitgesteuerte Ausführung usw.[201]

Integration Directory (ID)

Das ID bildet zusammen mit dem IR den IB, wie im oberen Abschnitt schon bemerkt wurde. Mit dem ID werden die zuvor implementierungsunabhängigen Schnittstellendefinitionen und auf diesen basierende Business Szenarien konkreten Softwarekomponenten in einer bestehenden Systemlandschaft zugeordnet. Die Systemlandschaft wird dabei durch den SLD verwaltet. Diese Zuordnung erfolgt in mehreren Schritten und wird bei SAP als Konfigurationsphase[202] bezeichnet. (vgl. Abbildung 3-12)

Das ID gruppiert die Schnittstellen aus dem IR zu Services im Rahmen eines so genannten Kommunikationsprofils[203]. Erst an dieser Stelle verwendet die SAP den Begriff Service. Bis dahin handelte es sich nur um Schnittstellen, die einer Softwarekomponentenversion zugeordnet waren. Ein SAP Service ist ein Objekt im ID, welches entweder vom Typ Business

---

[199] Business Process ist nicht als Synonym für Geschäftsprozess zu sehen, eher als Workflow. Vgl. RAUTENSTRAUCH et al. 2003, S. 267
[200] Vgl. http://www-106.ibm.com/developerworks/library/ws-bpel/
[201] Eine Zusammenfassung über die Sprachkonstrukte findet sich bei SCHMIETENDORF et al 2004, S. 41ff.
[202] Vgl. SAP LIBRARY 2004c
[203] Beschreibt die Fähigkeiten von Services im Hinblick auf den Austausch von Nachrichten.

Service, Business System[204] oder Business Process[205] sein kann. Im Kommunikationsprofil findet durch die Zuordnung von Kommunikationskanälen[206] zu den Services jeweils eine Festlegung auf die Rolle des Services statt. Bei der Konfiguration eines Kommunikationskanals wird festgelegt, ob dieser Service die Rolle des Service - Konsumenten oder Service - Anbieters besitzen wird. Auf diese Weise kann das XI auch Services anbieten, die als Sender von RFC – Aufrufen fungieren und damit ein SAP – System simulieren.

Für die Abbildung eines unternehmensübergreifenden Prozesses wird im Kommunikationsprofil ein Business Service benötigt. Dieser repräsentiert eine abstrakte, adressierbare Einheit ohne konkrete Spezifikation im SLD. Mit dieser Eigenschaft kann ein Business Service einem Geschäftspartner entsprechen, für den, wie in den meisten Fällen üblich, keine Angaben zu den verwendeten Softwarekomponenten verfügbar sind.[207] Der Business Service gruppiert Schnittstellen aus dem IR. Abhängig davon, ob die Schnittstellen ein eingehendes oder ausgehendes MI besitzen, repräsentiert der modellierte Business Service im ersten Fall die XI als den Service - Anbieter und im zweiten Fall die XI als den Service - Konsumenten, der über das ausgehende MI einen Service eines externen Partners konsumiert.[208]

Im Anschluss an die Gruppierung der Schnittstellen in Services werden im nächsten Schritt die Weiterleitungsregeln für Nachrichten definiert. Hierbei wird einem Service - Konsumenten und einer von ihm angebotenen Schnittstelle (ausgehendes MI aus dem IR) ein Empfänger zugeordnet. Dabei muss der Empfänger nicht statisch[209] definiert werden, sondern kann dynamisch zur Laufzeit über den Inhalt der Nachricht und den Namensraumkontext[210] ermittelt werden. XI erlaubt hierfür die generische Spezifikation mit Hilfe von Platzhaltern

---

[204] Vergleiche Abschnitt zum SLD
[205] Vergleiche Abschnitt zum IR
[206] Ein Kommunikationskanal legt die technischen Details für die Verarbeitung von Nachrichten fest, er kann sowohl einem Adapter im Sinne des Kapitels 2 als auch einem Port, vorgestellt im Abschnitt 3.3.3.2 entsprechen. Dieses ist abhängig vom Typ der zu integrierenden Anwendung. XI unterstützt u.a. die folgenden Adaptertypen: IDOC, RFC, SOAP, JDBC, JMS, File, RNIF.
[207] Aufgrund der existentiellen Abhängigkeit zwischen Schnittstellen und Softwarekomponenten (vgl. Abschnitt SLD, S. 50) würde in diesem Fall eine nicht näher spezifizierte Softwarekomponente im SLD angelegt werden, der im IR Schnittstellen zugeordnet werden könnten.
[208] Der praktische Nutzen des Business Service Typs liegt primär in der Beschreibung eines externen Service bereitgestellt von einem Geschäftspartner. Hierfür werden die ausgehenden MIs benötigt. Ein Business Service mit eingehenden MIs erscheint nicht von großer Bedeutung zu sein, da in den allermeisten Fällen Informationen über den durch die XI angebotenen Service zur Verfügung stehen sollten. Deshalb bietet sich in dem Fall der Servicetyp Business System zur Modellierung an.
[209] Für eine Erläuterung einer statischen oder dynamischen Verknüpfung zwischen dem Sender und dem Empfänger vgl. TUROWSKI 2003, S. 156
[210] Vgl. Abschnitt zu IR, Schnittstellen werden in Namensräumen innerhalb einer Softwarekomponentenversion organisiert

(Wildcards). Dieser Schritt ist in der Abbildung 3-15 als Empfänger – Ermittlung gekennzeichnet.

Als nächstes erfolgt die Zuordnung der aufzurufenden Schnittstelle (eingehendes MI), die vom Empfänger zur Verfügung gestellt wird, zum Sender. Hierbei kann wahlweise ein aus dem IR definiertes Interface - Mapping[211] genutzt werden, um Nachrichten zwischen den Schnittstellen zu transformieren oder ein MI direkt spezifiziert werden. In Abbildung 3-15 ist diese Konfigurationsmöglichkeit unter der Bezeichnung Interface – Ermittlung zu finden.

Im letzten Schritt werden die Kommunikationsvereinbarungen definiert, in denen Details zur Kommunikation über die Adapter spezifiziert werden, wie beispielsweise Sicherheitseinstellungen. Zu unterscheiden sind die Sendervereinbarungen von den Empfängervereinbarungen. Die Sendervereinbarungen werden bei der Eingangsverarbeitung[212] des Integrationsservers (vgl. nächsten Abschnitt S. 77) verwendet. Hierbei wird eine eingehende Nachricht derart transformiert, dass sie von der Integration Engine verarbeitet werden kann. Die spezifische Eingangsverarbeitung der Nachricht hängt vom verwendeten Kommunikationskanal ab und wird durch die Sendervereinbarung für das verwendete ausgehende MI konfiguriert. Die Empfängervereinbarung wird bei der Ausgangsverarbeitung eingesetzt und für den Kommunikationskanal und ein eingehendes MI konfiguriert. Mit Hilfe des Konzeptes der Kommunikationsvereinbarungen können neben den allgemeinen Parametern bei der Konfiguration der Kommunikationskanäle spezifische Einstellungen durchgeführt werden für eine bestimmte Sender-/ Schnittstellen- Kombination. Auf diese Weise kann eine Instanz des Konfigurationsobjekttyps Kommunikationskanal mehrfach wieder verwendet werden, wodurch sich z. B. der Pflegeaufwand reduzieren lässt.

In Abbildung 3-15 ist der Ablauf schematisch dargestellt.

---

[211] Die Zweiteilung in Interface– Ermittlung und Empfänger– Ermittlung ist sinnvoll in Szenarien in denen mehrere Softwarekomponenten gleicher Version und damit auch gleicher Schnittstellen existieren.
[212] Eingangsverarbeitung aus Sicht der Integration Engine, die die Nachricht vom Sender empfängt und daraufhin eine Eingangsverarbeitung durchführt.

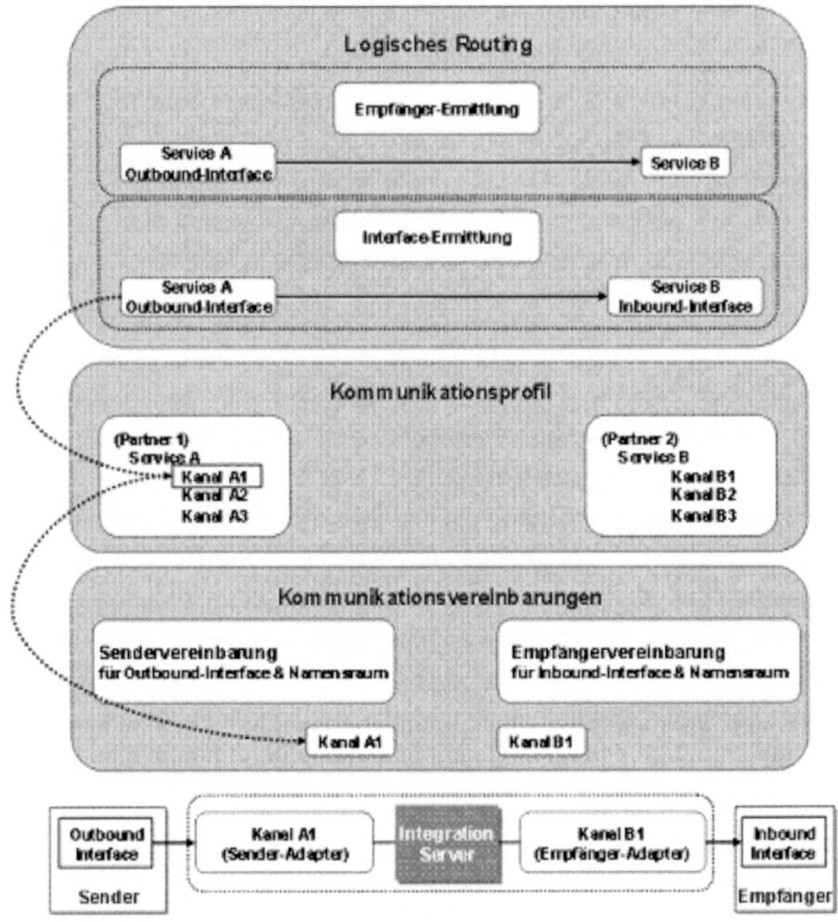

Quelle: SAP LIBRARY 2004

Abbildung 3-15 Zusammenhang der Objekte aus dem Integration Directory

Die Antwort auf die Frage, weshalb das Kommunikationsprofil zwischen der Empfänger - Ermittlung und der Interface - Ermittlung unterscheidet, ist auf konzeptuelle Gründe zurückzuführen. Die Empfängerermittlung erfolgt mit Hilfe von Geschäftsregeln auf Basis einer Geschäftslogik. Beispielsweise kann bei einem Lieferantenwechselprozess der Energieversorger für den Aufruf eines Kündigungsservice festgelegt werden, weil ein bisheriger Kunde diesen Lieferanten wechseln möchte. Der nächste Schritt, die Festlegung eines eingehenden

MI[213], ist eine eher technische Aufgabe, da hierzu ein für das ausgehende MI[214] passendes eingehendes MI gefunden werden muss und daraufhin ein notwendiges Interface - Mapping erstellt werden kann.

Die Separierung bei der Empfängerfestlegung erleichtert dadurch die Wartungsarbeiten und trennt die betriebswirtschaftliche Sichtweise von der technischen. Falls sich das eingehende MI im Laufe der Zeit ändert, kann dieser Konfigurationsschritt unabhängig von der Empfänger - Ermittlung durchgeführt werden. Auf diese Weise wird ebenfalls das Prinzip der losen Kopplung unterstützt. Wenn sich das Interface auf Seiten des Service - Anbieters ändert, muss nur die Interface - Ermittlung konfiguriert werden. Die Empfänger - Ermittlung inklusive des inhaltsbasierten Weiterleitens bleibt unberührt.

Integration Server (IS)

Der IS ist die zentrale Komponente in der XI– Architektur, welche die Laufzeitumgebung für die Komposition von Services bereitstellt.

Der IS setzt sich aus mehreren Komponenten zusammen:

1. Integration Engine (IE)
2. Proxy Laufzeit (PL)
3. Adapter Engine (AE)
4. Business Process Engine (BPE)

Die Exchange Infrastructure verschickt XML - Nachrichten zwischen Softwarekomponenten, die als Service im ID modelliert sind. Die Verarbeitung von XML - Nachrichten basiert auf Informationen, die im IR und ID enthalten sind und zur Laufzeit abgerufen werden. Die IE stellt die zur Verarbeitung dieser Informationen notwendige Laufzeitumgebung zur Verfügung. Implementierungsdetails zur Verarbeitung der Informationen aus dem IR und ID sowie die Nachrichtenverarbeitungen durch Warteschlangen (Queues) sind für den Betrachtungsbereich nicht relevant und zudem nicht im Detail verfügbar. Wichtig ist aber zu bemerken, dass die zugrunde liegende Technologie auf dem Integrationsansatz einer MOM aufbaut.[215] Sie erfüllt die Funktion des Hubs aus der ESB Darstellung. Ähnlich wie in Abbildung 3-10 dargestellt, verarbeitet auch die IE die Nachrichten. Entsprechend der schematischen Darstel-

---

[213] Die Service – Schnittstelle für die Kündigung beim alten Lieferanten
[214] Über diese Schnittstelle erfolgt der Aufruf zur Kündigung vom neuen Lieferanten.
[215] Vgl. SCHWARTZ 2004

lung nutzt die IE ebenfalls das ein– und ausgehende Portprinzip, wie es in Abbildung 3-15 dargestellt ist.

In der XI – Dokumentation ist die Perspektive von der in Abbildung 3-10 verschieden. Das ausgehende MI bezeichnet den Service - Konsumenten, der die Nachricht an den eingehenden Port der IE versendet. Nach der Verarbeitung innerhalb der IE nutzt diese ebenfalls einen ausgehenden Port, um die Nachricht an das eingehende MI des Service - Anbieters zu senden. Ein- und ausgehende Ports sind Termini, die im Umfeld von XI nicht in Bezug auf die IE benutzt werden, im Unterschied zu der Beschreibung des ESB im oberen Abschnitt 3.3.3.2.

Innerhalb der IE findet die logische Empfänger - Ermittlung nach dem Empfang einer Serviceanfrage (Nachricht über einen Kommunikationskanal) statt. Bevor die Nachricht an den Service – Anbieter weitergeleitet werden kann, werden die im IR definierten Transformationen (Interface - Mappings) ausgeführt, um das Senderformat in ein für den Empfänger kompatibles Format umzuwandeln. Im Anschluss findet die Auflösung der physikalischen Adressinformation anhand der logischen Empfängerermittlung in Kooperation mit dem SLD statt. Hierzu wird der logische Name (der im ID definierte Service Name) durch eine Anfrage an den SLD in der physikalischen Adresse aufgelöst und die Nachricht kann versendet werden (vgl. Abbildung 3-17). Diese Trennung entkoppelt den logischen Empfänger von dem technischen, sodass technische Adressen (beispielsweise eines Applikationsservers) einfacher ausgetauscht werden können, ohne den darüber liegenden logisch definierten Prozess zu beeinflussen.

Für die Integration der im SLD definierten Softwarekomponenten existieren grundsätzlich zwei Möglichkeiten, die im folgenden Abschnitt dargestellt werden: die Proxy Laufzeit und die Adapter Engine.

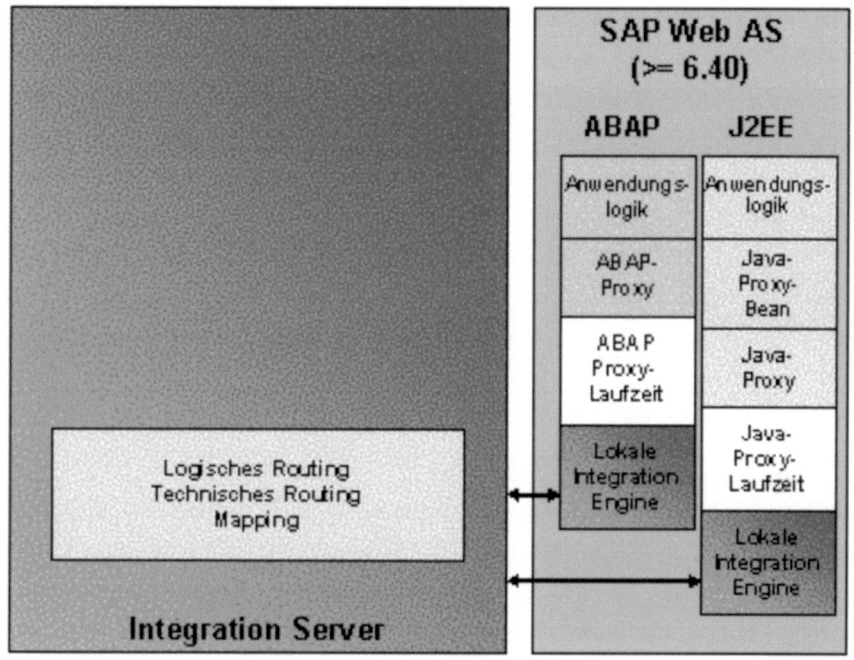

Quelle: SAP LIBRARY 2004

Abbildung 3-16 Proxy Laufzeit

Die Proxy – Laufzeit wird auf einem SAP R/3 Enterprise System betrieben und benötigt als solche den WebAS 6.40.[216] In der ABAP- und Java- Personality finden sich jeweils eigenständige Proxylaufzeiten für die jeweilige Technologie (vgl. Abbildung 3-16). Die Kommunikation zwischen der Proxy-Laufzeit und dem IS findet über den Kommunikationskanal XI statt.

Mit Hilfe der Proxy – Laufzeit können aus der jeweiligen Umgebung heraus nativ[217] Services konsumiert bzw. Serviceaufrufe ausgeführt werden. Der Proxy *übersetzt* die Aufrufe in ein XI – internes Format (auf XML basierend) und versendet dieses über den

---

[216] Vgl. Abschnitt Netweaver, S. 48
[217] nativ in dem Sinn, dass auf die Sprachkonstrukte der unterstützten Programmiersprachen zurückgegriffen werden kann, um Services zu konsumieren bzw. Serviceanfragen zu bearbeiten. Es ist demzufolge nicht nötig als ABAP - Programmierer XML Schema Kenntnisse zu besitzen, um die Serviceanfrage formulieren zu können. Es kann hierfür weiterhin auf die ABAP - Sprache zurückgegriffen werden.

XI – Kommunikationskanal an die IE. Bei einer Proxyerstellung (Proxy - Generierung) für ein eingehendes oder ausgehendes MI wird auf die Informationen aus dem IR zurückgegriffen und die zu einem MI gehörenden Nachrichtentypen werden in Konstrukte der jeweiligen Programmiersprache übersetzt. Für die Proxy - Genierung wird auf der ABAP – Seite ein Report (Transaktion: SPROXY) unterstützt, der automatisch die Objekte erzeugt. Mit Hilfe der Java – Proxy - Generierung werden ausgehend von der Schnittstellenbeschreibung im Integration Repository Java - Klassen erzeugt, die als Java – Proxy - Objekte bezeichnet werden. Mit Hilfe dieser Objekte können Sender - und Empfängeranwendungen in Java implementiert werden. Hierzu müssen die Klassen allerdings zu einem EJB zusammengefasst und mittels des SAP Netweaver Developer Studios auf dem J2EE Server installiert (engl. deployed) werden. Im Anschluss muss dieses EJB manuell über eine URL bei einem Namensdienst registriert werden. Dieser Namensdienst stellt sicher, dass bei dem Aufruf der Schnittstelle eines Services, dieses EJB ausgeführt wird.

Der Integration Server beinhaltet eine zentrale Adapter Engine (AE), welche als J2EE Anwendung auf dem WebAS läuft. Die AE ist notwendig, um die verschiedenen Adaptertypen zu unterstützen. Sie stellt die Adapter[218] zur Verfügung, mit deren Hilfe XML und auf http - Protokoll basierende Nachrichten in die spezifischen Protokolle und Formate dieser Systeme konvertiert werden und umgekehrt. Auf diese Weise kann Interoperabilität ermöglicht werden. Die Adapter Engine basiert auf dem Adapterframework[219], wodurch sie die Möglichkeit besitzt, neue Adapter zu installieren und damit erweiterbar bleibt. Innerhalb des Integrationsservers existiert die Adapter Engine als eigenständige Komponente mit eigenem unabhängigen Queuing und Protokolldiensten. Als Komponente kann die Adapter Engine auch dezentral auf einem WebAS installiert werden.[220] Diese dezentrale AE muss im SLD registriert sein, damit diese auch für den IE zur Verfügung steht.

Für die Integration von SAP Systemen existieren zwei verschiedene Adaptertypen. Zum einen steht der RFC – Adapter zur Verfügung. Dieser bildet RFC – Aufrufe auf XML Nachrichten ab. Es werden synchrone RFC – Aufrufe unterstützt. Momentan besteht nicht

---

[218] In der objektorientierten Programmierung übersetzt ein "Adapter" eine Schnittstelle in eine andere. Dadurch können Instanzen von Klassen miteinander kommunizieren, die nicht kompatible Schnittstellen zur Verfügung stellen. Hier spricht man auch von einem Wrapper. Das Adapter stellt einen funktionalen Bestandteil einer EAI – Lösung dar, vgl. Kapitel 2.3.2.
[219] Grundlage des Adapter-Frameworks wiederum ist die SAP J2EE-Engine (als Teil des SAP Web Application Server) und die J2EE Connector Architecture (JCA). Darüber hinaus stellt das Adapter-Framework Interfaces zur Konfiguration, Verwaltung und Überwachung von Adaptern zur Verfügung
[220] Gründe hierfür wären zum Beispiel: das Protokoll des Senders oder Empfängers ist in der Umgebung nicht erlaubt, Performance oder Organisatorische Aspekte

die Möglichkeit, einen transaktionalen Kontext für mehr als einen RFC-Aufruf pro LUW (Logical Unit of Work) zu realisieren. Der weitere Adaptertyp ist der IDOC – Adapter, mit dem es möglich ist, die Verarbeitung von IDOC – Dokumenten aus SAP Systemen ab Release 3.1 zu realisieren. Um Fremdsysteme anzubinden, existieren zurzeit weitere Adapter. Der wichtigste ist allerdings der SOAP – Adapter um Web Services anbinden zu können.

Die in den zentralen und dezentralen Adapter Engines installierten Adapter stehen für die Konfiguration des Kommunikationsprofils im ID zur Verfügung. Für die Zuordnung eines Adapters zu einem Kommunikationskanal muss eine AE ausgewählt werden, die diesen Adapter anbietet. Auf diese Weise können Szenarien unterstützt werden, in denen ein Service - Konsument innerhalb einer Zone einen externen Service, definiert im ID, aufrufen möchte, in der aus Sicherheitsgründen ein Protokoll nicht zur Verfügung steht. An dieser Stelle kann dieser Service - Konsument auf eine dezentrale AE zurückgreifen, die genau diesen Adapter für die verfügbaren Protokolle innerhalb der Zone bereitstellt.[221]

Die SAP unterscheidet zwei Arten der Anbindung der AE an die IE. Zum einen kann mit dem Adapter Framework ein Adapter für eine spezielle Anwendung programmiert werden und in die AE eingebunden werden. Die Vorteile hierbei liegen in einer zentralen Konfiguration und Administration sowie einem effizienten Monitoring. Zum anderen können bestehende, die auf Standards basieren und über einen hohen Verbreitungsgrad verfügen, wie z.B. der SOAP Adapter genutzt werden, um Interoperabilität mit EAI – Providern zu gewährleisten. SAP bezeichnet dies als Dual Connectivity Strategy.[222]

Mit Hilfe der Business Process Engine (BPE) werden die Business Processes definiert im IR auf einen SAP Workflow abgebildet. Die BPE stellt demnach keine Laufzeitumgebung für die Durchführung von Workflows bereit. Dieses wird weiterhin von der SAP Workflow Engine auf der Seite der ABAP – Personality geleistet.[223] Unterschiede ergeben sich durch die unterschiedlichen Metamodelle zwischen dem bisherigen SAP – Workflow und dem auf Basis der Konzepte aus der BPEL4Ws definierten IR. Hieraus ergeben sich Workflowschritte, die nur für die Umsetzung von IR Workflows existieren, wie z.B.

---

[221] Beispielsweise mögen zwei Zonen mit jeweils einem J2EE System existieren. In der Zone A ist das FTP – Protokoll verboten, während in der Zone B nur dieses zur Verfügung steht. In Zone B wird die dezentrale AE installiert und in Zone A der XI – Integration Server. Mittels der dezentralen AE kann nun jeder Service – Konsument aus der Zone B per FTP – Adapter grundsätzlich jeden Service unabhängig vom unterstützten Protokoll außerhalb der Zone B konsumieren.
[222] Vgl. SAP SCHULUNG 2004b, S. 25
[223] Vgl. SAPSCHULUNG 2004, S.4

Transform und Mapping.[224] Des Weiteren gilt es bei der Implementierung zu berücksichtigen, dass die SAP– Workflows mit Events[225] gestartet werden, die einen Einlogprozess des SAP R/3 - Benutzers WF-BATCH bedingen. In der Konsequenz bedeutet dies, dass jeder durch einen Nachrichteneingang gestartete Workflow diesen Loginvorgang impliziert und deshalb beim Eingang von 50.000[226] Nachrichten 50.000 Logins ausgelöst werden. Eine Limitierung der BPE stellt die fehlende Möglichkeit der Modellierung und Durchführung von Benutzerinteraktionen dar.

In der folgenden Abbildung 3-17 ist die Übertragung einer Nachricht von einem Sender über die Weiterleitung durch den IS an den Empfänger zusammenfassend dargestellt.

---

[224] Vgl. SAPSCHULUNG 2004, S.11
[225] Signal an die Hintergrundsteuerung, dass ein bestimmter Zustand im SAP-System erreicht ist. Die Hintergrundsteuerung startet dann alle Prozesse, die auf dieses Event warten.
[226] Solche Zahlenspiele sind in dem im Sektor der Energiewirtschaft nicht theoretischer Natur, da beispielsweise im Rahmen des Energiedatenmanagements, die Zähldaten aller Haushalte aus dem Netzversorgungsgebiet verarbeitet werden müssen.

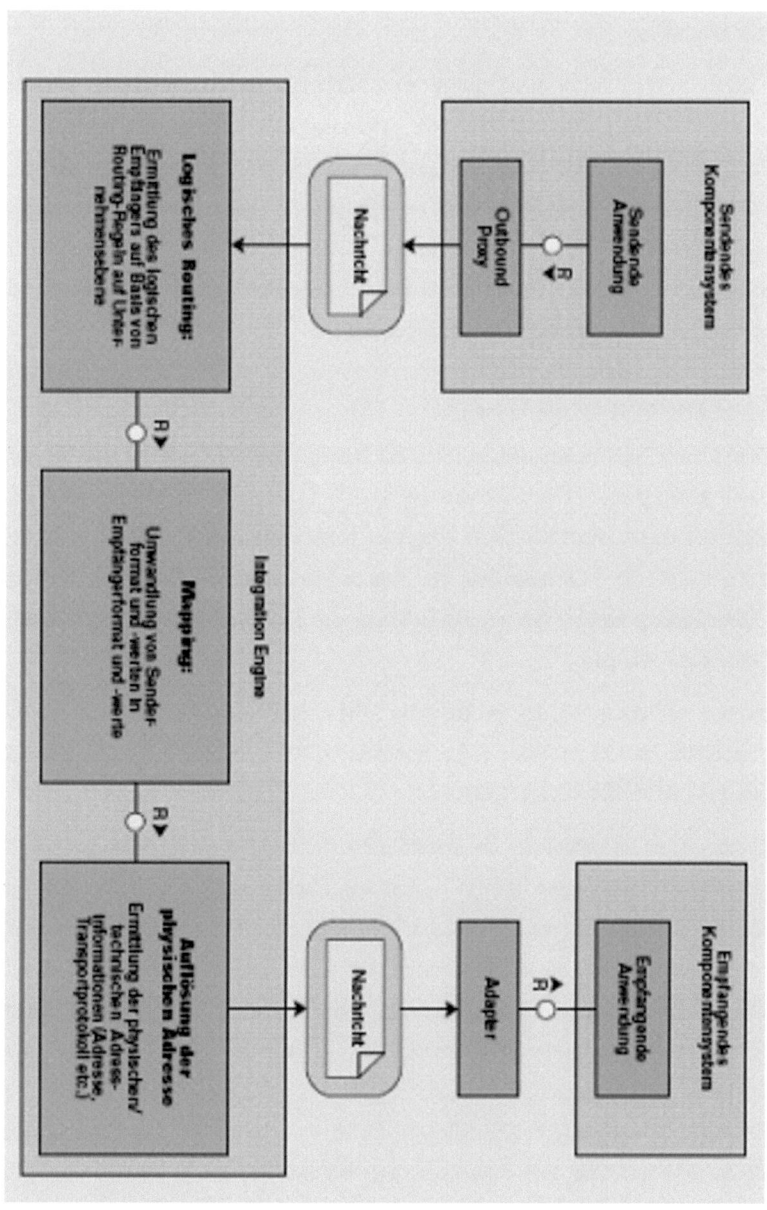

Quelle: SAP LIBRARY 2004

Abbildung 3-17 Übertragung einer Nachricht mit dem IS

Central Monitoring

Das Zentrale Monitoring wird durch eine Mehrzahl an Komponenten innerhalb von Netweaver realisiert. Da diese Gruppe von Anwendungen nur eine passive Rolle innerhalb der XI einnimmt und aus Sicht des Autors keinen entscheidenden Beitrag zur Realisierung einer SOA liefert, wird an dieser Stelle nicht vertieft darauf eingegangen.[227] Für eine Umsetzung des Konzeptes einer Echtzeit – Unternehmung[228] (Realtime Enterprise) ist diese Funktionalität allerdings zentral. Auf die sich aus dem Konzept ergebenden Anforderungen wurde allerdings im Abschnitt 3.1 nicht gesondert eingegangen.

3.4.2.2 Umsetzung der SOA in XI

An dieser Stelle soll untersucht werden, inwieweit unter Verwendung der im vorherigen Abschnitt beschriebenen Komponenten der XI eine SOA zur Unterstützung einer Prozessintegration umgesetzt wird. Um diese Frage zu beantworten, wird zum einen der Service - Begriff aus Sicht der SAP untersucht und zum anderen analysiert, inwieweit die verschiedenen Koordinationsebenen, die zur Realisierung der Komposition von Services notwendig sind, unterstützt werden.

Ein Service im Verständnis des im Abschnitt 3.3.1 eingeführten Begriffs findet seine Ausprägung innerhalb der XI in Form eines Business Systems, Business Process oder Business Service. (vgl. Abschnitt 3.4.2.1 S.73)

Entsprechend den Ausführungen im Abschnitt 3.3.1 abstrahiert ein XI – Service ebenfalls von den im Unternehmen eingesetzten IV – Systemen, indem es als eine zusätzliche Softwareschicht über diese *gestülpt* wird. Hierzu muss zu Beginn die Anwendungssystemlandschaft im CIM – Standard im SLD abgebildet werden. Auf dieser Grundlage kann im IR eine Schnittstellendefinition der einen Geschäftsprozess unterstützenden IV – Systeme durchgeführt werden. Im Anschluss erfolgt im ID schließlich die Gruppierung der Schnittstellen zu einer Instanz eines der drei genannten Service - Typen. Auf diese Weise kann ein Service geformt werden um eine bestimmte betriebswirtschaftliche Aufgabe im Rahmen eines Geschäftsprozesses zu erfüllen ohne eine Anpassung an den bestehenden Systemen durchführen zu müssen. Die von der SAP vorgeschlagenen drei unterschiedlichen Service - Typen tragen den unterschiedlichen Einsatzgebieten eines Service Rechnung. Der Service - Typ Business

---

[227] Detaillierte Informationen finden sich bei: SAP LIBRARY 2004b
[228] Vgl. INFORMATION BUILDERS 2005

System wird für IV – Systeme benötigt, die innerbetrieblich im Unternehmen genutzt werden. Das Pendant zu diesem ist der Typ Business Service für die Modellierung von externen Geschäftspartnern mit deren IV – Systemen über deren genaue Komponenten keine Angaben möglich bzw. verfügbar sind. Mit Hilfe des Typs Business Process können Schnittstellen einer Komponente orchestriert werden, um eine komplexe betriebliche Aufgabe zu erfüllen.

Zum einen durch die Gruppierungsmöglichkeit der Schnittstellen und zum anderen durch die Möglichkeit zur Orchestrierung der Schnittstellen im Rahmen des Business Processes kann die Granularität eines Services festgelegt werden und damit können die drei Spezialisierungen des Service – Begriffes (vgl. Abschnitt 3.3.1, S. 46) realisiert werden.

Zum Abbilden des überbetrieblichen Prozesses wird das Business Szenario genutzt. In diesem erfolgt die Festlegung über die Kopplung der zuvor festgelegten Services. Die Service – Interaktion selbst erfolgt auf Basis von XML nachrichtenorientiert soweit dieses von den dem Service zugrunde liegenden IV – System unterstützt wird. Das IR bietet die Möglichkeit Schnittstellendefinitionen von ausgehenden MIs direkt in WSDL zu exportieren. Mit dieser Eigenschaft ist Interoperabilität zwischen Geschäftspartnern und dem Unternehmen auf der Ebene von IV – Systemen gewährleistet. Funktionalität, die vom Unternehmen in Form eines Services angeboten wird, kann von außen nachgefragt werden, indem lediglich das WSDL - Dokument zum Aufruf einer Schnittstelle des Services zur Verfügung gestellt wird. Durch die mit dem Service eingeführte zusätzliche Softwareschicht kann somit beispielsweise auch eine BAPI – Methode eines SAP R/3 Systems per Web – Service Aufruf ausgeführt werden. Es kann festgestellt werden, dass die XI Standards sowohl bei der Schnittstellendefinition als auch bei der Serviceinteraktion verwendet.

Die Umsetzung des SOA Paradigmas, wie im Abschnitt 3.3.2 in Abbildung 3-5 dargestellt, wird innerhalb der XI nicht direkt umgesetzt. Die Rollen Service - Anbieter und Service - Konsument finden ihre Entsprechung in dem XI – Service –Begriff. Ein Service - Verzeichnis, welches semantische Anfragen verarbeiten kann[229] oder auf Basis von Taxonomien aufgebaut ist, existiert nicht. Den Administratoren steht mit dem IR eine komplette Sicht über alle definierten Schnittstellen zur Verfügung sowie mit Hilfe des ID deren konkrete Zuordnung zu den tatsächlich im Unternehmen implementierten Softwarekomponenten. Dem Aufrufer muss die Schnittstelle a priori bekannt sein sowie in bestimmten Fällen auch das

---

[229] im Sinne von der Möglichkeit einer maschinell durchgeführten Suchanfrage wie zum Beispiel: bevor der Service „BestelleArtikel" ausgeführt wird, wird ein Service über ein Verzeichnis identifiziert der für diesen Artikel die Ordermenge bestimmt. Eine solche semantische Suchfunktionalität wird nicht unterstützt.

Wissen um den Aufruf derselben. Um ein dynamisches Binden zu ermöglichen, kann ein WSDL Dokument des ausgehenden MI generiert werden und auf dieser Grundlage ein Aufruf einer Schnittstelle eines Services erfolgen. Es besteht allerdings nicht die Möglichkeit dieses WSDL – Dokument durch eine Anfrage an ein Verzeichnis zur Laufzeit abzufragen, wie es dem SOA Paradigma entsprechen würde.

Zusammenfassend kann man nicht von einem Service - Verzeichnis im Sinne des Abschnittes 3.3.2 ausgehen, da die Methoden *find* und *bind* (vgl. Abbildung 3-5) nicht in der vorgestellten Weise unterstützt werden. Der WebAS 6.40 bietet die Möglichkeit an, Web - Services, die entweder als Proxy für RFC fähige Funktionsgruppen generiert oder als EJBs auf dem J2EE Server installiert wurden, in einem eigenen UDDI Verzeichnis zu veröffentlichen. Eine Integration dieser Information aus dem UDDI in das XI findet nicht statt. Die Web - Services können allerdings regulär[230] über das IR in das XI integriert werden.

Inwieweit das Fehlen eines Service Verzeichnisses gravierend für eine Implementierung einer SOA in Form des im Abschnitt 3.3.3.2 vorgestellten ESB – Konzeptes ist, äußert sich (CHAPPEL 2004, S. 127):

"The basic design center of the ESB is that a service is not invoked directly by another service, but rather is part of a larger event-driven process flow"

Mit Bezug auf diese Aussage kann davon ausgegangen werden, dass eine Implementierung eines Service – Verzeichnisses nicht zwangsläufig für die Umsetzung einer SOA auf Basis eines ESB notwendig ist. Die Möglichkeit des direkten Aufrufs eines Service durch einen anderen Service auf Basis einer vorausgegangenen Suchanfrage an das Service – Verzeichnis steht nicht im Vordergrund bei der Umsetzung eines ESBs.

Durch die Bereitstellung des Adapterframeworks und die damit verbundene Möglichkeit beliebige Anwendungssysteme hierüber zu integrieren, besteht die Möglichkeit, die schon im Unternehmen vorhandene Funktionalität wieder zu verwenden. Beispielsweise ist es möglich, Funktionalität, welche bisher nur in der SAP R/3 Welt in Form von BAPI's und RFC's zugänglich war, mit Hilfe von RFC – Adaptern beliebigen Softwarekomponenten zur Verfügung zu stellen und damit auch neuen Verwendungsmöglichkeiten zugänglich zu machen. Auf Basis dieser verbesserten Zugriffsmöglichkeiten ermöglicht die XI die Komposition neuer Services um neue oder veränderte betriebliche Aufgaben besser zu lösen durch eine

---

[230] über die Definition von Message Interfaces

modulare Kombinierbarkeit[231] der verschiedenen Komponenten der IV – Systeme. Wie bereits beschrieben erfolgt die notwendige Modellierung auf Grundlage des Service Typs Business Process.

Die Umsetzung eines solchen Szenarios zur Wieder - bzw. Neuverwendung vorhandener Geschäftslogik im SAP R/3 ist aktuell nur beschränkt durchführbar, da die Möglichkeit der Erstellung eines transaktionalen Kontextes momentan noch nicht existiert. Eine zusammenhängende Sequenz von RFC – Aufrufen als Transaktion innerhalb von XI abzubilden, ist nicht möglich, da der RFC – Adapter keinen transaktionalen Kontext erlaubt. Als Konsequenz sind alle schreibenden RFCs, die im SAP R/3 zur Verfügung stehen, nutzlos, da diese nicht selbst einen *Commit* ausführen, sondern einen *Commit* im transaktionalen Kontext erwarten. Da dieser nie erfolgen kann, müssen die RFC - fähigen Funktionsgruppen durch eine Hilfskonstruktion (Workaround) angepasst[232] werden, damit dennoch eine Verwendung erfolgen kann. Mit dieser Hilfskonstruktion wird allerdings gegen das ACID – Prinzip[233] verstoßen. Zukünftig wäre die Umsetzung der Standards WS-Transaction und WS-Coordination vorstellbar, um das Transaktionskonzept in XI zu realisieren.[234] Diesen Ausführungen entsprechend sind die Typen 2 und 3 von Services, wie im Abschnitt 3.3.1 vorgestellt, nicht zu realisieren für den Fall, dass auf gekapselte Funktionalität in SAP Systemen zurückgegriffen werden soll, da eine zustandsbehaftete Verarbeitung dort nicht stattfinden kann.

Die lose Kopplung von Services wird durch die Konfigurationsmöglichkeiten der Kommunikation zwischen den Services innerhalb des ID auf Grundlage des im oberen Abschnitt vorgestellten Portprinzips ermöglicht. Es ist eine wie im Abschnitt 3.4.2.1 S. 73 dargestellte dynamische Kopplung von Services durch die Verwendung von inhaltsbasierten Weiterleitungsregeln sowie durch die Verwendung von Platzhaltern (Wildcards) bei der Spezifikation des logischen Routings möglich.

In der folgenden Tabelle sind die Eigenschaften einer SOA sowie die Umsetzung dieser in XI zusammengefasst:

---

[231] Vgl. MEYER 1997, S. 42
[232] Anpassung meint, dass am Ende der Ausführung des ABAP - Funktionsmoduls ein Commit explizit durchgeführt wird.
[233] Das Akronym ACID bezeichnet eine Menge von erwünschten Eigenschaften von Transaktionen. (Atomarität, Konsistenz, Isolation und Dauerhaftigkeit)
[234] Vgl.CURBERA et al. 2003

Tabelle 3-3 Bewertung XI bzgl. SOA Eigenschaften

SOA – Eigenschaft	Realisierung in XI
Wiederauffindbar und dynamisch bindend	Es besteht in XI 3.0 nicht die Möglichkeit nach einem Service zu suchen. Ein dynamisches Binden wird dadurch unterstützt, dass XI die Möglichkeit zum Export der Schnittstellendefinition in WSDL erlaubt.
Modular und autonom	Softwarekomponenten können ihre Funktionalität durch Schnittstellen veröffentlichen. Innerhalb der Designphase im IR werden Namensräume genutzt, um Schnittstellen zu gruppieren und damit von einander abzugrenzen. Dem Service werden diese Schnittstellen zugeordnet. Die Forderungen nach Modularität und Autonomie können durch den Serviceentwickler umgesetzt werden.
Interoperabilität	Interoperabilität wird durch die im Abschnitt 3.4.2.1 vorgestellte Dual Connectivity Strategy gewährleistet sowie durch die Möglichkeit des Exports der Schnittstellendefinition eines ausgehenden MIs in WSDL.
Lose gekoppelt	Die Abhängigkeiten zwischen dem Service - Konsumenten und dem Service - Anbieter sind gering. Es ist möglich, die Serviceanfrage eines Service - Konsumenten auf einen beliebigen Service - Anbieter abzubilden (Mapping), und dieses Mapping jederzeit mittels Änderungen im Kommunikationsprofil aus dem ID zu ersetzen. Durch die Verwendung von Platzhaltern innerhalb des Kommunikationsprofils bei der Empfänger - Ermittlung ist es möglich, eine Serviceanfrage an eine Mehrzahl von Services zu senden (Redundanz). Durch das ein- und ausgehende MI Prinzip ist sichergestellt, dass der Aufruf des Service - Konsumenten von der Implementierung der Services auf Seiten des Service - Anbieters unabhängig ist. Der Service - Konsument muss diesbzgl. keine Annahmen treffen.

Eindeutig adressierbar im Netzwerk	Die Verarbeitung von Service – Anfragen kann mit Hilfe von dezentralen Adapter Engines verteilt erfolgen. Eine eindeutige Adressierbarkeit von Services wird durch das SLD sichergestellt, das ständig die von ihm verwalteten Informationen mit der Integration Engine synchronisiert.
Grobe Granularität	Die Granularität wird von den Entwicklern mit Hilfe des IR frei definiert. Das Namensraumkonzept unterstützt die Gruppierung von Schnittstellen.
Lokationstransparenz	Diese Transparenz wird durch das ein- und ausgehende MI–Prinzip gewährleistet.
Zusammensetzbar	Die Zusammensetzbarkeit von Services wird durch den XI Service Typ Business Process erreicht. Der Business Process realisiert die Orchestrierung von Schnittstellen verschiedener Services (wie z.B. eines Business Systems).
Zuverlässigkeit und Robustheit	Zuverlässigkeit und Robustheit wurden nicht gesondert untersucht. Die konzeptimmanente Robustheit aufgrund der Unterstützung des Prinzips der losen Kopplung ist gegeben. Problematisch kann allerdings die Abbildung des Business Process auf den SAP R/3 Workflow sein, wie im Abschnitt 3.4.2.1 beschrieben. Bzgl. der Zuverlässigkeit kann die Feststellung getroffen werden, dass die Integration Engine Message Queues verwendet, wodurch sichergestellt werden kann, dass ein Aufruf exakt einmal erfolgt.

3.4.2.3 Komposition von Services

Die in Abschnitt 3.3.3.1 vorgestellten Koordinationsebenen zur Komposition von Services werden von XI teilweise erfüllt. Im Einzelnen ergeben sich folgende Ergebnisse:

Inhaltliche Abstimmungsebene

Die Auflösung von fachlichen Konflikten wird auf der konzeptuellen Ebene mit Hilfe der Konfigurationsmöglichkeiten des ID gelöst. Durch die Zweiteilung des Zuordnungsschrittes in Empfänger - Ermittlung und Interface - Ermittlung zwischen aufrufender (ausgehendes MI) und empfangender (eingehendes MI) Schnittstelle kann ein fachlicher Konflikt durch präzise

Zuordnung gelöst werden.[235] Durch diese statische Zuordnung kann ein Konflikt umgangen werden.

Für den Fall der dynamischen Zuordnung[236] können die Konflikte auf Basis des Nachrichteninhaltes erfolgen. Hierbei kann mittels Weiterleitungsregeln eindeutig ein Empfänger bzw. eine Schnittstelle als Endpunkt bestimmt werden. Mit Hilfe eines Bedingungseditors wird eine Bedingung / Regel für eine Zuordnung des ausgehenden MIs (Schnittstelle des Service - Konsumenten) zum eingehenden MI (Schnittstelle des Service - Anbieter) erstellt. Die Bedingung selbst wird durch einen X - Path - Ausdruck formuliert. In der Konsequenz entspricht diese Möglichkeit der Funktionalität eines Linkobjekts (vgl. TUROWSKI 2003, S. 171). Der Business Process selbst verfügt nicht über die Möglichkeit der inhaltsbasierten Weiterleitungsregeln; dieser kann nur zwischen abstrakten Schnittstellen den Nachrichtenaustausch auf Basis von Bedingungen regeln. In der Designphase sind nur Schnittstellen (MIs) und noch keine Services definiert, zwischen denen eine Weiterleitung eingerichtet werden könnte.

Zeitliche Abstimmungsebene

XI unterstützt Workflows (vgl. Abschnitt 3.4.2.1) und kann entsprechend den Ausführungen zu einem Workflow Management System (vgl. Abschnitt 3.3.3.1, S.56) als solches bezeichnet werden. Das der Modellierung zugrunde liegende Metamodell entspricht dem der BPEL4WS[237]. Die Modellierung selbst findet, wie im Abschnitt 3.4.2.1 dargestellt, in einem grafischen Editor statt. Die Modellierung basiert nicht auf Petri Netzen oder EPKs bekannt aus ARIS, sondern erfolgt anhand von Konstrukten aus der BPEL4WS.

Mit Hilfe der Definition des Business Process kann eine zustandsbehaftete Nachrichtenverarbeitung durchgeführt werden. Dieses gelingt durch die Definition von Korrelationen. Beim Eingang einer Nachricht kann auf eine Korrelation zwischen dieser Nachricht und einer sich im Warte – Modus befindenden Business Process - Instanz geprüft werden. Im positiven Fall erfolgt eine Zuordnung der Nachricht zum Workflow und dieser kann ggf. mit dem nächsten Prozessschritt fortgesetzt werden. Zurzeit wird keine Benutzerinteraktion innerhalb der

---

[235] In einem Szenario mit drei vorhandenen SAP R/3 Version 4.7c Installationen mit identischen Komponenten und damit auch identischen Schnittstellendefinitionen im IR würde eine Zuordnung, die auf der Annahme der Exklusivität der Schnittstelle setzt, versagen. Durch die Zweiteilung bei der Ermittlung der aufzurufenden Schnittstelle wird ein fachlicher Konflikt vermieden, da die technischen Systeme unterschiedlich sind und damit voneinander zu unterscheidende Business Systeme definiert werden können.
[236] Dynamische Zuordnung durch Angabe von Wildcards bei der Empfänger - Ermittlung
[237] Vgl. Glossar

Workflow – Beschreibung explizit unterstützt. Eine vollständig automatisierte Abarbeitung eines Geschäftsprozesses auf Basis von Nachrichtenaustauschen hingegen ist vollständig möglich. Die Ausführung einer Instanz der Workflow - Definition erfolgt über die BPE innerhalb der Integration Engine (vgl. Abschnitt 3.4.2.1). Hierbei wird im Grunde allerdings nur eine Konvertierung auf die SAP Workflow Engine erreicht und damit die tatsächliche Ausführung auf die SAP ABAP Personality verschoben.

Syntax, Semantik und Pragmatik

Eine Kommunikation mit Drittsystemen kann auf Standards des W3C sowie der BPEL4WS basieren, wie in Kapitel 4 noch gezeigt wird. Intern verwendet XI den Nachrichtenstandard XML. Alle auf der XI ausgetauschten Nachrichten werden auf eine im XML – Schema definierte Datenstruktur in dem IR abgebildet. Dieses gelingt einerseits durch das Adapterframework, welches für spezielle Anwendungssysteme, die einen Service zur Verfügung stellen, einen Adapter anbietet, der das proprietäre Format in XML transformiert. Andererseits existiert mit dem SOAP – Adapter eine Möglichkeit, mit der eine standardisierte und weit verbreitete Kommunikationsschnittstelle genutzt werden kann, um Services innerhalb von Workflows zu koppeln. Durch die Bereitstellung eines zentralen Verzeichnisses, dem IR, ist für alle angeschlossenen Systeme der Syntax zum Nachrichtenaustausch zentral definiert. Eine Möglichkeit, die Semantik eines Services auszudrücken, existiert nicht.

Kommunikationskanal

Die für den Nachrichtenaustausch notwendige Infrastruktur wird durch die Integration Engine bereitgestellt. Der Nachrichtenaustausch selbst erfolgt anhand der Informationen aus dem ID und IR.

3.4.2.4 Gegenüberstellung XI und ESB

Die Frage, die an dieser Stelle beantwortet wird, ist die inwieweit die Prozessintegrationslösung der SAP XI 3.0 dem Konzept eines ESB entspricht. Im Abschnitt 3.3.3.2 wurde auf den Anforderungskatalog der IBM hingewiesen, auf dessen Grundlage ein Evaluierungsschema erstellt worden ist, anhand dessen die Beantwortung dieser Frage erfolgt. Das Evaluierungsschema wird im Anhang A.d beschrieben. Die Zusammenfassung des Ergebnisses findet sich in Abbildung 3-18 in Form eines Spinnennetzdiagramms, welches darstellt, bis zu welchem

Grad die Anforderungen in XI realisiert sind. Die Gewichtung der einzelnen Kriterien des Katalogs erfolgte auf Basis von Interviews mit den EAI – Experten der Lufthansa Systems.

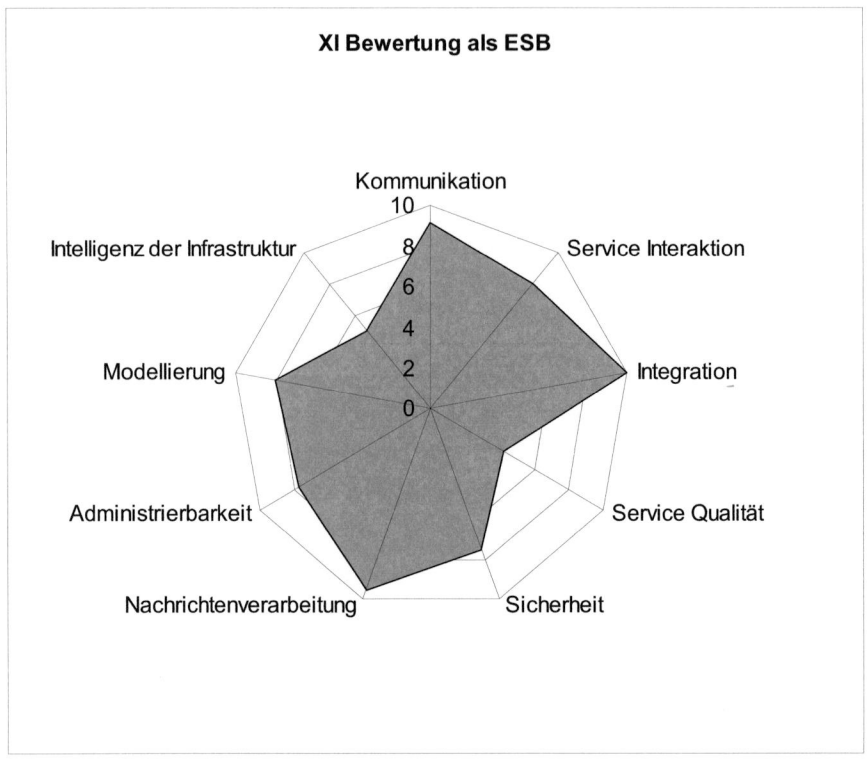

Quelle: eigene Darstellung
Abbildung 3-18 Spinnendiagramm

Wie bereits im Abschnitt 3.4.2.1 dargestellt, ergeben sich bei der XI Mängel hinsichtlich der Servicequalität in der Form, dass Transaktionalität zwischen RFC – Aufrufen nicht hergestellt werden kann. Deutliche Stärken besitzt die Lösung hingegen in Bezug auf die Kriterien Kommunikation und Integration, gerade durch die Möglichkeit, auf einfache Art und Weise Legacy Systeme durch das Adapter Framework sowie durch die mitgelieferten RFC-, IDOC- und SOAP - Adapter zu integrieren.

3.4.2.5 Gesamtbewertung

Insgesamt lässt sich als Ergebnis des Kapitels feststellen, dass es der SAP gelungen ist, mit der XI ein Produkt zu präsentieren, welches für eine EAI auf Basis einer SOA eingesetzt werden kann. Dieses konnte anhand eines Vergleichs der XI mit dem Konzept des ESB's gezeigt werden. Zwar ergaben sich in bestimmten untersuchten Punkten Schwächen in der Umsetzung des Konzepts; diese haben jedoch auf die positive Gesamtbewertung keinen ausschlaggebenden Einfluss.

4 Prozesse in der Energiewirtschaft

In diesem Kapitel werden zu Beginn der Wirtschafssektor Energiewirtschaft näher betrachtet und die Besonderheiten dieser Branche beleuchtet. Im weiteren Verlauf wird im Speziellen auf die durch die Liberalisierung notwendig gewordene Unbundling[238]- Problematik sowie auf die sich ebenfalls aus der Liberalisierung[239] ergebenden neuen Möglichkeiten für integrierte EVU, speziell die Behauptung auf einem deregulierten[240] Markt, eingegangen. Unter Liberalisierung werden dabei alle Maßnahmen verstanden, die in bisher staatlich reglementierten Bereichen Marktbedingungen schaffen (PFAFFENBERGER et al. 1999, S. 64 f). Bei dieser Betrachtung werden vor allem die Aspekte näher untersucht, die Implikationen auf die IT-gestützte Durchführung von Prozessen haben. Insgesamt findet die Darstellung in komprimierter Art und Weise statt und soll dem Leser den Einstieg erleichtern, um den am Ende des Kapitels vorgestellten Prozess des Lieferantenwechsels fachlich besser zu verstehen. Außerdem soll sie helfen, die Notwendigkeit, die die Integrationsarchitektur für den Sektor der Energiewirtschaft momentan besitzt, zu erkennen.

4.1 Energiewirtschaft in Deutschland

Die Energiewirtschaft[241] in Deutschland befindet sich seit 1998 in einem fundamentalen Wandlungsprozess seit der Liberalisierung des Strommarktes. Dieser Prozess ist bis heute noch nicht abgeschlossen, stattdessen ergeben sich ständig neue Anforderungen an die Akteure des ehemals regulierten Marktes der Energieversorgung[242].

Ziel der Deregulierung des Energiemarktes ist es, jedem Kunden die freie Wahl zwischen den im Wettbewerb stehenden Energieversorgungsunternehmen (EVU) zu ermöglichen. Der Energieversorgungsmarkt zeichnet sich durch die Besonderheit aus, dass er durch ein natürliches Netzmonopol geprägt ist, welches den transparenten und diskriminierungsfreien Wett-

---

[238] Vgl. EU-BESCHLEUNIGUNGSRICHTLINIE 2003
[239] Liberalisierung wird im Rahmen der Arbeit mit dem Begriff Deregulierung gleichgesetzt.
[240] Deregulierung bedeutet den totalen oder teilweisen Abbau von Regulierungen in einem Sektor, um dadurch die ökonomische Leistungsfähigkeit zu erhöhen.
[241] Die Energiewirtschaft besteht aus den folgenden Akteuren
- Verbundunternehmen wie z.B. RWE, Vattenfall Europe usw, die das Hochspannungsnetz betreiben
- Regionale EVU, zumeist Verteilung des Stroms an den Endverbraucher
- Lokale EVU und Stadtwerke üben Verteilerfunktionen zum Endkunden aus

[242] Vgl. BAUSCH et al. 2003, S.7

bewerb zwischen den Marktteilnehmern erschwert. Diese Problematik ist mit jener aus dem Schienenverkehr vergleichbar, wo ebenfalls ein natürliches Netzmonopol besteht. Zum Transport der Energie vom Erzeuger über den Verteiler zum Endkunden ist eine Netzinfrastruktur notwendig. In Deutschland gehörte diese Netzinfrastruktur bisher den integrierten Energieversorgungsunternehmen, die somit nicht nur Produzent sondern gleichzeitig auch Netzbetreiber und Vertreiber von Strom waren.[243]

Unter diesen Unternehmen war das gesamte Versorgungsgebiet exklusiv aufgeteilt. Sie zeichneten sich dadurch aus, dass sie die gesamte Wertschöpfungskette der Energiewirtschaft (vgl. Abbildung 4-1) abdeckten. In der Betriebswirtschaft spricht man auch von einer vertikalen Integration[244].

Abbildung 4-1 Wertschöpfungskette in der Energiewirtschaft

Die Liberalisierung in der Energiewirtschaft erzwingt, dass jeder Energieversorger gegen Zahlung eines Nutzungsentgeltes die fremden Netze[245] zur Durchleitung des Stroms zum Endkunden außerhalb seines ursprünglichen Versorgungsgebietes nutzen kann. Dieser Preis wurde zwischen den Anbietern auf Grundlage der so genannten Verbändevereinbarung ausgehandelt.[246] Um nun die Ineffizienzen, die sich aus dem natürlichen Netzmonopol ergeben, wie z.B. ein überhöhtes Preisniveau bei eingeschränktem Angebot und damit zugleich um die Generierung volkswirtschaftlich unerwünschter Monopolrenten für die Netzbetreiber zu verhindern, sollte eine Regulierungsbehörde die Preise kontrollieren und dadurch einen diskriminierungsfreien Preis sicherstellen. Aufgrund einer Neufassung der

---

[243] Diese monopolistische Aufteilung der deutschen Energieversorgungslandschaft ist historisch bedingt und ist das Ergebnis von zwei Sonderverträgen, den Konzessionsverträgen zwischen Gemeinden und den EVU, die die exklusive Nutzung von Strassen, Wegen etc zur Verlegung der Netzinfrastruktur festschrieb sowie den Demarkationsverträgen zwischen einzelnen Energieversorgern, die die Versorgungsgebiete exklusiv festlegten. Vgl. PFAFFENBERGER et al. 1999

[244] Vertikale Integration meint in diesem Zusammenhang, dass die Unternehmen alle Stufen der Wertschöpfungskette abdecken.

[245] Mit „Netze" sind alle Netze gemeint die im Rahmen der Energielieferung vom Versorger bis zum Endkunden benötigt werden, also sowohl Höchstspannungs, Hochspannungs, Mittelspannung und Niederspannungsnetze.

[246] Ein deutschlandspezifisches Element der Deregulierung ist die sogenannte Verbändevereinbarung (VV). Mit der VV wurden die zu zahlenden Netznutzungsentgelte für die Durchleitung von Strom durch Gebiete andere Netzbetreiber von den beteiligten Verbänden (VKU, BDI, VDEW, u.a.) geregelt. Im Gegenzug wurde auf die Einsetzung eines Regulators verzichtet

Elektrizitätsrichtlinie[247] war die Bundesrepublik Deutschland dazu verpflicht bis zum 01.07.2004 eine solche Regulierungsbehörde einzuführen. Diese Aufgabe sollte durch die Regulierungsbehörde für Telekommunikation und Post (RegTP) übernommen werden und damit die bisher noch gültige Verbändevereinbarung ablösen. Aufgrund von Abstimmungsproblemen innerhalb der Regierung[248] über die genauen Kompetenzen der Behörde sowie die Art der Festlegung des Preises[249] kann die Richtlinie allerdings nicht mehr fristgerecht eingeführt werden.[250]

Aufgrund der Tatsache, dass der Teil der Wertschöpfungskette „Transport und Verteilung"[251] bei integrierten Energieversorgungsunternehmen in einem Monopol angesiedelt ist, während die vor- und nachgelagerten Wertschöpfungen auf Märkten zu realisieren sind, empfiehlt die EU die bisher vertikal integrierten Energieversorgungsunternehmen zu entflechten und zu entkoppeln, um damit die folgenden teilweise schon angesprochenen Ziele zu erreichen:

- Anfallende Monopolrenten sollen nicht Verhalten hervorrufen, welches den Wettbewerb auf den vor- oder nachgelagerten Märkten behindert; Quersubventionierung sollen verhindert werden.

- Es muss verhindert werden, dass die Netzmonopolisten ihren grundsätzlichen Wissensvorsprung in Bezug auf den Monopolbereich zu wettbewerbsschädigendem Verhalten missbrauchen.

- Netzzugang im Allgemeinen soll nicht durch zu hohe Nutzungsentgelte und diskriminierenden Zugangsbedingungen erschwert werden.

Im Zuge dieser Entflechtung werden sich die bislang vertikal integrierten Wertschöpfungssysteme zu eigenständigen Geschäftssegmenten wie Großhandel, Netze und Vertrieb mit jeweils spezifischen Kernkompetenzen aufspalten vgl. Abbildung 4-2.

---

[247] Vgl. EU-BESCHLEUNIGUNGSRICHTLINIE 2003, als Neufassung für die Richtlinie 96/92/EG
[248] Stark divergierende Meinungen zu zentralen Punkten der Energiepolitik zwischen dem Wirtschaftsministerium und dem Umweltministerium, vgl. CREUTZBURG et al. 2004
[249] Es stehen 2 Modelle zur Auswahl zum einen kostenbasiertes (Cost Plus) oder das so genannte Price-Cap-Modell
[250] Die Einführung erfolgt nun im Jahr 2005, hierzu vgl. BMWA 2004
[251] Dieser Teil der Wertschöpfungskette setzt sich genau genommen aus den Monopolaktivitäten Übertragung, Verteilung von Strom sowie dem Netzbetrieb zusammen.

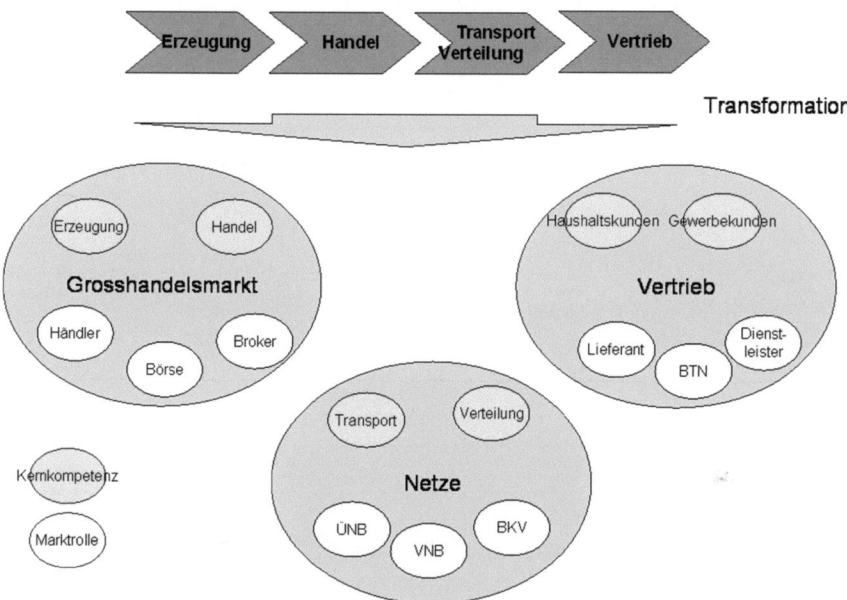

Quelle: eigene Darstellung, in Anlehnung an GREIFENSTEIN 2004 und BAUSCH et al. 2003

Abbildung 4-2 Des- und Reintegration der Wertschöpfungskette

Aufgrund dieser Entwicklung werden sich bzw. haben sich bereits nach Ansicht von (GREIFENSTEIN 2004) die folgenden neuen Marktrollen für vormals integrierte Energieversorgungsunternehmen ergeben:

- Übertragungsnetzbetreiber (ÜNB)
- Verteilnetzbetreiber (VNB)
- Lieferant
- Händler
- Bilanzkreisverantwortlicher (BKV)
- Börsenteilnehmer (BTN)
- Dienstleistungsanbieter (z.B. Ablesedienst, Kundenservice, Call-Center, Abrechnungdienste)

Eine kurze Erklärung dieser Begriffe findet sich im Glossar.

Die auf dem Markt agierenden Unternehmen mit ihren unterschiedlichen Rollen stehen seit der Liberalisierung über unterschiedlichste Prozesse miteinander in Beziehung. Abbildung 4-3 stellt einen Ausschnitt aus dem Beziehungsgeflecht dar, welches aufgrund der Liberalisierung und der damit verbundenen freien Wahl eines Energielieferanten durch den Kunden sowie der spezifischen Unbundling - Vorschriften entstanden ist. Als Beispiel für einen neu entstandenen Prozess wird im Abschnitt 0 der Lieferantenwechselprozess vorgestellt.

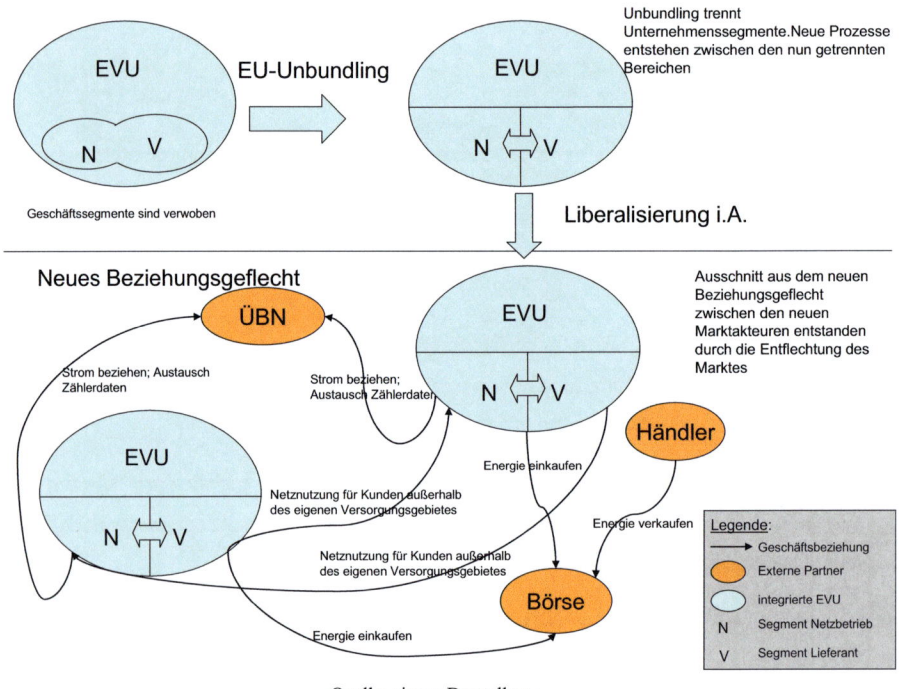

Quelle: eigene Darstellung
Abbildung 4-3 Beziehungsgeflecht zwischen den Marktteilnehmern

Im Vergleich zu der Zeit vor der Liberalisierung steigt die Komplexität der zwischen den Unternehmen stattfindenden Prozesse. Daraus ergeben sich auch höhere Anforderungen an die Integrationsfähigkeit der beteiligten IV - Systeme, da die Prozesse, um effizient durchführbar zu sein, vermehrt IT – gestützt und damit automatisiert ablaufen müssen. Insofern teilt der Sektor der Energiewirtschaft die in Kaptitel 3 dargestellten betriebswirtschaftlichen Herausforderungen und die sich daraus ableitenden Anforderungen an die IV – Systeme. In den nächsten beiden Abschnitten werden die zwei spezifischen Hauptantriebskräfte, die auf die Veränderung der Prozesse von integrierten EWU wirken, näher beschrieben. Hierbei liegt der Fokus in der Betrachtung der beiden Geschäftssegmente Netze (Netzbetrieb) und Vertrieb. Das Geschäftssegment Großhandelsmarkt wird nicht näher berücksichtigt.

4.2 Auswirkung der Liberalisierung auf die Prozesse der EVUs

Gleich zu Beginn der Liberalisierung im Jahr 1998 hat sich die Unternehmenslandschaft deutlich verändert. Das Marktumfeld wurde durch einen hohen Preiswettbewerb geprägt, was zur Folge hatte, dass die Unternehmen verstärkt auf Effizienzsteigerungen und Erschließung neuer Märkte bedacht waren, um im neuen Wettbewerb besser positioniert zu sein. Mittlerweile hat sich die Anfangseuphorie von 1998 bis 2002 gelegt, und es findet derzeit eine Konsolidierung statt.[252] Unternehmen versuchen sich durch Produktdifferenzierung von ihren Wettbewerbern abzuheben. Sie beginnen die Veränderungen des Markts von einem reinen Verkäufermarkt[253] zu einem Käufermarkt zu antizipieren und betonen nun die Bedeutung des Kunden. Diese Entwicklung ebenso wie die konkreten Vorgaben der EU im Rahmen des Unbundlings bzgl. der Unternehmensorganisation eines EVUs haben direkte Auswirkungen auf die bisherigen Geschäftsprozesse. In den nächsten beiden Abschnitten werden diese spezifiziert.

4.2.1 Unbundling- Maßnahmen

Das Unbundling, die Entflechtung der deutschen integrierten EVU, besteht aus einer Reihe von Maßnahmen[254], welche im Folgenden genannt und kurz beschrieben werden sollen. Hierbei können allerdings nicht alle Aspekte berücksichtigt werden. Schwerpunkt dieses Abschnittes sind deshalb die Unbundling Vorschriften, die nach Meinung des Autors die größten Implikationen auf die IT- gestützten Prozesse im Unternehmen haben werden. Dies wird in Form von erhöhtem Datenaufkommen / Datenaustausch oder durch Neudefinition oder Erweiterung von bestehenden Prozessen im Unternehmen (Abbildung 4-3) stattfinden.

---

[252] Vgl. BAUSCH; RAFFEINER 2003, S. 7.
[253] Wandeln vom „Energieabnehmer" mit einzelnen Abnahmestelle zum Kunden
[254] EU Richtlinie 2003/54 vom 26. Juni 2003

Buchhalterisches Unbundling

Unter Buchhalterischen Unbundling versteht man die Trennung der Rechnungslegung zu den unterschiedlichen Geschäftsaktivitäten (vgl. Abbildung 4-1 Wertschöpfungskette in der Energiewirtschaft) eines integrierten Energieversorgungsunternehmens.

Der Idee nach soll innerhalb der internen Buchführung des EVU getrennte Konten sowie eigene Bilanzen bzw. eigene Gewinn- und Verlustrechnung für die Aktivitäten geführt werden. Diese in der Elektrizitätsbinnenmarktrichtlinie vorgesehene Form des Unbundling ist im Energiewirtschaftsgesetz (EnWG) mit §§ 9 Abs. 2, 9a EnWG bereits in das deutsche Recht umgesetzt worden. Das Kalkül hinter dieser Forderung ist, dass die neu geschaffene Regulierungsbehörde zukünftig ein Recht auf Einsicht in die Rechnungslegung von Versorgungsunternehmen hat und insofern in der Lage ist, die Vermeidung von Diskriminierung und Quersubventionierung zu kontrollieren.

Durch diese Maßnahme ist das integrierte EVU angehalten, seine Kosten transparent und vollständig zu belegen, um den festgelegten Preis gegenüber der Regulierungsbehörde rechtfertigen zu können. Dies stellt hohe Anforderungen an die IT, die zum einen den Datenaustausch mit der Behörde sicherstellen und zum anderen eine Prozesskostenrechnung etablieren muss. Zur Realisierung des buchhalterischen Unbundlings muss eine getrennte Buchführung mit eigener GuV möglich sein. Dieses impliziert, dass die Leistungsflüsse zwischen Netzbetrieb und Vertrieb innerhalb des integrierten EVU abgerechnet werden.

Gesellschaftliches und organisatorisches Unbundling (Legal Unbundling)

Hierunter versteht man die gesellschaftliche Trennung der Aktivitäten in voneinander unabhängigen Organisationseinheiten mit eigenständiger Rechtspersönlichkeit, so dass der Netzbetreiber zumindest in Rechtsform, Organisation und Entscheidungsgewalt unabhängig von dem integrierten EVU agieren kann. Die EU-Beschleunigungsrichtlinie enthält detaillierte Vorgaben über die Personen, die für die Leitung eines Netzbetriebes zuständig sind. Sie dürfen keiner betrieblichen Einrichtung angehören, die direkt oder indirekt im Zusammenhang mit der Erzeugung und Übertragung stehen. Zudem müssen dem Verteilernetzbetrieb Entscheidungsbefugnisse eingeräumt werden, die unabhängig vom integrierten EVU ausgeübt werden können.

Dies alles dient der Sicherstellung dessen, dass die Leitung des Netzbetreibers berufsbedingte Interessen durchsetzen kann und sie auf diese Weise handlungsunabhängig von den Interessen des Vertriebs ist.

In der Praxis hat dies zur Folge, dass nun z.b. die bisherige Stelle eines Abteilungsleiters neu konzipiert werden und möglicherweise in zwei Stellen transformiert werden muss. Im Rahmen einer Neukonzeption der Prozesse unter Berücksichtigung dieser Vorschriften müssen Synergiepotentiale erkannt werden und wie in (SEIFERT et al. 2004) beschrieben in sogenannte Shared - Service Konzepte manifestiert werden. Hierunter versteht man die Bereitstellung von Dienstleistungen, die von den getrennten Geschäftssegmenten gleichermaßen nachgefragt werden, wie z.b. die Betreuung von Haushalts- und Gewerbekunden oder bei der Abrechnung.[255] Durch die stärkere Desintegration einzelner Aufgaben und Unternehmensbereiche steigen auch die Möglichkeiten für differenzierte Partnerschaften und Kooperationen, z.B. im Netzbetrieb bei der Wartung und Instandhaltung von Netzen. Insgesamt wird durch diese Maßnahme die Inter- und Intrakommunikation der Unternehmensbereiche zunehmen.

Informationelles Unbundling
Diese Vorschrift schreibt die Trennung der Informationsflüsse zwischen den Wertschöpfungsstufen vor. Jeder Netzbetreiber besitzt im Rahmen seiner Geschäftstätigkeit Kundendaten über deren Nutzungsverhalten[256]. Auf Grundlage dieser Daten ist der Vertrieb eines Energieversorgers in der Lage, dem Kunden ein maßgeschneidertes Angebot zu machen oder in sonstiger Weise die Daten zu nutzen, um sich gegenüber Wettbewerbern Vorteile zu verschaffen[257].

Um diese Diskriminierung zu verhindern, schreibt die Beschleunigungsrichtlinie vor, dass der Netzbetreiber eines integrierten EVU exklusiven Zugang zu diesen Daten besitzt. Da dieses bisher nicht der Fall ist,[258] hat diese Forderung gravierende Konsequenzen auf das Datenmanagement. In den allermeisten Fällen setzen die großen integrierten EVU als Standardsoftware zu diesem Zweck ein SAP R/3 IS-U ein, um die spezifischen Prozesse in der Energie-

---

[255] Vgl. auch CORD et al 2003, S. 258. An dieser Stelle wird vorgeschlagen eine „Customer Service" Gesellschaft zu gründen als rechtlich unabhängige Tochtergesellschaft für den Netzbetrieb und Vertrieb um das Ziel des „one Face to the Customer" zu erreichen.
[256] Die Menge sowie die Dauer und die Zeit der Inanspruchnahme der Stormlieferung.
[257] vgl. auch Abschnitt 4.1: Ziele des Unbundlings
[258] Vor Einführung des Unbundling gab es ein Kundenobjekt. Es wurde nicht differenziert zwischen Netzkunden und Stromkunden.

wirtschaft zu managen.[259] Dieses kann allerdings die Unbundling - Vorgaben zurzeit nicht umsetzen, da es eine Trennung des bisherigen allgemeingültigen Kundenobjektes nicht standardmäßig in einen Netzkunden sowie einen Vertriebskunden abbilden kann. Nur mit einem erheblichen Aufwand ist es möglich, dieser Vorschrift entsprechend, eine Abbildung in dem SAP – System zu realisieren.[260] In Abbildung 4-4 sind die derzeit diskutierten Datenmodelle dargestellt, um eine Trennung in einen Netz – und Vertriebskunden zu verwirklichen.

1-Vertrags-, 2-Vertrags oder 2-Mandanten Modell

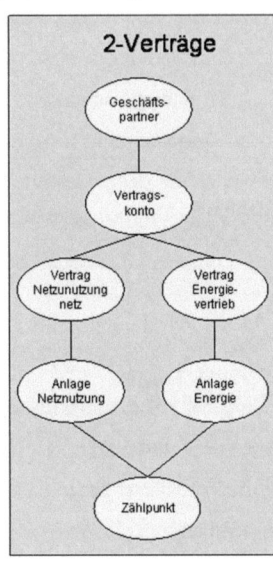
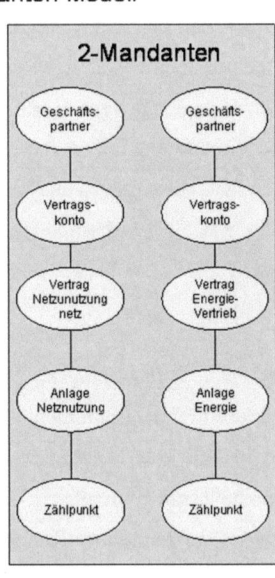

Quelle: eigene Darstellung in Anlehnung an DECKER 2004

Abbildung 4-4 Drei Datenmodelle zur Realisierung des Informatorischen Unbundlings

Insbesondere durch das informatorische Unbundling wird der Bedarf an innerbetrieblicher Kommunikation in den EVUs steigen. Vorher konnten die Daten in einem Stammdatensystem mit einem Kundentypen gepflegt werden. In Folge des informatorischen Unbundlings muss der Kunde zumindest im vorgestellten 2-Mandantensystem entweder doppelt gepflegt werden[261] oder eine sinnvolle Synchronisation ermöglicht werden, so dass ein automatischer Abgleich der Daten innerhalb des integrierten EVUs ermöglicht wird. Bezüglich der Konfor-

---

[259] Vgl. REICH et al. 2003, S.107 Statistik 13: Einsatz von SAP IS-U Systemen im Energiesektor: Stadtwerke 81%; Regionale Energieversorger 93%; Verbundunternehmen 100%
[260] Vgl. WIETZKE 2004, S. 8
[261] Im 2 - Mandantenmodell existiert der Kunde zweimal, insofern müssen die gemeinsamen Daten wie beispielsweise Adressdaten doppelt gepflegt werden.

mität zu den Unbundling – Vorgaben kann das 2 - Mandanten Modell diese am weitestgehenden gewährleisten durch die Abbildung des jeweiligen Segments in einen separaten Mandanten. Dieses ist im Unterschied zu den anderen Modellen zu sehen, in denen eine vollständige Trennung nicht erfolgt und in der Konsequenz auf einen gemeinsamen Kundenstammdatensatz zugegriffen werden kann. Diese Lösungen sind weniger transparent im Vergleich zum 2 – Mandantenmodell und insofern weniger geeignet für die Umsetzung der Unbundling – Vorgaben.

4.2.2 Wachstumsstrategien

Wie schon im vorherigen Abschnitt beschrieben, befindet sich die Branche der Energiewirtschaft auf einem Transformationsprozess zu einem deregulierten Markt. Über diesen noch recht jungen, sich im Aufbau befindenden Markt, ist der Erkenntnisstand über die strategische Gesetzesmäßigkeit sehr gering, wie die Autoren der Studie „Value Creators in der Utility Industrie"[262] feststellen, weshalb die Antwort auf die Frage wie eine langfristige erfolgreiche Wachstumsstrategie aussieht nicht einfach zu beantworten ist.

Bedingt durch die Trennung von Netzbetrieb und Vertrieb ergeben sich unterschiedliche Strategien für die jeweiligen Unternehmenssegmente innerhalb des integrierten EVU. Auf der Seite des Netzbetreibers kann man feststellen, dass aufgrund der regulierten Netznutzungsentgelte in Verbindung mit relativ stabilen Netznutzungsvolumina der Umsatz in Zukunft stabil bleiben wird. Insofern kann eine Wertsteigerung zukünftig im Wesentlichen nur durch Kostensenkungen erzielt werden, die sich aus der Ausführung verbesserter Prozesse ergeben.[263]

Aus der Perspektive des Vertriebs ergeben sich mehrere Handlungsoptionen. Zum einen kann er durch die Teilnahme am Marktgeschehen die Anzahl seiner Kunden, sowohl Privat - als auch Gewerbekunden, erhöhen und somit den Umsatz steigern. Zum anderen kann er durch neue innovative Produkte aus den energienahen Dienstleistungen neue Umsatzquellen erschließen.[264] Untersuchungen[265], die die Wechselbereitschaft und Wechselbarrieren untersucht haben, zeigen, dass die wirkliche Wechselbereitschaft entgegen der damaligen Anfangseuphorie im Jahr 1998 sehr gering ist, unter anderen deshalb, weil die Einsparpotentiale

---

[262] Vgl. BAUSCH et al. 2003
[263] Vgl. DUDENHAUSEN et. al 2004
[264] Vgl. RIDDER 2003, S. 67 f.
[265] Vgl. ZINNBAUER et al. 2004

von Privatkunden als zu niedrig wahrgenommen wurden und zum anderen weil der Aufwand zu Wechseln hoch war, vermutlich höher als beispielsweise in der Telekommunikationsbranche. Aufgrund der Tatsache, dass die Produkteigenschaften von Energie keine Unterscheidungsmöglichkeiten zwischen den Wettbewerbern zulassen, findet der Wettbewerb um neue Kunden über den Preis oder Serviceleistungen statt. Im Bereich des Angebots von Energiedienstleistungen zeigt sich, dass viele EVU's, dieses Geschäftsfeld als strategisches Wachstumsfeld verstehen wie die Studie „Der Markt für Energiedienstleistungen: Produkte, Branchenanalysen, Anforderungen und Marktvolumen" zeigt[266]. Vor allem bei Angeboten, die die Entlastungen beim Kostendruck versprechen, wie Contracting[267], Kunden-Online Service, sowie Energiesparberatung ist die Nachfrage groß. Weil allerdings nur selten Alleinstellungsmerkmale bei den Anbietern auszumachen sind, können und werden neue und kleine Anbieter mit Nischenprodukten ebenso Erfolg haben wie finanzstarke Energiedienstleister, die überregional ihre Produkte anbieten und durchsetzen können.[268] Ausschlaggebend für den Erfolg des Angebotes wird allerdings die Frage nach der Kostenstruktur sein.

Neben der Erweiterung des Produktportfolios durch energienahe Dienstleistungen zeigt die Studie (BAUSCH et al. 2003), dass Wachstum ebenfalls durch Spartenvielfalt (Strom, Wasser, Gas) erreicht wird. Diese wird von den Autoren als Multi-Utility Strategie bezeichnet und entspricht in der Wirtschaftswissenschaft der Economy of Scope[269]. Diese Spartenvielfalt kann auf diesen abgesteckten Märkten allerdings nur durch Unternehmenszusammenschlüsse (engl.:Merger and Acquisition) oder durch Kooperationen erreicht werden wie die Autoren herausstellen.

Des Weiteren lässt sich erkennen, dass sich vor allem kleine Energieversorger schon heute zu regionalen Interessensgemeinschaften zusammenschließen, um z.B. in den Bereichen des Einkaufs und der Datenverarbeitung vorhandene Synergiepotentiale zu nutzen und durch die Degressionseffekte bei gemeinsamen Personalkosten, gemeinsamen Investitionen in neue Systeme sowie gemeinsame Kosten bei der Entwicklung und Wartung der Systeme Kosten einzusparen wie die Berechnung der Stadtwerke STW Hall zeigen[270].

---

[266] Vgl. TRENDRESEARCH 2003
[267] Aufgrund der Allokation fixer Kosten mit dem Leistungspreis versuchte jedes Elektrizität beziehende Unternehmen, die vertragliche Leistung auf ein Minimum zu beschränken durch Bezugsoptimierung. Dieses wird mittlerweile von einer Reihe von Unternehmen als Dienstleistung angeboten.
[268] Vgl. SCHÜNEMANN 2004
[269] Vgl.Glossar
[270] Vgl. BREUNING 2004

Zusammenfassend lässt sich damit die Aussage treffen, dass sich die integrierten EVU den folgenden Herausforderungen zu stellen haben:

- Kundenbindung etablieren und erhöhen durch besseres Serviceangebot, z.B. durch Vereinfachung des Lieferantenwechselprozesses;
- Prozesskosten senken, durch Prozessoptimierung operationale Exzellenz erreichen und damit die Probleme wie Medienbrüche, Doppelarbeiten, fehlende Transparenz, mehrfache Datenhaltung und Fehlerhäufigkeit zu lösen;
- Kommunikationsbedarf zwischen Unternehmen steigt durch Kooperationen auf horizontaler Ebene um Synergieeffekte zu realisieren oder durch M&A zur Durchführung einer Multi-Utility Strategie

Die Auswirkungen auf die IT – Architektur werden im nächsten Abschnitt untersucht.

4.3 Konsequenzen auf die IV - Systeme

Wie in den Abschnitten 4.2.1 und 4.2.2 dargestellt, werden sich durch die Unbundling Vorgaben sowie die Wachstumsstrategien die Prozesse in einem integrierten EVU stark verändern. Diese Anpassung der Prozesse wird vor allem Konsequenzen auf die bestehende IV – Systeme haben, da diese damals meist nicht dafür konzipiert waren, flexibel auf sich verändernde Geschäftsprozesse zu reagieren. Sehr oft finden sich in Unternehmen gewachsene IV –Systeme auf der Basis heterogener IT -Infrastrukturen sowie Insellösungen wie der Artikel „Anforderungen an IT – Systeme im Versorgungsmarkt"[271] unterstreicht.

Aufgrund der notwendig gewordenen stärkeren Verknüpfung einzelner Unternehmensbereiche aber auch der Verknüpfung / Kommunikation mit Unternehmen auf horizontaler Ebene steigt die Anforderung nach Integrationsfähigkeit und Robustheit der vorhandenen IV - Systeme. Gerade in Bezug auf das Energiedatenmanagement (der Austausch von Zählerstände zwischen den Netzbetreibern und den Lieferanten; vgl. auch Abbildung 4-3, steigt die Prozessintegrationsnotwendigkeit zwischen den Akteuren in der Energiewirtschaft sowie die Datenmenge, die ausgetauscht wird. Dadurch, dass nun jeder Bürger in Deutschland seinen Strom von einem beliebigen Lieferanten beziehen kann, steigt das Datenaufkommen dahinge-

---

[271] Vgl. SINNIG 2003

hend, dass der Lieferant nun mit den an der Stromlieferung beteiligten Akteuren (vgl. Abbildung 4-3) Daten austauschen muss, wie z.B. Zählwerte oder Zeitreihen.[272]

Neben der Veränderung bestehender Prozesse, entstehen auch neue Prozessen, die per se nicht von den vorhandenen Systemen[273] abgedeckt werden.

Kernstück der Liberalisierung ist der Lieferantenwechselprozess (LWP). Dieser verlangt nach einem hohen Automatisierungsgrad in der Durchführung des Prozesses, zum einen, weil die Anzahl der potentiell an der Ausführung beteiligten Akteure enorm ist[274], und zum anderen, weil die auszutauschende Datenmenge relativ groß ist.[275] Für eine ökonomische Ausführung des Prozesses ist eine Durchführung mit einer signifikanten Anzahl an manuellen Schritten keine Alternative wie die Nutzenbetrachtung im Kapitel 6 zeigen wird.

Das Ziel eines hohen Automatisierungsgrades, um damit die Effizienz der Prozesse zu erhöhen und Kosten zu senken, macht einheitliche Standards zum Datenaustausch notwendig, um somit die Interoperabilität der unterschiedlichen Systeme zu garantieren.[276] Vor allem der EDIFACT Standard[277] ist hier zu nennen, der als Grundlage für den gemeinsamen Datenaustausch gilt.[278]

Neben den einheitlichen Standards für die Kommunikation zwischen den Marktpartnern sowie innerhalb des entflochtenen Unternehmens wird ein Workflow-Management System benötigt, das die Aktivitäten des Geschäftsprozesse abbildet und welches erlaubt, Veränderungen der Prozesse rasch abzubilden. Diese Flexibilität ist notwendig, da sich die gesetzlichen Regelungen momentan noch ändern[279] und da sich wegen des noch sehr jungen Marktes der Energiewirtschaft Möglichkeiten für neue Dienstleistungen ergeben, die schnell durch die IT unterstützt werden müssen um kosteneffizient zu sein.[280]

Zusammenfassend lassen sich folgende Anforderungen an die IT im Unternehmen angeben:

---

[272] Vgl. GREIFENSTEIN 2004
[273] Der Stromhandel, der Wechsel des Lieferanten, das Bilanzkreismanagement oder die Versorgung von Kunden ausserhalb des eigenen Netzbetriebs sind Beispiele für Prozesse, die vor der Liberalisierung nicht existierten.
[274] Es existieren alleine 900 Netzbetreiber in Deutschland, zu denen ein Lieferant theoretisch im Rahmen eines LWP jeweils einen Geschäftsvorfall haben kann.
[275] Vgl. GREIFENSTEIN 2004
[276] Vgl. STRABBING 2004
[277] Vgl. Glossar
[278] Vgl. VDEW 2003b
[279] Vgl. ENBW 2004: die andauernde Debatte über die Regulierung.
[280] Vgl. RIDDER 2003, S. 102

Tabelle 4-1 Übersicht über die betriebswirtschaftlichen Anforderungen und den daraus erwachsenen Konsequenzen für die IT

Betriebswirtschaftliche Anforderungen	Konsequenzen auf die IT – Systeme
Stärkere Vernetzung zwischen den Akteuren	<ul><li>Interoperabilität der Systeme sowohl innerhalb als auch außerhalb der Unternehmen</li><li>Standards zum Nachrichtenaustausch</li></ul>
Änderung und Neueinführung von Prozessen im Unternehmen. Berücksichtigung von Shared Service Konzept und Business Process Outsourcing Modellen	<ul><li>Flexible IT-Infrastruktur, die eine beliebige, zur Designzeit noch nicht vorgesehene A2A Integration ermöglicht.</li><li>Prozessintegration, Einführung einer Servicelandschaft</li></ul>
Kosten senken durch höhere Prozesseffizienz und hohen Automatisierungsgrad um:<ul><li>Medienbrüche zu vermeiden</li><li>Doppelarbeiten</li><li>Fehlende Transparenz</li><li>Mehrfach Datenhaltung</li><li>Fehlerhäufigkeit</li></ul>	Vollständige Abbildung der Prozesse in der IT, klare Prozessdefinition und Monitoring durch Workflowmanagement Systeme
Kundenorientierung und Serviceangebot steigern (One face to the Customer)	Transparente Prozesse, Integration von unterschiedlichen AWS z.B. CRM und Abrechnungssysteme.
Umsetzung der Unbundling Vorgaben bei integrierten EVU	<ul><li>Softwaretechnische Realisierung der zwei Sichten auf das Kundenobjekt (Vertriebssicht und Netzsicht)</li><li>Abrechnungssysteme implementieren, die es ermöglichen die Stromdurchleitung durch eigene und fremde Netze zu steuern und zu verrechnen</li></ul>

Entsprechend den Ausführungen in diesem Abschnitt ist eine moderne Integrationsarchitektur, wie die im Kapitel 3 vorgestellte auf SOA basierende (als Umsetzung der von HAGEL 2002 vorgeschlagenen vier Prinzipien für eine Integrationsarchitektur), notwendig, um den betriebswirtschaftlichen Veränderungen (vgl. Abschnitt 4.2) im Sektor der Energiewirtschaft gerecht zu werden. Exemplarisch wird diese Notwendigkeit am schon genannten LWP gezeigt, der im nächsten Abschnitt vorgestellt wird.

4.4 Vorstellung eines neuen Geschäftsprozesses

4.4.1 Motivation

Vor der Liberalisierung des Strommarktes wurden Energielieferung und Netzdienstleistung vom lokalen Energieversorger erbracht, der die benötigte Energie beim regionalen oder überregionalen Vorlieferanten bezog. Heute hingegen hat die Liberalisierung des Strommarktes Freiräume für den Wettbewerb geschaffen: Einerseits können die Stromkunden den Lieferanten wechseln und andererseits werben die Lieferanten um die Stromkunden und beschaffen die benötigte Energie bei Händlern ihrer Wahl. Zukünftig werden in Folge des Unbundlings Energielieferung und Netzdienstleistung von getrennten Unternehmenteilen erbracht werden vgl. Abschnitt 4.2.1. Die Verteilung der Aufgaben Energielieferung und Netzdienstleistung auf mehrere Unternehmen sowie die Einführung des Wettbewerbs bedingen einen umfangreichen Informationsaustausch zwischen den Marktteilnehmern.[281]

Zurzeit werden Lieferantenwechselprozesse im deregulierten Strommarkt mit einem hohen administrativen Aufwand abgewickelt, was einen zeitlichen, personellen und somit finanziellen Aufwand bedeutet, der vorrangig von dem Vertrieb geleistet werden muss. Die Ursache für diesen hohen Aufwand liegt u.a. in den sich ständig verändernden Daten, Datenformaten, Fristen und Kommunikationswegen. Des Weiteren werden bei der Abwicklung der Prozesse Synergieeffekte aus IT und Organisation nicht ausreichend genutzt und die Optimierung der Prozesse vernachlässigt.[282]

Aufgrund dieser Effizienzreserven kann im Folgenden eine Verbesserung in der Durchführung des LWP vorgeschlagen werden. Im Kapitel 5 wird auf der Grundlage des hier dargestellten Prozessentwurfs die Durchführung des Prozesses mit der SAP XI 3.0 vorgestellt.

4.4.2 Ausgangssituation

Am LWP sind die in Abbildung 4-5 dargestellten Akteure beteiligt. Betrachtungsgegenstand ist ein integriertes Energieversorgungsunternehmen mit einem Versorgungsgebiet von 700.000 Haushalten, eine typische Ausprägung wäre beispielsweise das Stadtwerk in Hamburg.

---

[281] Vgl. WOLTER et al. 2004
[282] Vgl. GÜNTHER et al. 2003

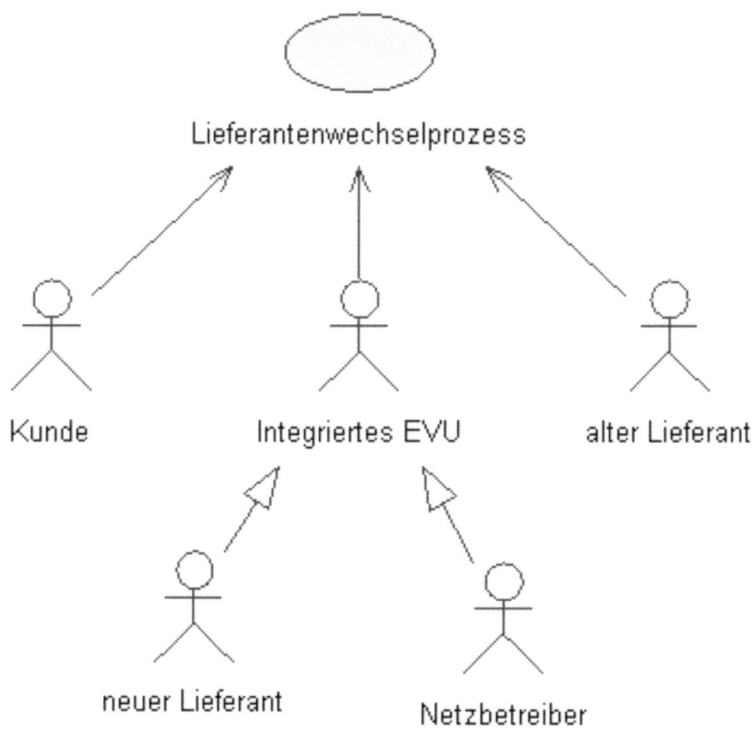

Quelle: eigene Darstellung

Abbildung 4-5 Use Case Model zum Lieferantenwechselprozess

Im weiteren Verlauf der Arbeit wird Bezug auf die in dieser Abbildung genannten Akteure genommen. Zum besseren Verständnis erfolgt eine kurze Beschreibung.

- Kunde: Ein Kunde repräsentiert einen Haushalt im Versorgungsgebiet des integrierten EVU. Dieser Kunde bezieht vor der Durchführung des LWP die Energie von dem in der Abbildung als alten Lieferanten identifizierten integrierten EVU.

- Neuer Lieferant (NL):Dieser repräsentiert den entflochtenen Teil des integrierten EVU, der für den Vertrieb des Produktes Energie zuständig ist. Ein Kunde adressiert seinen Lieferantenwechselwunsch an diesen Akteur. Er entspricht der Marktrolle Lieferant aus der Abbildung 4-2.

- Netzbetreiber (NB): Der Netzbetreiber repräsentiert den entflochtenen Teil des integrierten EVU, der für die Lieferung der Energie die notwendige Netzinfrastruktur innerhalb des Versorgungsgebietes bereitstellt. Er entspricht der Marktrolle Verteilnetzbetreiber aus der Abbildung 4-2.

- Alter Lieferant (AL): Hierbei handelt es sich um einen Lieferanten mit dem der Akteur Kunde bisher in einem Vertragsverhältnis über die Energielieferung steht. Diesem Lieferanten wird im Zuge des LWP gekündigt.

Ein Kunde, der im Versorgungsgebiet des EVU einen Netzanschluss besitzt, möchte seinen Energielieferanten wechseln und einen Vertrag mit dem städtischen EVU abschließen.[283] Der sich aus diesem Vorfall ergebende Geschäftsvorfall[284] wird im Folgenden näher beschrieben.[285] Das Spezielle an diesem Szenario ist die Tatsache, dass der neue Lieferant und der Netzbetreiber bisher in einem Unternehmen verbunden waren (vertikal integriert) und auf dieselbe Datenbasis zurückgriffen. Dieses ist aufgrund der Unbundling Vorschriften (vgl. Abschnitt zu Unbundling, S. 101) nicht mehr möglich. Das EVU besitzt in diesem Szenario dementsprechend die Rolle des Netzbetreibers sowie des Neuen Lieferanten. Beide haben jeweils eine fachlich unterschiedliche Sicht auf denselben Kunden und kommunizieren nur über definierte Schnittstellen unter der Prämisse, dass keine wettbewerbsrelevanten Daten ausgetauscht werden.

---

[283] Beispielsweise kann man sich vorstellen, dass ein Kunde zuvor bei Yello Strombezieher war und somit von dem integrierten EVU schon als Netzkunde vorhanden war und nun dieser Kunde wieder zu dem Stadtwerk wechseln möchte.

[284] Ein Geschäftsvorfall wird durch ein Ereignis (z. B. eine Bestellung) ausgelöst. Daraufhin werden die innerhalb eines Geschäftsprozesses beschriebenen Aktivitäten bearbeitet.

[285] basiert auf Empfehlungen vom VDEW sowie der Expertise von Mitarbeiter der Lufhansa Systems

4.4.3 Lieferantenwechselprozess (Sollzustand)

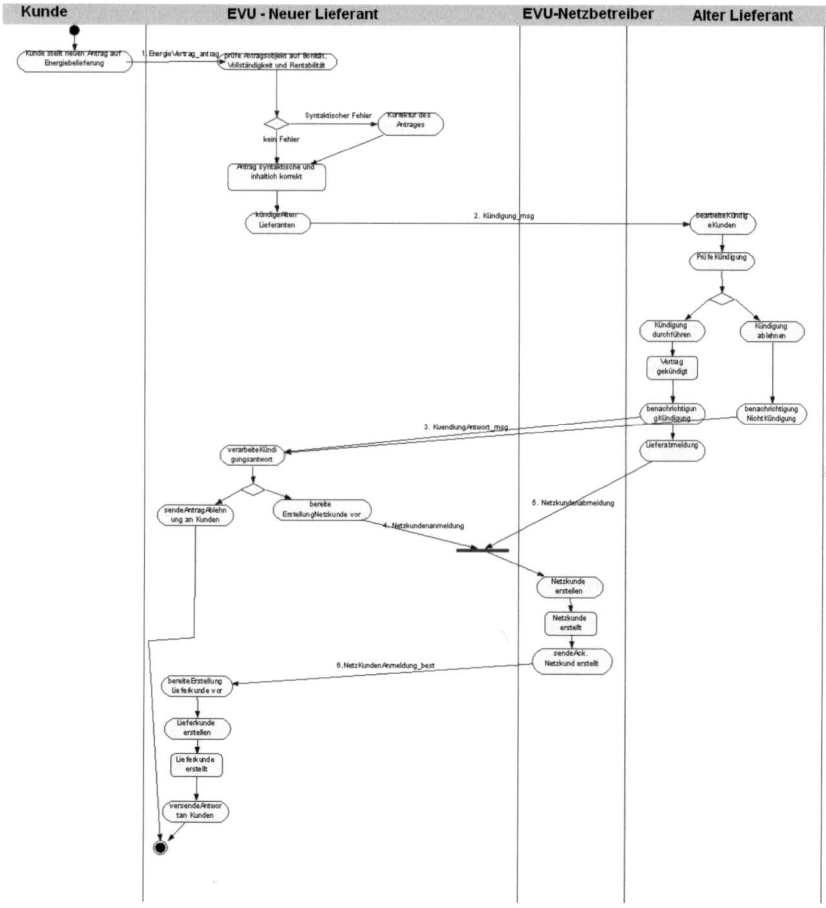

Quelle: eigene Darstellung

Abbildung 4-6 UML Aktivitätsdiagramm zum Lieferantenwechselprozess

In Abbildung 4-6 ist der in UML modellierte LWP als Aktivitätsdiagramm zu sehen. Diese Prozessbeschreibung basiert größtenteils auf den Empfehlungen des VDN[286] sowie auf dem Expertenwissen aus dem Fachbereich Energie der Lufthansa Systems. Obwohl der Betrachtungsgegenstand nur das integrierte EVU ist, beinhaltet dieses Sollkonzept auch eine über das Maß notwendige Beschreibung der Aktivitäten des AL. Der Grund hierfür ist darin zu suchen, dass bei der technischen Implementierung ebenfalls das Verhalten des AL abgebildet wurde, um den LWP

---
[286] vgl. VDN 2003

vollständig durchführen zu können. Entsprechend der Darstellung in Abbildung 4-6 interagiert der AL zweimal mit dem integrierten EVU. Für ein besseres Verständnis der Interaktionen im Kontext des LWPs wurde auch der AL mit seinen Entscheidungsregeln modelliert.

Der vorliegende Geschäftsprozess verknüpft die Tätigkeiten des Netzbetriebs und des Vertriebs des EVU in einen Workflow. Der Prozess startet mit dem Antrag des Kunden an den neuen Lieferanten, den alten Lieferanten zu wechseln. Dieser Antrag gelangt in elektronischer Form zum EVU[287], welches diesen Antrag zunächst auf Vollständigkeit, Rentabilität sowie Bonität des Kunden prüft. Nach erfolgreicher/ vollendeter Prüfung werden die Anträge gesammelt und von einem Sachbearbeiter (SA) kontrolliert. Gegebenenfalls wird der Antrag vom SA angepasst. Im nächsten Schritt wird die Kündigung des bestehenden Liefervertrages durch den Vertrieb in der Rolle des neuen Lieferanten initiiert. Nachdem der bisherige Lieferant die Kündigung geprüft hat, wird eine entsprechende Antwort an den NL versendet, welches im Falle der nicht ausgesprochenen Kündigung den Abbruch an dieser Stelle im Prozess zur Folge hat. Falls eine Kündigung möglich ist, meldet der AL den Kunden beim NB ab. Es wird davon ausgegangen, dass diese Abmeldung immer an das integrierte EVU gerichtet ist. In der Konsequenz bedeutet diese getroffene Annahme, dass nur LWPs von Kunden aus dem eigenen Netz betrachtet werden. Praktisch sind dieses alle Kunden, die vormals abgeworben wurden und nun wieder zu dem integrierten EVU zurückkehren. Im Anschluss kann der NL den Kunden beim Netzbetreiber anmelden. Dieses stellt einen internen Workflow innerhalb des EVU dar. An dieser Stelle hat der SA von Seiten des Vertriebs die Möglichkeit den Prozess zu unterbrechen und Details an der Anmeldeanforderung zu ändern. Die Anmeldung wird durch den Netzbetreiber geprüft und falls eine korrespondierende Abmeldung des Kunden durch den AL vorliegt wird die Anmeldung durch die Erstellung eines neuen Netzkunden abgeschlossen. Der NL kann nach Erhalt der Bestätigung über die erfolgreiche Anmeldung des Kunden beim Netzbetreiber nun den Wechsel abschließen und ein Kundenobjekt anlegen, welches nun alle relevanten Daten[288] enthält. Bevor der Kunde eine automatisch generierte Antwort per Mail zugesandt bekommt, kontrolliert der SA die Angaben zum Kundenobjekt und nach erfolgter Freigabe findet der Versand statt.

Diesem Prozess liegt wie bereits in der Abbildung 4-6 dargestellt eine Vielzahl von Nachrichtenaustauschen zugrunde. Die nachfolgende Tabelle ist eine Übersicht der Nachrichten

---

[287] Vorstellbare wäre zum Beispiel ein Webportal indem ein HTML-Form ausgefüllt wird und an das System verschickt wird.
[288] das Kundenobjekt auf Seiten des NL muss als Vorbedingungen die Kündigung beim alten Lieferanten haben sowie die Kundennummer beim Netzbetrieb

sowie der Empfänger und Sender derselben und eine kurze Auflistung über die wesentlichen Informationen, welche Bestandteile der Nachricht sein müssen, damit eine automatisierte Durchführung des Prozesses insgesamt Erfolg hat.

Tabelle 4-2 Übersicht Nachrichten beim LWP

Nr.[289]	Nachricht	Sender	Empfänger	Notwendige Informationen[290]
1	Energie Vertrag_msg	Kunde	NL	Adressdaten, Bankdaten sowie die Informationen zur Identifikation des alten Lieferanten. Zusätzlich enthält diese Nachricht die Einwilligung zur Kündigung des AL durch den NL.
2	Kuendigung_msg	NL	AL	Informationen zur Identifizierung des Kunden auf der Seite des AL, beispielsweise in Form der Kundennummer oder eines eindeutigen Zählpunktes. Des Weiteren eine Vorgangsidentifikationsnummer um die Antwort der Kündigung auf der Seite des NL zuordnen zu können..
3	Kuendigung Antwort_msg	AL	NL	Die Nachricht enthält die Entscheidung über den Kündigungswunsch. Bei Bedarf kann eine Begründung beigefügt werden, z.B. durch eine Antwortkategorie.[291] Des Weiteren wird die Referenznummer zu dem Vorgang mitgeliefert.
4	Netzkunden Anmeldung	NL	NB	Es werden die Kundendaten übermittelt. Wichtigste Information zur Identifikation des Kunden für den NB stellt der Zählpunkt dar. Außerdem wird eine Vorgangsidentifikationsnummer mitgeliefert. Zusätzlich wird mitgeteilt, ab wann mit der Lieferung durch den neuen NL begonnen wird und somit die Netznutzungsentgelte mit dem NL abgerechnet werden.
5	Netzkunden Abmeldung	AL	NB	Der AL übermittelt die Abmeldung durch die Angabe des Zählpunktes seines bisherigen Kunden.
6	Netzkunden Anmeldung_bestg	NB	NL	Kundenummer wird übergeben, damit in Zukunft unter Angabe dieses Schlüssels Transaktionen durchgeführt werden können. Darüber hinaus wird die Referenz auf den Vorgang mitübergeben.

---

[289] Nr. bezieht sich auf die Angaben im Aktivitätsdiagramm
[290] die Angaben beschränken sich nur auf die wesentlichen Objekte
[291] Antwortkategorien werden im VDN 2003 definiert.

4.5 Fazit

In diesem Kapitel konnte gezeigt werden, dass in der Energiewirtschaft ein konkreter Bedarf nach Prozessintegration besteht, vor allem aufgrund der Liberalisierung des Marktes für Energie als auch wegen der spezifischen Unbundling Vorschriften. Exemplarisch für die Notwendigkeit nach Prozessintegration wurde der LWP als ein unternehmensübergreifender Prozess vorgestellt, der um effizient ausführbar zu sein mit Hilfe einer EAI – Lösung implementiert werden soll. Aufgrund der dargestellten Komplexität und Anzahl an Beziehungen zwischen den potentiellen Teilnehmern an dem Prozess sowie der Menge an auszutauschenden Daten ist ein Ansatz notwendig, welcher verspricht den in der Tabelle 4-1 genannten Anforderungen gerecht zu werden. Im nächsten Kapitel wird die Umsetzung des Geschäftsprozesses mit Hilfe des im Kapitel 3 eingeführten SOA basierten EAI - Integrationsansatzes beschrieben. Für die Implementierung dieses Ansatzes wird das ebenfalls in Kapitel 3 vorgestellte Produkt der SAP, die Exchange Infrastructure 3.0, verwendet.

5 Implementierung des Lieferantenwechselprozesses

In den folgenden Abschnitten wird die Implementierung des Geschäftsprozesses Lieferantenwechsel, vorgestellt im Kapitel 4, mit Hilfe der SAP Exchange Infrastructure 3.0 beschrieben. Hierzu wird zu Beginn ein DV– Konzept präsentiert, welches unter Berücksichtigung der bestehenden Anwendungssystemlandschaft erstellt wurde und eine Integration im Sinne einer im Kapitel 2 vorgestellten EAI skizziert, um den zwischenbetrieblichen Geschäftsprozess abzubilden. Um den im 3. Kapitel dargestellten Anforderungen an IV – Systeme in Form der vier Prinzipien für eine Integrationsarchitektur sowie den für die Energiewirtschaft speziellen Anforderungen (vgl. Kapitel 4.3) gerecht zu werden, erfolgt die Umsetzung der EAI mit Hilfe einer SOA, der SAP XI 3.0.

5.1 DV Konzept[292]

An dieser Stelle wird die Umsetzung des Sollkonzepts aus Kapitel 4 in ein DV – Konzept beschrieben. Entsprechend den Ausführungen aus Kapitel 3.3.1 erfolgt die Implementierung der SOA basierten EAI – Lösung in eine bestehende Anwendungssystemlandschaft. Demnach erfolgt keine Neuentwicklung von Software, um den LWP IT- gestützt durchzuführen; stattdessen wird die Funktionalität, die in den bestehenden AWS gekapselt ist, mit Hilfe von XI 3.0 in Form von Services nach außen hin verfügbar gemacht. Diese Services werden, wie dargestellt im Kapitel 3.4.2.2, über die BP- Engine der XI 3.0 koordiniert, um auf diese Weise die IT –gestützte Durchführung des Geschäftsprozesses zu ermöglichen. Die der Implementierung des LWP zugrunde liegende bestehende IT- Architektur des integrierten EVU ist in Abbildung 5-1 zu erkennen.

---

[292] DV- Konzept verstanden als die Umsetzung des Fachkonzeptes in die Begriffswelt der Informationstechnik

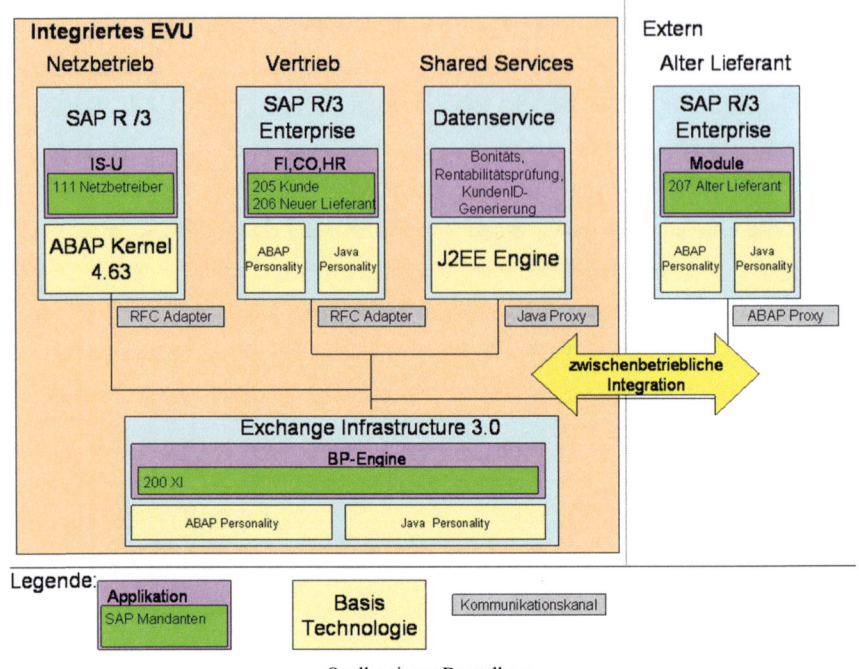

Quelle: eigene Darstellung

Abbildung 5-1 Systemarchitektur

Wie in dieser Abbildung zu sehen ist, werden für die Durchführung des Prozesses innerhalb des betrachteten integrierten EVU zwei bestehende SAP Systeme verwendet. Zum einen wird die SAP Branchenlösung für Energieversorgungsunternehmen SAP IS-U eingesetzt.[293] In diesem System findet die Bearbeitung der Kundenobjekte für den Netzbetrieb statt. Zum anderen nutzt der Vertrieb des betrachteten EVU ein SAP R/3 Enterprise System, das speziell für die in diesem Unternehmen ablaufenden Prozesse angepasst wurde, um in diesem System die Kundenobjekte aus dem Vertrieb zu verarbeiten. Der Einsatz von zwei SAP- Systemen innerhalb eines integrierten EVU ist üblich, da mit dem IS-U System alleine nur eine spezielle Auswahl an betrieblichen Aufgaben IT - gestützt durchgeführt werden können.[294] Beispielsweise fehlt die Unterstützung für die Aktivitäten der Personalbeschaffung. Hierfür bietet SAP das spezielle HR – Modul an. Insofern handelt es sich um eine realistische Annahme, um die

---

[293] Diese Branchenlösung wird zur Unterstützung der für die Energiewirtschaft speziellen Geschäftsprozesse verwendet. Zum Beispiel beinhaltet diese Lösung eine Funktionalität für das Gerätemanagement. (Vgl. MÖHRLEN et al. 2000, S.1101)

[294] Diese Aussage stammt von dem Geschäftsfeldleiter Energie der Lufthansa Systems AS.

Möglichkeiten der XI bzgl. der Integrationsfähigkeit von heterogenen Systemlandschaften[295] zu zeigen.

Bestandteil eines R/3 Enterprise Systems ist der WebAS 6.40, eine J2EE Engine, auf dem die Komponenten der XI 3.0 installiert sind.[296] Aufgrund der Verknüpfung von J2EE Technologie und der zeitlich älteren ABAP- Technologie in der aktuellen Netweaver 04 Version, ist XI 3.0 ebenfalls nicht als reine J2EE Anwendung zu betrachten, sondern verwendet Funktionalität[297], bereitgestellt durch die ABAP Personality. Die Konfiguration dieser Funktionalität erfolgt über den Mandanten 200 des schon erwähnten SAP R/3 Enterprise Systems.

Neben den SAP Systemen existiert eine Sammlung von Services, die als EJBs auf dem WebAS implementiert sind. In der Abbildung 5-1 sind diese unter dem Namen Datenservice zusammengefasst. Diese Services führen die Rentabilitäts- und Bonitätsprüfungen für einen potentiellen Kunden durch sowie die Generierung eindeutiger Kundenidentifikationsnummern. Sie stehen den beiden Geschäftssegmenten Vertrieb und Netzbetrieb gleichberechtigt zur Verfügung und können demnach auch als Shared Services[298] bezeichnet werden. Die EAI – Lösung gewährleistet die Nutzungsmöglichkeit durch die Geschäftssegmente im Rahmen der innerbetrieblichen Integration.

An dem LWP ist entsprechend dem vorgestellten Sollkonzept (vgl. Kapitel 4.4) ein externer Akteur beteiligt, der alte Lieferant (AL). Für die angestrebte IT- gestützte Durchführung des Prozesses sollen keine Annahmen über die von diesem eingesetzte Software getroffen werden, damit eine lose Kopplung der Systeme ermöglicht werden kann. Diese ist aufgrund der im Kapitel 4 dargestellten Problematik notwendig, dass auf dem liberalisierten Energiemarkt inzwischen eine Vielzahl von Lieferanten existieren, denen im Rahmen des LWP potentiell gekündigt werden kann. Für eine IT – gestützte Durchführung des LWP hat dies die Konsequenz, dass die zwischenbetriebliche Integrationslösung jedes spezifische von dem alten Lieferanten eingesetzte AWS zur Abwicklung des Kündigungswunsches unterstützen muss. Es wird lediglich unterstellt, dass dieses AWS eine Schnittstelle zur Verfügung stellt, über die eine Prozessintegration möglich ist. Vorstellbar wäre zum Beispiel ein angebotener

---

[295] Heterogenität ebenfalls bezogen auf sich im Unternehmen im Einsatz befindende unterschiedliche SAP Versionen.
[296] Eine Darstellung der neuen SAP Architektur findet sich im Anhang A.c
[297] Beispielsweise kann das Monitoring der vom Integration Server verarbeiteten Nachrichten nur mit Hilfe des ABAP Reports SXMB_MONI abgefragt werden.
[298] Vgl. Kapitel 4.2.1;Glossar

WebService, dessen Ausführung mit Hilfe von WSDL beschrieben ist und durch SOAP aufgerufen werden kann.

Aufgrund von Implementierungsschwierigkeiten mit der XI 3.0 musste von dieser Forderung Abstand genommen werden (vgl. hierzu Abschnitt 5.1.1). Im Folgenden wird unterstellt, dass dieser Akteur ein SAP R/3 Enterprise System auf Basis eines WebAS 6.40 einsetzt. In der Simulierung des LWP ist der alte Lieferant im Mandanten (207) des oben genannten SAP Enterprise Systems implementiert (vgl. Abbildung 5-1). Des Weiteren existiert außerhalb der Systemgrenzen des integrierten EVU der Kunde, der den LWP initiiert. Bei der Initiierung des LWP wird unterstellt, dass diese ebenfalls durch einen Mandanten (205) auf dem SAP R/3 Enterprise System in Form eines ABAP Reports erfolgt.

Die Verknüpfung der dargestellten AWS mit der Exchange Infrastructure erfolgt mittels Kommunikationskanälen. In diesem Szenario werden hierfür das RFC – Adapter und die Proxy Laufzeit verwendet. Sie sind in Abbildung 5-1 als graue Kästchen gekennzeichnet.

Dem Paradigma der SOA[299] folgend, wurde im nächsten Schritt der IT- gestützten Implementierung des Prozesses davon ausgegangen, dass keine Anpassungen an den sich im Einsatz befindlichen Systemen erfolgt. Stattdessen wird eine SOA als eine zusätzliche Schicht auf die im System vorhandene Funktionalität gelegt, die diese nach außen hin exponiert. Aus diesem Grund wurde im nächsten Schritt für die Akteure[300] festgestellt, welcher Service mit welchen Schnittstellen angeboten werden muss, um an dem LWP partizipieren zu können. Hierbei wurde auf die Methodik der Fusion Methode zur Ermittlung von Systemoperationen zurückgegriffen.[301] Im Kontext von SOA bezeichnet die Systemoperation eine Schnittstelle des Services. Das Ergebnis ist in Form eines Sequenzdiagramms zusammengefasst. (vgl Abbildung 5-2). Das Sequenzdiagramm wurde anhand der Prozessbeschreibung sowie des im Kapitel 4 vorgestellten Aktivitätsdiagramms erstellt.

---

[299] Vgl. Kapitel 3.3.2
[300] Vgl USE Case Diagramm Kapitel 4.4.2
[301] Vgl. COLEMAN et al. 1994

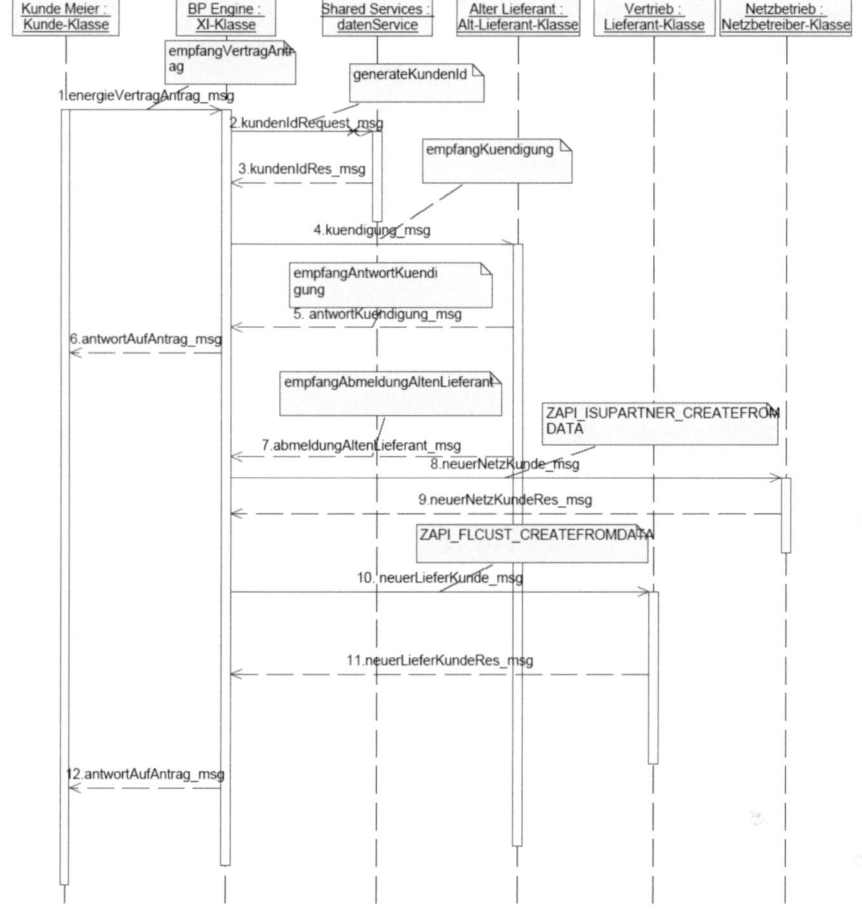

Quelle: eigene Darstellung

Abbildung 5-2 Sequenzdiagramm zum Prozess des Lieferantenwechsels

Die in Abbildung 5-2 verwendeten Rechtecke repräsentieren die Service – Schnittstellen der AWS in Pfeilrichtung. Der Aufruf erfolgt über den Empfang der in Abbildung 5-2 dargestellten Nachricht. Das Ergebnis dieses Analyseschrittes mit der Zuordnung der Schnittstellen zu Services ist in der folgenden Tabelle zusammengefasst.

Tabelle 5-1 Übersicht Service und Schnittstellen

Akteur	AS	Service	Schnittstelle	Nachricht	Typ	Implementierung
EVU (NB +NL)	XI	Lwp_durchführen	empfangVertragAntrag	energieVertragAntrag_msg	Asynchron	SAP-Workflow
			empfangAbmeldungAltenLieferant	abmeldungAltenLieferant_msg	Asynchron	SAP-Workflow
			empfangAntwortKuendigung	antwortKuendigung_msg	Asynchron	SAP-Workflow
	SAP IS-U	erstelleNetzkunde	ZAPI_ISUPARTNER_CREATEFROMDATA	In: neuerNetzKunde_msg Out: neuerNetzKundeRes_msg	Synchron	RFC - Funktionsmodul
	SAP R/3	ErstelleLieferkunden	ZAPI_FLCUST_CREATEFROMDATA	In: neuerLieferKunde_msg Out: neuerLieferKundeRes_msg	Synchron	RFC - Funktionsmodul
	Datenservice	generateId	generateKundenId	In: kundenIdRequest_msg Out: kundenIdResponse_msg	Synchron	EJB
AL	SAP R/3	kündigung	empfangKuendigung	kuendigung_msg	Asynchron	ABAP Proxy

Ein Service wird entsprechend der Beschreibung aus Kapitel 3 als Menge von vermarktbaren Diensten verstanden, der eine betriebswirtschaftliche Funktionalität abdeckt und diese über Schnittstellen nach außen hin anbietet. Insgesamt ergeben sich für die Implementierung somit fünf Services, die durch die Orchestrierung ihrer Schnittstellen (in der Summe sieben) die Abwicklung des LWP unternehmensübergreifend ermöglichen. Die Kommunikationsart der Schnittstelle ist in der 6. Spalte dargestellt. Eine asynchrone Kommunikationsart ist unter den gegebenen Umständen nur mit einem höheren Aufwand zu realisieren. Die letzte Spalte „Implementierung" Tabelle 5-1 ist nicht das Ergebnis der Erarbeitung des DV – Konzeptes aus diesem Abschnitt, sondern resultiert aus den Überlegungen späterer Abschnitte. Dem Ziel dieser Arbeit der möglichst redundanzfreien Darstellung folgend, wurde diese Spalte an dieser Stelle eingefügt, um zu einem späteren Zeitpunkt darauf Bezug nehmen zu können.

5.1.1 Einschränkungen

Vor allem aufgrund von Fehlern in der Software der XI 3.0 sowie aufgrund einer mangelnden Dokumentation konnten nicht alle Merkmale implementiert werden, die im Sollkonzept genannt wurden.

Die Rentabilitäts- und Bonitätsprüfung, die als Datenservice gekapselt zur Verfügung stehen sollte, konnte nicht realisiert werden. Stattdessen wurde beispielhaft ein einfacher Dienst[302] erstellt, der auf Basis eines Vornamen- und Nachnamenpaares eine eindeutige Kundennummer erstellt.

Des Weiteren hätte, wie im DV - Konzept schon erwähnt, der alte Lieferant als externer Geschäftspartner implementiert werden müssen, ohne eine Annahme über die von ihm eingesetzte Software zu treffen (Black Box Betrachtung[303]). Auf diese Weise hätte das Prinzip der losen Kopplung in der Art demonstriert werden können, dass beliebige Geschäftspartner (alte Lieferanten) unter Verwendung von offenen und verbreiteten Standards in den Geschäftsprozess integriert werden könnten. Dies setzt eine auf Web– Services basierende Kommunikation voraus. Da die Konfiguration des hierfür notwendigen Adapters allerdings fehlschlug, musste auf eine Integration mit funktionierenden Kommunikationskanälen ausgewichen werden. Dadurch kann die Forderung nach einer Black Box Betrachtung des Anwendungssystems nicht aufrechterhalten werden, da durch die Wahl der Kommunikationskanäle die zur Interaktion zur Verfügung stehenden AWS eingeschränkt werden, in diesem Fall auf ein SAP R/3 Enterprise System.

Die Realisierung, der im Sollkonzept angesprochenen webbasierten Benutzerschnittstellen, über die die Benutzerinteraktionen der Sacharbeiter im Rahmen des LWP stattfinden sollten, hätte den Umfang diesen Arbeit weit überschritten. Im Umfeld von Netweaver hätten hierfür WebDynpros oder Anwendungen im Rahmen des Enterprise Portals entwickelt werden müssen, um konsistent zum Netweaverkonzept zu sein. Aufgrund der Komplexität der Technologien und einer damit verbundenen hohen Einarbeitungszeit wurde auf eine Realisie-

---

[302] mit Dienst ist an dieser Stelle eine Funktionalität des Service gemeint, die über eine Schnittstelle nach außen hin zur Verfügung gestellt wird.
[303] Vgl. Glossar

rung von grafischen webbasierten Benutzerschnittstellen verzichtet. Allerdings hätte ein Ansatz dargestellt werden müssen, um die Vorzüge in Bezug auf die Reduzierung von Anwendungskomplexität zeigen zu können.

Des Weiteren sind die Bezeichnungen in den Bildschirmfotos (engl. Screenshot) nicht immer wissenschaftlich adäquat formuliert. Diese konnten aber ohne einen deutlichen Mehraufwand nicht mehr verändert werden.

5.2 Implementierung

In diesem Abschnitt werden die Schritte näher beschrieben, die notwendig waren, um den LWP mit den im Abschnitt 5.1 identifizierten Services in XI zu implementieren.

5.2.1 Servicelandschaft

Nachdem ermittelt werden konnte, welche Services für die Durchführung des Prozesses notwendig sind, kann mit der Abbildung der Anwendungssysteme, die die Funktionalität kapseln, im SLD begonnen werden. Die auf der Seite des integrierten EVU ermittelten vier Services aus drei Anwendungssystemen[304] werden zunächst in das SLD der XI 3.0 eingefügt. Hierfür wurden drei technische Systeme registriert, sowie jeweils mindestens ein entsprechendes Business System.[305] Der von dem alten Lieferanten angebotene externe Service „Kündigung" (vgl. Tabelle 5-1) musste aufgrund der genannten Einschränkungen ebenfalls auf dem technischen System ASN implementiert werden. Bei der Erstellung fand eine Zuordnung zu den Softwarekomponenten aus dem Softwarekatalog statt. Für die Organisation der Schnittstellen der Services wurde eine neue Softwarekomponente für jeden Service im Softwarekatalog erstellt und den entsprechenden Business Systemen hinzugefügt. Die Zuordnung ist in der nachfolgenden Tabelle dargestellt. In Tabelle 5-2 findet sich zudem der als Service bezeichnete Business Process (XI). Entsprechend der Definition eines Services nach SAP, stellt auch ein Business Process einen Service dar (vgl. Kap 3). Da ein Business Process immer innerhalb der XI Laufzeit ausgeführt wird, findet sich in Tabelle 5-2 die Zuordnung zum Mandanten 200, unter dem die Laufzeit von XI konfiguriert wird (vgl. Abbildung 5-1).

---

[304] Bestehend aus: SAP R/3 IS-U, SAP R/3 Enterprise (Abap Personality) sowie gesondert die J2EE Engine, als Teil der SAP R/3 Enterprise
[305] Auf dem IS-U wurde ein Business System für den Mandanten 111, auf den ASN wurden drei Business Systeme angelegt (205: Rolle Kunde; 206: Rolle Neuer Lieferant; 207 Alter Lieferant)

Tabelle 5-2 Zuordnung Softwarekomponenten zu Service

Technisches System	Business System	Service	Softwarekomponente
ASN	Mandant 200	Lwp_durchführen	MyTutorial[306]
	Mandant 206	erstelleLieferkunden	KUNDENSERVICE, 1.0[307]
	Mandant 207	Kündigung	KUENDIGUNG, 1.0[308]
ISU	Mandant 111	erstelleNetzkunde	IS-U/CCS 463
J2EE Engine	PRTEST	generateId	GENERATEKUNDENID, 1.0

Nach diesem Schritt sind alle für die Durchführung des LWP notwendigen Anwendungssysteme im SLD mit den entsprechenden Softwarekomponenten registriert. Dies soll beispielhaft am folgenden Screenshot verdeutlicht werden.

---

[306] Zwischen dieser Softwarekomponente und der SAP Basis 6.40 Komponente besteht eine existenzielle Abhängigkeit, definiert im Softwarekatalog. Die Softwarekomponente ist nur lauffähig wenn bereits die letztgenannte Komponente auf dem betreffenden System installiert worden ist.

[307] Zwischen dieser Softwarekomponente und der SAP Basis 6.40 Komponente besteht eine existenzielle Abhängigkeit, definiert im Softwarekatalog. Die Softwarekomponente ist nur lauffähig wenn bereits die letztgenannte Komponente auf dem betreffenden System installiert worden ist.

[308] Zwischen dieser Softwarekomponente und der SAP Basis 6.40 Komponente besteht eine existenzielle Abhängigkeit, definiert im Softwarekatalog. Die Softwarekomponente ist nur lauffähig wenn bereits die letztgenannte Komponente auf dem betreffenden System installiert worden ist.

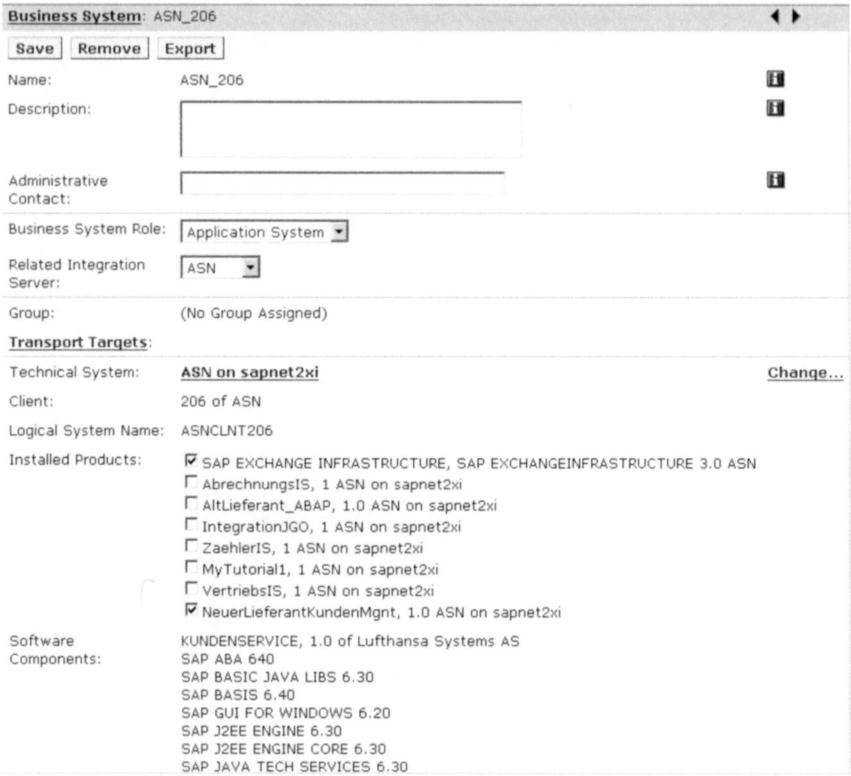

Business System: ASN_206	◀ ▶
Save Remove Export	
Name:	ASN_206
Description:	
Administrative Contact:	
Business System Role:	Application System ▼
Related Integration Server:	ASN ▼
Group:	(No Group Assigned)
Transport Targets:	
Technical System:	**ASN on sapnet2xi** Change...
Client:	206 of ASN
Logical System Name:	ASNCLNT206
Installed Products:	☑ SAP EXCHANGE INFRASTRUCTURE, SAP EXCHANGEINFRASTRUCTURE 3.0 ASN ☐ AbrechnungsIS, 1 ASN on sapnet2xi ☐ AltLieferant_ABAP, 1.0 ASN on sapnet2xi ☐ IntegrationJGO, 1 ASN on sapnet2xi ☐ ZaehlerIS, 1 ASN on sapnet2xi ☐ MyTutorial1, 1 ASN on sapnet2xi ☐ VertriebsIS, 1 ASN on sapnet2xi ☑ NeuerLieferantKundenMgnt, 1.0 ASN on sapnet2xi
Software Components:	KUNDENSERVICE, 1.0 of Lufthansa Systems AS SAP ABA 640 SAP BASIC JAVA LIBS 6.30 SAP BASIS 6.40 SAP GUI FOR WINDOWS 6.20 SAP J2EE ENGINE 6.30 SAP J2EE ENGINE CORE 6.30 SAP JAVA TECH SERVICES 6.30

Quelle: SAP XI 3.0

Abbildung 5-3 Eintrag im SLD für das Business System ASN_206 (Mandant 206)

Aus diesem Screenshot ist ersichtlich, dass es sich um das Business System ASN_206 handelt, welches als technisches System einem SAP System auf dem Netzwerknoten *sapnet2xi* mit der SID[309] ASN zugeordnet ist. Des Weiteren sind die auf dem Business System installierten Produkte, gekennzeichnet durch eine Markierung der korrespondierenden Checkbox, dargestellt. Über die erfolgte Produktauswahl sind die zur Verfügung stehenden Softwarekomponenten determiniert. Da es sich in der Abbildung 5-3 um das Business System des neuen Lieferanten handelt, ist diesem auch die Softwarekomponente Kundenservice zugeordnet. Alle weiteren hier aufgeführten Softwareprodukte sind dem technischen System zugeordnet. Es kann für jedes Business System, das mit diesem technischen System assoziiert ist, entschieden werden, ob dieses das Produkt installiert hat. Dieses ist auf der Ebene von

---

[309] SAP System ID

Mandanten als Synonym für Business System nicht plausibel, da jedem Mandanten eines SAP Systems alle R/3 Komponenten sowie Funktionsmodule zur Verfügung stehen.

Die Unterscheidung ist allerdings sinnvoll für die logische Trennung von Mandanten, beispielsweise in Bezug auf das 2-Mandanten Modell, vorgestellt in Kapitel 4. In diesem Szenario würde man beispielsweise eine Softwarekomponente im Softwarekatalog erstellen, die die Schnittstellen des Netzbetriebs zusammenfasst, die vom Mandanten des Vertriebs nachgefragt wurden.

5.2.2 Designphase

Nachdem nun die Anwendungssysteme registriert sind und eine Zuweisung von Softwarekomponenten erfolgte, können im nächsten Schritt für eine Softwarekomponentenversion Schnittstellen definiert werden. Schnittstellen werden in Softwarekomponentenversionen in Namensräumen verwaltet; dieses erfolgt über das Integration Repository (IR). Wie schon in Kapitel 3 beschrieben, werden Schnittstellen im IR auch als Message-Interfaces (MI) bezeichnet. Dieser Begriff wird im Folgenden auch verwendet werden. Entsprechend der Tabelle 5-1 ergeben sich sieben Schnittstellen, die in fünf Softwarekomponenten als eingehende[310] MI modelliert werden sollen[311]. An dieser Stelle bleiben die ausgehenden MIs, über die der Aufruf der eingehenden MIs erfolgt (vgl. Kapitel 3), unberücksichtigt. Eine vollständige Auflistung der MIs findet sich im Anhang C.d. Die Definition der MIs beinhaltet neben der Gruppierung in Namensräumen auch die Festlegung auf den zu empfangenden Nachrichtentyp sowie bei den synchronen MIs auch die zu versendende Rückantwort. Eine Übersicht über die zu einem MI gehörenden Nachrichten findet sich ebenfalls im Anhang C.d. Nachdem alle Schnittstellen definiert worden sind, erfolgt die Erstellung des Business Process, dem Workflow, auf Grundlage der zuvor definierten Schnittstellen im dafür von SAP vorgesehenen GUI als Bestandteil des IRs. Das Resultat ist in der folgenden Abbildung zu sehen.

---

[310] entsprechend den Ausführungen aus Kapitel 3.4.2.1, werden eingehende Message Interfaces für den Empfang von Serviceanfragen genutzt.
[311] Diese Aussage ist nicht vollständig korrekt. Der Business Process kennt keine eingehenden MIs sondern nur abstrakte MIs. Da dieses MI allerdings im Workflowschritt *receive* zum Einsatz kommt, handelt es sich um ein eingehendes MI.

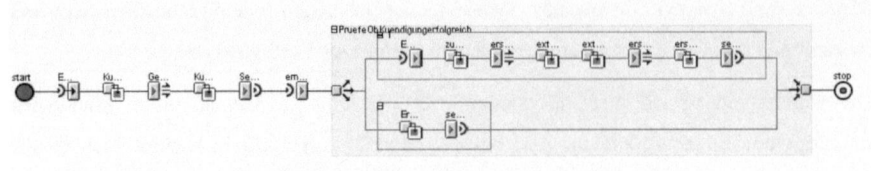

Quelle: SAP XI 3.0

Abbildung 5-4 Business Process in XI

Auf eine genaue Erklärung der einzelnen Schritte des Business Processes wird an dieser Stelle verzichtet. Im Anhang C.c ist der Prozess im BPEL4WS Standard abgebildet. Des Weiteren befindet sich im Anhang C.b eine nähere Beschreibung eines Ausschnittes des Prozesses um dem Leser einen Eindruck von der Mächtigkeit der Modellierungsmöglichkeiten zu gewähren. Beispielhaft soll an dieser Stelle kurz das Design von zwei MIs vorgestellt werden.

5.2.2.1 Beispiel sendeNeuNetzKunde_sync_abs

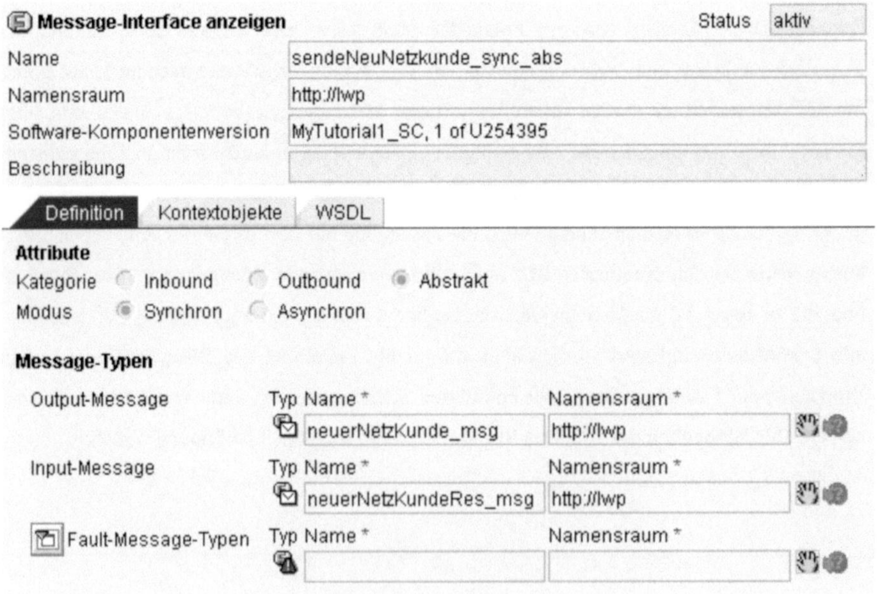

Quelle: SAP XI 3.0

Abbildung 5-5 MI *sendeNeuNetzkunde_sync_abs*

Das in Abbildung 5-5 dargestellte MI wird im Rahmen des Business Processes verwendet[312], um eine Schnittstelle eines Services aufzurufen. Durch den Versand der Nachricht *neuerNetzKunde_msg* über diese Schnittstelle wird ein Service aufgerufen, der ein Netzkundenobjekt anlegen soll. Die Kommunikationsart ist synchron, weshalb neben der Output - Nachricht ebenfalls eine Input - Nachricht angegeben werden muss. Die Output – Nachricht mit dem ihr zugeordneten Datentyp ist in der nachfolgenden Abbildung 5-6 dargestellt.

Quelle: SAP XI 3.0

Abbildung 5-6 Nachrichtentyp *neuerNetzkunde_msg*

Die Definition des Nachrichtentyps erfolgt mit Hilfe eines Datentyps. Dieser Datentyp kann auf Grundlage des XML– Schemas erstellt und anschließend über einen Importvorgang als Datentyp veröffentlicht werden.

Anhand dieses Beispiels kann man die Berücksichtigung des von HAGEL 2002 (Vgl. Kapitel 3.2) geforderten Prinzips der losen Kopplung und der konzeptuellen Umsetzung dieses Prinzips im ESB (Vgl. Kapitel 3.3.3.2) mit Hilfe des Portprinzips bei der XI erkennen. Im IR wird ein ausgehendes MI (entspricht dem eingehenden Port im ESB) unabhängig von der Implementierung der Serviceschnittstelle erstellt, die über dieses ausgehende MI aufgerufen werden soll. Es findet die mit dem Prinzip der Einfachheit geforderte Verlagerung der Komplexität hin zur unterliegenden Middle-

---

[312] Dieses ist an der Kennzeichnung *abstract* ersichtlich. Das es sich hierbei im Kontext der Ausführung des Business Process um ein ausgehendes MI handelt, ist anhand dieser Darstellung nicht erkennbar. Dieses ist nur aus der Prozessdefinition zu ersehen.

ware, genauer zum funktionalen EAI -Bestandteil des Nachrichtenmanagements (vgl. Kapitel 2.3.2), statt. Dieses Nachrichtenmanagement leistet die Transformation des Aufrufs vom ausgehenden MI zum eingehenden MI der Schnittstelle des Service - Anbieters. Dieses eingehende MI ist im nächsten Beispiel dargestellt und unterstreicht noch einmal mit der unterschiedlichen Nachrichtentypdefinition in Form einer RFC- Datenstruktur die Umsetzung der losen Kopplung, indem es die Inkompatibilität zwischen dem eingehenden und ausgehenden MI visualisiert.

5.2.2.2 Beispiel ZAPI_ISU_PARTNER_CREATEFROMDATA

Aufgrund der Importmöglichkeit des Integration Directory von Schnittstellendefinitionen für RFC und IDOCS ist es möglich, existierende BAPI Methoden über einen einfachen Importvorgang aus dem betreffenden SAP – System innerhalb des XI zu verwenden. Das Ergebnis eines solchen Importvorganges ist in der folgenden Abbildung 5-7 zu sehen. Eine weitere Bearbeitung des Nachrichtentyps ist nicht notwendig. An dieser Stelle findet keine Differenzierung in Form von Nachrichtentyp und Datentyp wie im vorherigen Beispiel statt.

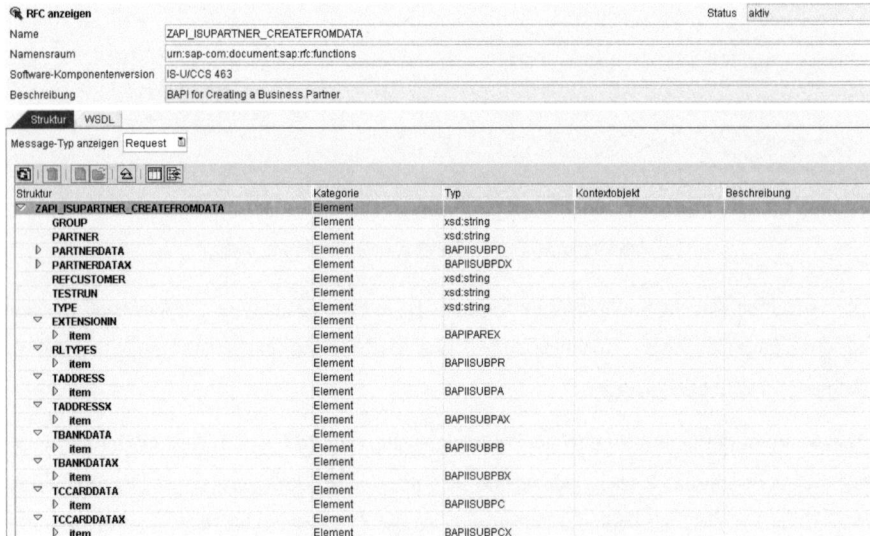

Quelle: SAP XI 3.0

Abbildung 5-7 ZAPI_ISU_PARTNER_CREATEFROMDATA

Diese Schnittstelle bzw. Methode des BusinessObjects *UTILBusinessPartner* soll genutzt werden, um im IS-U System ein Kundenobjekt für den Netzkunden anzulegen. Wie der konkrete Aufruf einer Schnittstelle erfolgt, wird im nächsten Abschnitt untersucht.

5.2.2.3 Business Szenario lwp_szenario_111004

Auf Grundlage des Business Processes sowie der Schnittstellen aus den Softwarekomponenten kann nun ein Business Szenario erstellt werden, in dem der zwischenbetriebliche LWP modelliert wird. Das Ergebnis der Modellierung ist in der folgenden Abbildung 5-8 wiedergeben.

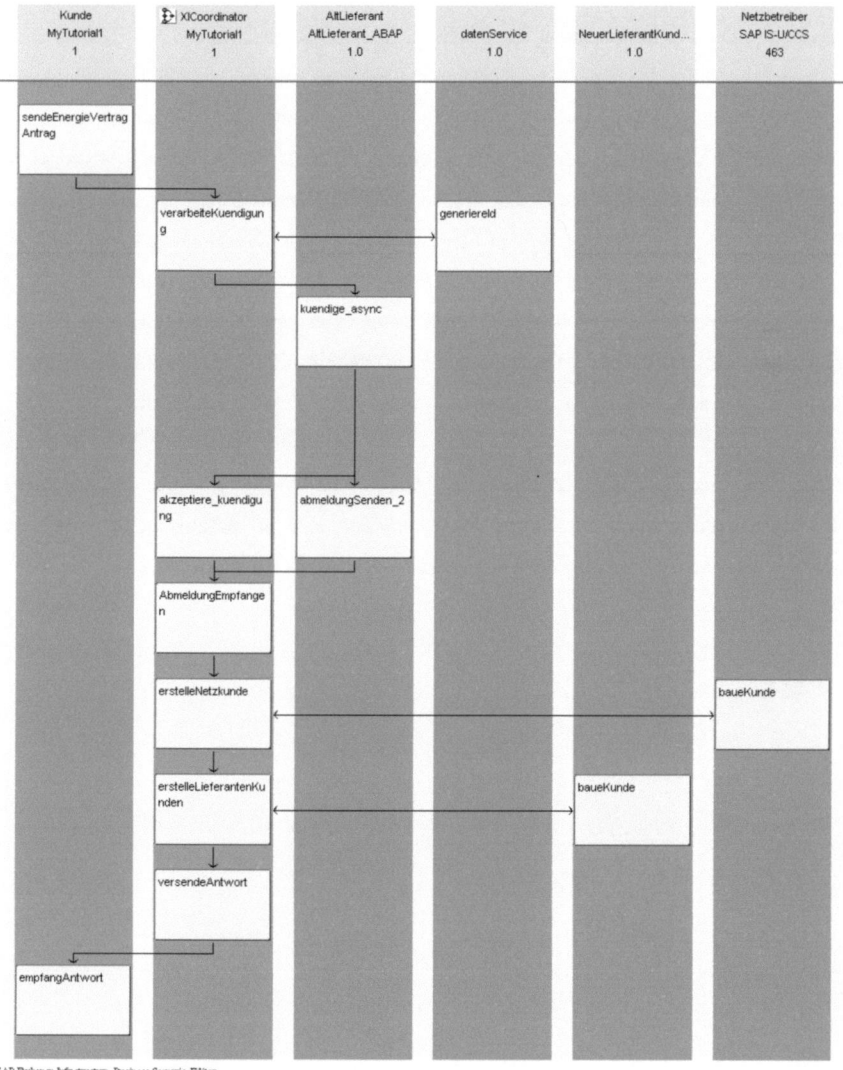

Quelle: SAP XI 3.0
Abbildung 5-8 Business Szenario LWP

Mit Hilfe des Business Szenarios wurde der LWP abstrakt, d.h. ohne die Berücksichtigung von konkreten Anwendungssystemen, modelliert. Hierbei wurde die Interaktion der Softwarekomponenten auf Basis ihrer während der Designphase definierten Schnittstellen modelliert. Die in Abbildung 5-8 dargestellten Bahnen entsprechen den im Softwarekatalog definierten Softwarekomponenten aus dem SLD. Eine Zuordnung zu konkreten Anwendungssystemen findet wie im Kapitel 3 dargestellt an dieser Stelle noch nicht statt. Dieses erfolgt erst im nächsten Schritt, in der Konfiguration des Business Szenarios: im Integration Directory. In dem Business Szenario werden mit Hilfe des *Action* Konzepts Schnittstellen aus dem IR miteinander in Verbindung gesetzt. *Actions* werden Softwarekomponenten zugeordnet und sind in der Abbildung 5-8 durch die weißen Rechtecke symbolisiert. Ein *Action* Element selbst kann aus ein- und ausgehenden MIs bestehen. Bei der Verbindung zwischen Action Elementen über die zugeordneten Schnittstellen werden zwei Kommunikationsarten unterschieden: synchron und asynchron[313]. Erstere werden mit einer geraden Linie im Business Szenario gekennzeichnet und letztere durch eine gewinkelte. Der Kommunikationsverbindung kann ein Interface - Mapping zugeordnet werden (vgl. Kapitel 3, Abschnitt IR). In den nachfolgenden Abbildungen ist das Interface - Mapping für die beiden Schnittstellen aus den beiden vorherigen Beispielen dargestellt. Da das Interface - Mapping zentral für die Fähigkeit zur losen Kopplung und damit für die Umsetzung einer EAI auf Basis einer SOA insgesamt ist, wird dieses kurz in der folgenden Abbildungssequenz näher dargestellt.

---

[313] Für die Erklärung der Begriffe vgl. Kapitel 2.2.2

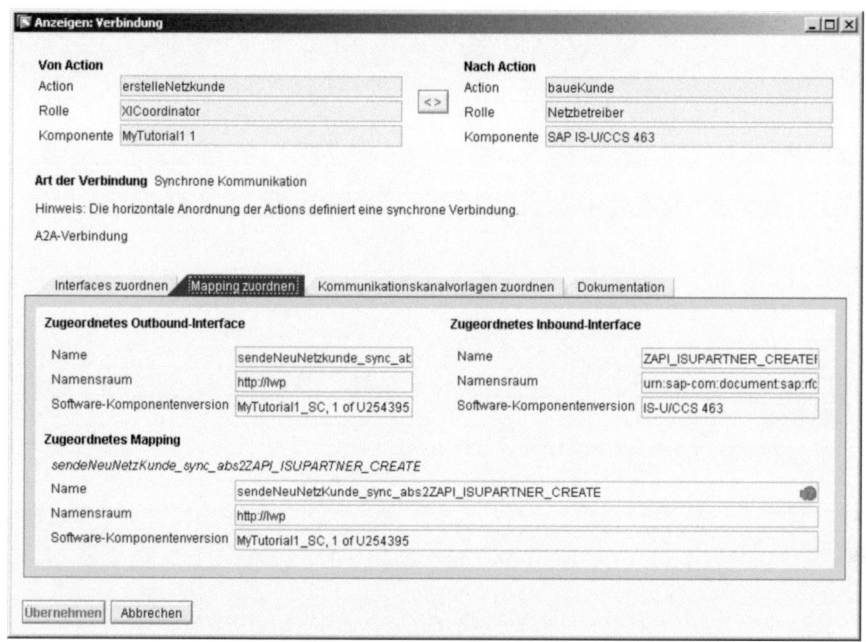

Abbildung 5-9 Verbindung zwischen zwei Actions

In Abbildung 5-9 ist die Kommunikationsverbindung zwischen den *Action* Elementen dargestellt. In dieser Benutzeroberfläche wird ein Interface - Mapping der Verbindung zugeordnet, damit eine Kompatibilität zwischen der Nachricht vom ausgehenden MI und der vom eingehenden MI erwarteten Nachricht ermöglicht werden kann.

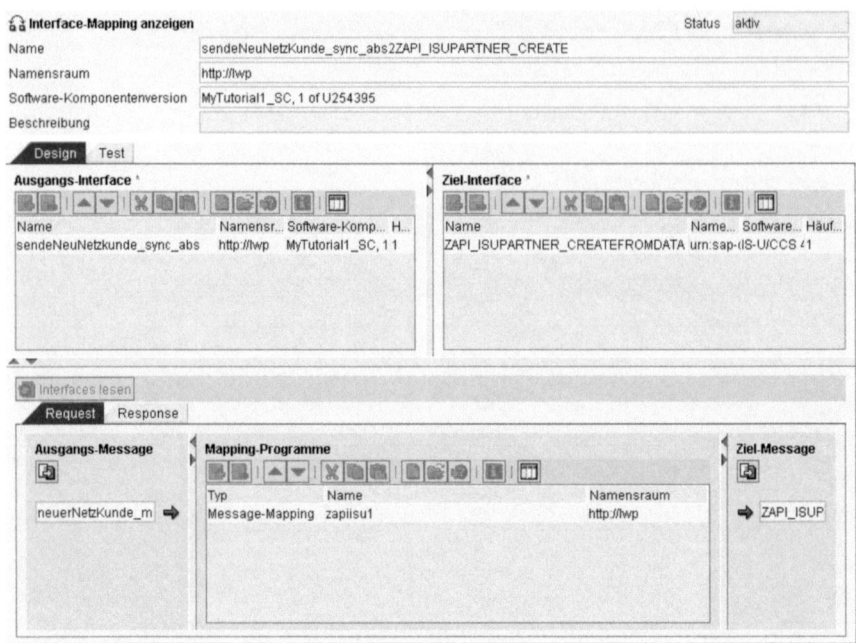

Quelle: SAP XI 3.0

Abbildung 5-10 Definition Interface- Mapping

Die Definition des Interface - Mappings ist in Abbildung 5-10 dargestellt. Jedem MI sind Nachrichten zugeordnet. Durch sog. Message Mapping Programme werden die Nachrichten aufeinander abgebildet, wodurch insgesamt das Interface - Mapping ermöglicht wird. Dem in Abbildung 5-10 dargestellten Beispiel kann man entnehmen, dass für die Anfrage (engl: Request) (wegen der synchronen Kommunikationsverbindung unterscheidet man bei diesem Interface - Mapping die Anfrage von der Antwort) ein Message - Mapping Programm mit der Bezeichnung *zapiisu1* benutzt wird.

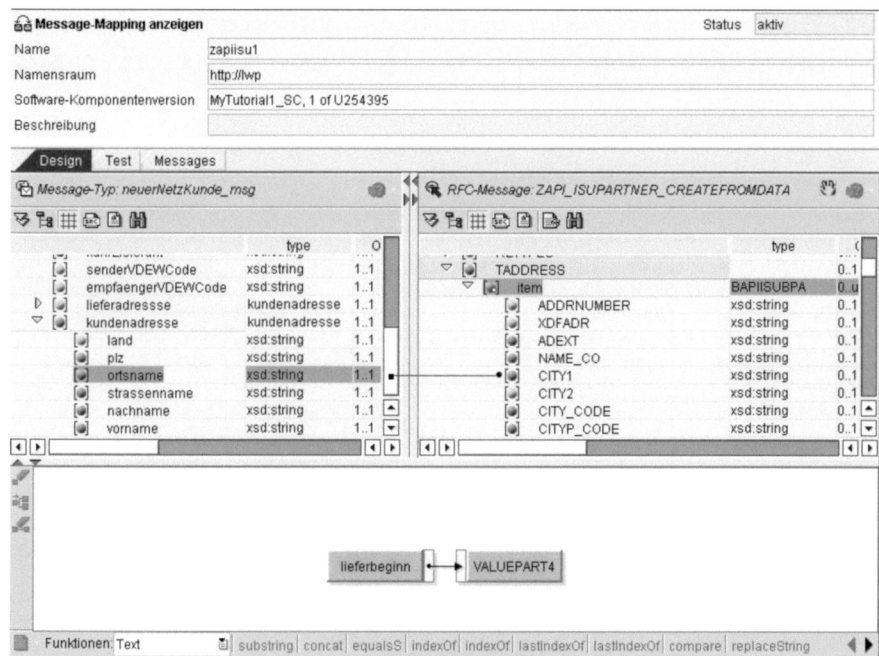

Quelle: SAP XI 3.0

Abbildung 5-11 Nachrichten - Mapping durch das Programm *zapiisu1*

In Abbildung 5-11 ist das genannte Message - Mapping dargestellt. Mit Hilfe des grafischen Editors kann man sehr leicht einzelne Datenfelder der Nachricht des aufrufenden MIs (ausgehendes) Datenfeldern der Nachricht des aufgerufenen MI (eingehendes) zuordnen. Neben der grafischen Möglichkeit existieren für komplexere Mappings die Möglichkeit XSL oder Java Programme einzubinden. Eine Konvertierung des erstellten Mappings (beispielsweise mit Hilfe des Editors) in eine technologieneutrale Form, wie beispielsweise XSL, ist allerdings nicht möglich. Ein solches Feature würde jedoch gerade bei größeren Mappings die Arbeit erleichtern.

5.2.3 Konfigurationsphase

In der Designphase wurde eine abstrakte Serviceschicht ohne Zuordnung zu den im Szenario verwendeten Anwendungssystemen erstellt. Diese Zuordnung findet im nächsten Schritt mit Hilfe des Integration Directory (ID) statt (vgl. Kap.3). Entsprechend der Beschreibung im Kapitel 3 im Abschnitt zum ID wird zunächst die Servicedefinition im Rahmen der Erstellung des Kommunikationsprofils erstellt. Zu Beginn dieses Kapitels wurden fünf Services identifiziert (vgl. Tabelle 5-1).Diese werden im ID als vier Business Systeme und ein Business Process abgebildet, vgl. nachfolgende Tabelle 5-3.

Tabelle 5-3 Abbildung der Services auf die XI Services

Service	Service Bezeichnung in XI	Typ	Kommunikationskanal
LWP_durchführen	Coord_LWP_111004	Business Process	XI – intern
ErstelleNetzkunde	ISU_000	Business System	RFC
ErstelleLieferkunde	ASN_206	Business System	RFC
genenerateID	PRTEST	Business System	JAVA Proxy
Kündigung	ASN_207	Business System	ABAP Proxy

Aufgrund der in Abschnitt 5.1.1 genannten Einschränkungen wird der Service Kündigung als Typ Business System definiert. Tatsächlich müsste an dieser Stelle der Typ Business Service verwendet werden (vgl. Argumentation Kapitel 3.4.2.1 Abschnitt ID).

Bei der Servicedefinition wird des Weiteren festgelegt, welcher Kommunikationskanal zum Aufruf der Business Systeme zur Verfügung steht. Entsprechend dem in gezeigten Szenario wurde für die Business Systeme *ErstelleNetzkunde* sowie *ErstelleLieferKunde* der Aufruf über ein RFC Adapter gewählt, während die restlichen Business Systeme über den XI Kommunikationskanal bedient wurden. Mit dem XI Kommunikationskanal ist die Proxylaufzeitumgebung gemeint, welche sowohl für ABAP als auch für Java existiert und direkt mit der IE verbunden ist und somit nicht auf eine Adapterengine aufbaut.

Im nächsten Schritt wird das logische Routing festgelegt. Hierfür wird zu Beginn die Empfänger - Ermittlung erstellt. Diese Empfänger - Ermittlung kann für alle im System befindlichen Services statisch festgelegt werden, außer für die des alten Lieferanten, die abhängig von der konkreten Instanz eines LWP dynamisch ermittelt werden muss. Die Ermittlung erfolgt anhand des in der Nachricht enthaltenen Datenfeldes VDEW Empfängernummer. Dieses inhaltsbasierte Routing ist in Abbildung 5-12 dargestellt.

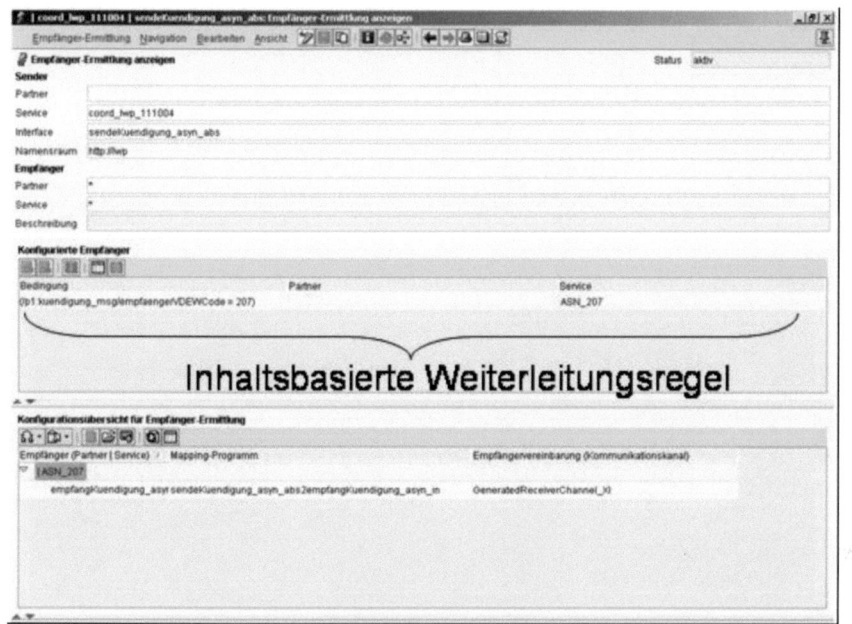

Quelle: SAP XI 3.0

Abbildung 5-12 Dynamische Empfängerermittlung für den alten Lieferanten

Auf die Empfänger - Ermittlung erfolgt die Interface - Ermittlung entsprechend der Beschreibung aus Kapitel 3. Diese Interface - Ermittlung muss einmalig für alle im System konfigurierten Services erfolgen. Für den Fall, dass ein neuer Service für einen neuen „alten" Lieferanten hinzugefügt wird, muss eine Empfänger - Ermittlung sowie Interface - Ermittlung neu eingerichtet werden. Hierbei kann das Interface des neu hinzugefügten „alten" Lieferanten komplett verschieden von den bisher verwendeten MIs sein. In der folgenden Abbildung ist die Interface - Ermittlung für den „alten" Lieferanten, simuliert als Mandant 207, dargestellt.

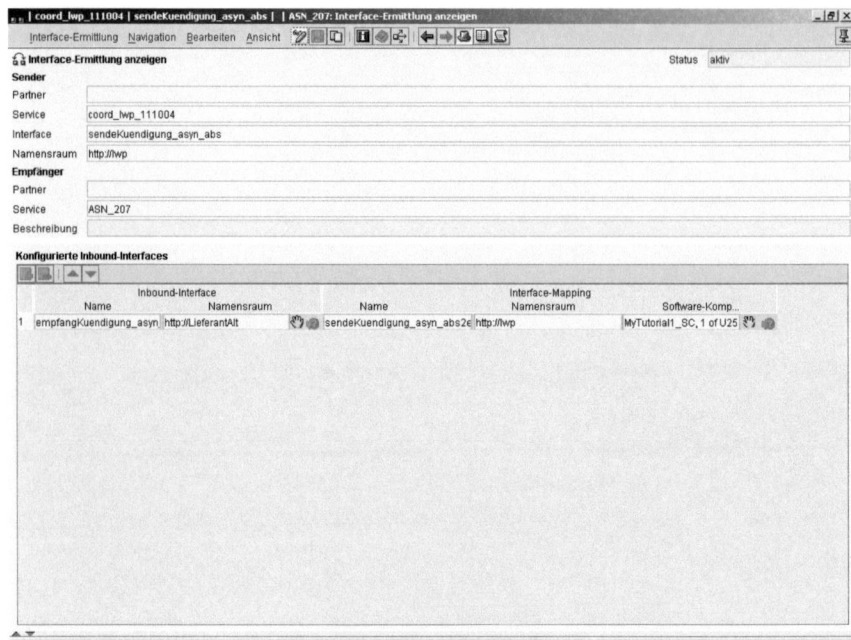

Quelle: SAP XI 3.0
Abbildung 5-13 Interface Ermittlung für die Kündigung beim alten Lieferanten

Mit dieser Konfigurationseinstellung ist der Schritt des logischen Routings abgeschlossen. Zum jetzigen Zeitpunkt der Konfigurationsphase hat man festgelegt, welche Services über ein aus- und eingehendes MI miteinander kommunizieren und welche Interface - Mappings hierzu notwendig sind. Nachfolgend muss festgelegt werden, wie genau die Kommunikation zwischen den Services auszusehen hat. Hierzu nutzt man das Konzept der Kommunikationsvereinbarungen. Mit Hilfe der Sender- und Empfängervereinbarungen können weitere Angaben zur Kommunikation, die beispielsweise die Sicherheit in Form von Autorisierungsinformationen betreffen, getroffen werden. Um die Implementierung des LWP nicht unnötig zu komplizieren, wurden hier die Standardeinstellungen genutzt, die keiner besonderen Erklärung bedürfen und aus diesem Grund auch nicht näher beschrieben werden.

5.2.4 Implementierung der Schnittstellen

Nachdem nun die Schnittstellen den Anwendungssystemen im Rahmen der Konfigurationsphase zugeordnet[314] wurden, müssen die einzelnen Schnittstellen der Services teilweise noch implementiert werden. In diesem Szenario werden zum einen ABAP Reports zur Implementierung der Schnittstellen eingesetzt und zum anderen EJBs. Die Ansteuerung dieser Serviceimplementierung erfolgt in beiden Fällen über die Proxylaufzeitumgebung, die bei den ABAP Reports durch die ABAP Personality des WebAS 6.40 (dem alten R/3 Kern) und auf Seiten von Java durch die J2EE Engine dem WebAS 6.40 bereitgestellt wird. Neben den Proxies wird für die Erstellung von Kundenobjekten in den jeweiligen SAP- Systemen des neuen Lieferanten sowie im System des Netzbetreibers auf BAPIs zugegriffen. Bedingt durch die gute Importmöglichkeit der RFC- Schnittstelle der verwendeten BAPI- Methoden durch das Integration Repository, wäre eine Anpassung dieser Service - Implementierung normalerweise nicht nötig. Aufgrund der Tatsache, dass BAPIs allerdings einen transaktionalen Kontext zur Ausführung benötigen, damit diese eine dauerhafte Änderung von Daten bewirken können[315], wurde im Zuge der Implementierung für jeden der beiden RFC- Aufrufe eine neue Funktionsgruppe erstellt, die bis auf die Erweiterung um einen automatischen Commit identisch mit der Originalmethode ist. Auf diese Weise hinterlässt die Ausführung eine dauerhafte Änderung in Form eines neuen Kundenobjektes.

Im Folgenden werden die Proxy - Implementierungen näher beschrieben.

5.2.4.1 ABAP Proxy – Implementierung der Schnittstelle *empfangKuendigung* des Service Kündigung

Eine ABAP Proxy - Implementierung wird für ein MI erstellt, damit der Empfang und der Versand von Nachrichten aus dem R/3 Kern mit Hilfe von ABAP Codes erfolgen kann. Mit Hilfe einer speziellen Transaktion *SPROXY* kann für ein MI, welches im IR definiert ist, ein Rumpf der Proxy - Implementierung generiert werden. Darunter ist zum einen ein Proxyobjekt zu verstehen, über welches die Anfragen gestellt werden (in diesem Fall ein Proxy Clientobjekt) oder über welches der Empfang einer Nachricht verarbeitet werden kann (in diesem Fall ein Proxy Serverobjekt). Zum anderen wird bei der Generierung eine ABAP Datenstruktur von den mit dem MI assoziierten Nachrichten erstellt.

---

[314] Die Zuordnung zu den Anwendungssystemen erfolgte über die Festlegung auf das Business System, das Softwarekomponenten installiert hat.
[315] Vgl. ANGELI 2003, S. 109

In der nachfolgenden Abbildung ist das Ergebnis der Proxygenerierung für das eingehende MI *empfangKuendigung* dargestellt. Aus dieser Abbildung ist ersichtlich, dass für ein eingehendes MI ein Proxy Serverobjekt erstellt wird, welches aufgerufen wird, wenn die Proxylaufzeit eine Nachricht für dieses eingehende MI verarbeiten muss. Hierbei muss der Entwickler die Programmlogik in die Methode *execute_asynchronous* programmieren. Im Anhang B.a findet sich der Quellcode dieser Methode, in dem der Empfang der Nachricht *kündigung_msg* verarbeitet sowie ein ausgehendes Proxy Clientobjekt zum Aufruf einer anderen Schnittstelle eines Services, welcher an dieser Stelle nicht näher beschrieben wird, verwendet wird.

Neben dem Proxy Serverobjekt werden noch Proxy Dictionary Typen generiert, die die ABAP Repräsentation der im IR definierten Nachrichten und Datentypen bilden.

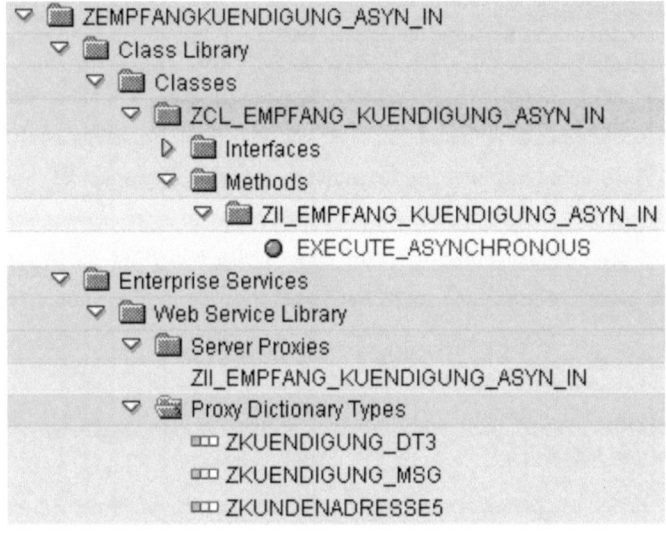

Quelle: SAP XI 3.0
Abbildung 5-14 ABAP Development Workbench Sicht auf die Proxy Datenstrukturen

Die Abbildung 5-15 stellt die im IR spezifizierte ABAP Repräsentation der Nachricht *kündigung_msg* (vgl. Anhang C.a, Abbildung C-8: kuendigung_msg) dar.

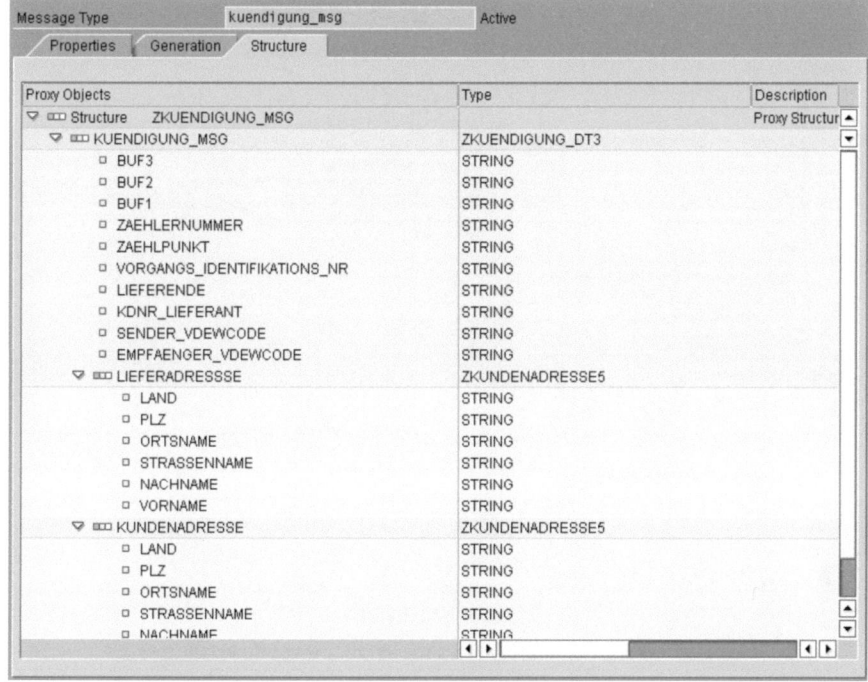

Quelle: SAP XI 3.0

Abbildung 5-15 ABAP Datenstruktur Repräsentation der Nachricht *kündigung_ms*g

5.2.4.2 Java Proxy Implementierung der Schnittstelle generateKundenId_sync_in des Service Datenservice

Die Java– Proxy– Generierung erfolgt innerhalb des IR. In diesem werden für ein MI Java - Klassen erzeugt. Diese Klassen müssen im SAP Netweaver Developer Studio als Projekt eingebunden werden (vgl. Kapitel 3.4.2.1, Abschnitt IS). Sie bilden den EJB – Rumpf. Diesem muss ähnlich wie bei den ABAP Proxy Objekten die Funktionalität in Form von Java Codes hinzugefügt werden. Im Anschluss muss das fertige EJB als *Enterprise Application Project* auf dem J2EE Engine veröffentlicht (engl. deployed) werden. Danach steht das EJB als Schnittstellenimplementierung zur Verfügung und kann über den JNDI Dienst dynamisch zur Laufzeit ermittelt werden. Hierzu muss allerdings eine manuell zu erstellende URL für die Registrierung des MIs aufgerufen werden, wodurch der XI-Namensdienst für den korrekten Aufruf konfiguriert wird.

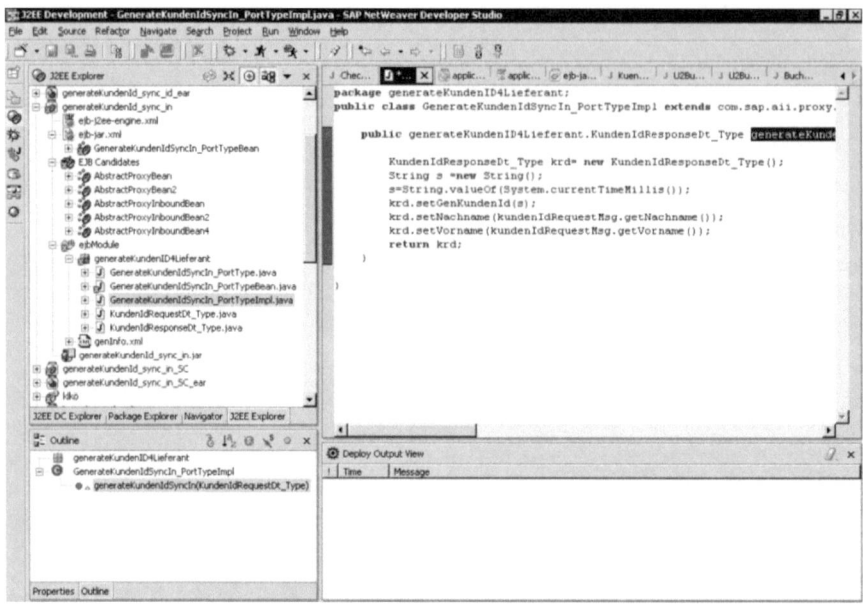

Quelle: SAP XI 3.0

Abbildung 5-16 Schnittstellenimplementierung von generateKundenId_sync_in

Im Anhang ist die Implementierung des Datendienstes zur Generierung einer Kundenidentifikationsnummer abgebildet. Die Erstellung eines EJBs mit Hilfe der Netweaver- Umgebung ist nicht trivial. Aufgrund von massiven Dokumentationslücken sowie fehlerhafter Implementierung der Entwicklungsumgebung sind Java Proxies nur mit großem Zeitaufwand zu realisieren. Aus diesem Grund wurden im Rahmen der Implementierung, wie schon im Abschnitt 5.1.1 erwähnt, auch nur einfache Dienste als EJBs entwickelt, um den Aufwand bei der Fehlersuche minimieren zu können. Für den Zweck dieser Arbeit ist von Bedeutung ob Dienste installiert, konfiguriert und ausgeführt werden können, die Frage nach dem Komplexitätsgrad der Dienste ist unerheblich für die Bewertung.

5.3 Prozessdurchführung

Die gesamte Ausführung des Prozesses kann an dieser Stelle nicht detailliert beschrieben werden. Ebenso kann aufgrund der Probleme mit der Software nicht der Prozess in Form einer Sequenz von grafischen Benutzeroberflächen präsentiert werden (vgl. Abschnitt 5.1.1:

Einschränkungen). Um den Prozess trotzdem in seiner Ganzheit nachvollziehen zu können, findet sich im Anhang C.e das Protokoll der Integration Engine über die Nachrichten, die im Rahmen des Business Szenarios zwischen den vorgestellten Services verschickt wurden. Hierbei gilt es zu beachten, dass dort auch der Prozess des alten Lieferanten mitabgebildet ist, der in einem realen Szenario natürlich nicht Teil der Implementierung gewesen wäre.[316] Dieser Teil ist blau hervorgehoben. Über die in der Tabelle angegebene Message ID kann der Nachrichtentyp, ebenfalls abgebildet im Anhang C.a, ermittelt werden. Auf diese Weise kann die Sequenz von ausgetauschten Nachrichten im Rahmen des Lieferantenwechselprozesses nachvollzogen werden.

Um zu zeigen wie zur Laufzeit eine Serviceinteraktion in der XI aussieht, wird beispielhaft die Erstellung des Kunden auf Seiten des Netzbetreibers genauer untersucht. Hierzu ist der relevante Ausschnitt aus dem Protokoll der Integration Engine in der folgende Tabelle 5-4 dargestellt.

Tabelle 5-4 Ausschnitt aus dem Gesamtprozess LWP, Erstellung des Kundenobjektes im IS-U

StartTime	Sender Service	Sender Namespace	Sender Interface	Receiver Service	Receiver Namespace	Receiver Interface	Message ID	Client	Version
16:34:50	coord_lwp_111004	http://lwp	sendeNeuNetzkunde_sync_abs	ISU_000	urn:sap-com:document:sap:rfc:functions	ZAPI_ISUPARTNER_CREATEFROMDATA	D28C4C75CE77EB419796F10EA5700D97	200	Inbound Message
16:34:50	coord_lwp_111004	http://lwp	sendeNeuNetzkunde_sync_abs	ISU_000	urn:sap-com:document:sap:rfc:functions	ZAPI_ISUPARTNER_CREATEFROMDATA	D28C4C75CE77EB419796F10EA5700D97	200	Empfaenger-Ermittlung

---

[316] In diesem Prozess ist das Verhalten des alten Lieferanten mitsimuliert. Es wird u.a. eine KündigungsEngine eingesetzt, um die Daten des zu kündigenden Kunden zu überprüfen. Dieser Teil der Protokollierung kann deshalb ignoriert werden.

16:34:50	coord_lwp_111004	http://lwp	sendeNeuNetzkunde_sync_abs	ISU_000	urn:sap-com:document:sap:rfc:functions	ZAPI_ISUPARTNER_CREATEFROMDATA	D28C4C75CE77EB419796F10EA5700D97	200	Interface-Ermittlung
16:34:50	coord_lwp_111004	http://lwp	sendeNeuNetzkunde_sync_abs	ISU_000	urn:sap-com:document:sap:rfc:functions	ZAPI_ISUPARTNER_CREATEFROMDATA	D28C4C75CE77EB419796F10EA5700D97	200	Message-Verzweigung gemaess Empfaengerliste
16:34:50	coord_lwp_111004	http://lwp	sendeNeuNetzkunde_sync_abs	ISU_000	urn:sap-com:document:sap:rfc:functions	ZAPI_ISUPARTNER_CREATEFROMDATA	D28C4C75CE77EB419796F10EA5700D97	200	Mapping der Request-Message
16:34:50	coord_lwp_111004	http://lwp	sendeNeuNetzkunde_sync_abs	ISU_000	urn:sap-com:document:sap:rfc:functions	ZAPI_ISUPARTNER_CREATEFROMDATA	D28C4C75CE77EB419796F10EA5700D97	200	Technisches Routing
16:34:50	coord_lwp_111004	http://lwp	sendeNeuNetzkunde_sync_abs	ISU_000	urn:sap-com:document:sap:rfc:functions	ZAPI_ISUPARTNER_CREATEFROMDATA	D28C4C75CE77EB419796F10EA5700D97	200	Aufruf eines Adapters
16:34:51	ISU_000	urn:sap-com:document:sap:rfc:functions	ZAPI_ISUPARTNER_CREATEFROMDATA	coord_lwp_111004	http://lwp	sendeNeuNetzkunde_sync_abs	377620A03D6511D9A8FF000EA6482A98	200	Inbound Message

| 16:34:51 | ISU_000 | urn:sap-com:document:sap:rfc:functions | ZAPI_ISUPARTNER_CREATEFROMDATA | coord_lwp_111 004 | http://lwp | sendeNeuNetzkunde_sync_abs | 377620A03D6511D9A8FF000EA6482A98 | 200 | Mapping der Response-Message |

Die MIs, die an dieser Stelle miteinander kommunizieren, wurden in den Beispielen 5.2.2.1 sowie 5.2.2.2 vorgestellt. Entsprechend der Business Process Definition wird die Schnittstelle *sendeNeuNetzkunde_sync_abs* des Services *erstelleNetzkunden* dann aufgerufen, wenn eine Kündigung sowie eine Abmeldung des alten Lieferanten erfolgte (vgl. hierzu das Sollkonzept aus Kapitel 4 Abbildung 4-4 sowie die Business Process Definition in BPEL4WS im Anhang C.c).

```
<?xml version="1.0" encoding="utf-8" ?>
- <ns:neuerNetzKunde_msg xmlns:ns="http://lwp">
    <jahresverbrauch>1000</jahresverbrauch>
    <lieferbeginn>01.01.2005</lieferbeginn>
    <bilanzkreisbezeichnung>bilanzkreisbezeichnung</bilanzkreisbezeichnung>
    <transaktionsgrund>transaktionsgrund</transaktionsgrund>
    <artVersorgung>artversorgung</artVersorgung>
    <buf3>3</buf3>
    <buf2>2</buf2>
    <buf1>1</buf1>
    <zaehlernummer>ZAEHLERNUMMER12143</zaehlernummer>
    <zaehlpunkt>ZAEHLPUNKT12143</zaehlpunkt>
    <vorgangsIdentifikationsNr>23/11/2004 15/34/50</vorgangsIdentifikationsNr>
    <kdnrLieferant>1101223698968</kdnrLieferant>
    <senderVDEWCode>206</senderVDEWCode>
    <empfaengerVDEWCode>ISU</empfaengerVDEWCode>
  - <lieferadressse>
      <land>Deutschland</land>
      <plz>22765</plz>
      <ortsname>HAMBURG</ortsname>
      <strassenname>HOLSTENPLATZ 17</strassenname>
      <nachname>BUDDE</nachname>
      <vorname>OLIVER</vorname>
    </lieferadressse>
  - <kundenadresse>
      <land>Deutschland</land>
      <plz>22765</plz>
      <ortsname>HAMBURG</ortsname>
      <strassenname>HOLSTENPLATZ 17</strassenname>
      <nachname>BUDDE</nachname>
      <vorname>OLIVER</vorname>
    </kundenadresse>
  </ns:neuerNetzKunde_msg>
```

Senderservice: lwp_durchführen
Interface: sendeNeuNetzukunde_sync_abs

Empfängerservice: erstelleNetzkunde
Interface: ZAPI_ISUPARTNER_CREATEFROMDATA

MessageID: D28C4C75-CE77-EB41-9796-F10EA5700D97

Abbildung 5-17 Nachricht neuerNetzKunde_msg; Message-ID: D28C4C75CE77EB419796F10EA5700D97

Die in Abbildung 5-17 dargestellte Nachricht wird mit Hilfe von Transformationsschritten innerhalb des Business Processes erstellt. Auf diese Weise konnte beispielsweise das Datenfeld der Kundennummer beim neuen Lieferanten <kdnrLieferant>1101223698968</kdnrLieferant> durch eine Operation innerhalb des Workflows ausgehend vom Ergebnis des Aufrufs eines Datenservices erstellt werden. Diese Nachricht wird über einen synchronen *Send* Schritt mittels des ausgehenden MI *sendeNeuNetzkunde_sync_abs* versendet. Die Nachricht kommt bei der IE als eingehende Nachricht an. Auf Basis der gewählten Einstellungen während der Konfigurationsphase findet das logische Routing statt. Hierfür werden die Empfänger- und Interface-Ermittlungen durchgeführt. Entsprechend der Definition aus dem Business Szenario muss ein Interface Mapping durchgeführt werden (vgl. Abbildung 5-10). Das Ergebnis des Transformationsschrittes ist in der folgenden Abbildung 5-18 wiedergegeben.

```xml
<?xml version="1.0" encoding="UTF-8"?>
<ns4:ZAPI_ISUPARTNER_CREATEFROMDATA xmlns:ns4="urn:sap-com:document:sap:rfc:functions">
    <PARTNERDATA>
        <BU_SORT1>BUDDE</BU_SORT1>
        <BU_SORT2>OLIVER</BU_SORT2>
        <TITLE>Herr</TITLE>
        <NAME_ORG1>23/11/2004 15/34/50</NAME_ORG1>
        <NAME_ORG2>artversorgung</NAME_ORG2>
        <NAME_ORG3>bilanzkreisbezeichnung</NAME_ORG3>
        <NAME_ORG4>1101223698968</NAME_ORG4>
        <NAME_LAST>BUDDE</NAME_LAST>
        <NAME_FIRST>OLIVER</NAME_FIRST>
        <PCODE1_EXT>22765</PCODE1_EXT>
    </PARTNERDATA>
    <PARTNERDATAX/>
    <TYPE>1</TYPE>
    <EXTENSIONIN>
        <item>
            <VALUEPART1>ZAEHLERNUMMER12143</VALUEPART1>
            <VALUEPART2>ZAEHLPUNKT12143</VALUEPART2>
            <VALUEPART3>1000</VALUEPART3>
            <VALUEPART4>01.01.2005</VALUEPART4>
        </item>
    </EXTENSIONIN>
    <TADDRESS>
        <item>
            <ADEXT>OLIVER</ADEXT>
            <NAME_CO>BUDDE</NAME_CO>
            <CITY1>HAMBURG</CITY1>
            <CITY_CODE>22765</CITY_CODE>
            <CITYP_CODE>22765</CITYP_CODE>
            <POST_CODE1>22765</POST_CODE1>
            <POST_CODE2>22765</POST_CODE2>
            <PO_BOX>22765</PO_BOX>
            <PO_BOX_LOC>23/11/2004 15/34/50</PO_BOX_LOC>
            <CITY_CODE2>22765</CITY_CODE2>
            <POSTALAREA>22765</POSTALAREA>
            <STREET>HOLSTENPLATZ 17</STREET>
            <STR_SUPPL1>bilanzkreisbezeichnung</STR_SUPPL1>
            <STR_SUPPL2>artversorgung</STR_SUPPL2>
            <COUNTRY>DE</COUNTRY>
            <COUNTRY_ISO>DE</COUNTRY_ISO>
            <LANGU>DE</LANGU>
            <LANGU_ISO>DE</LANGU_ISO>
            <REGION>01</REGION>
            <TIME_ZONE>CET</TIME_ZONE>
            <REMARK>transaktionsgrund</REMARK>
        </item>
    </TADDRESS>
</ns4:ZAPI_ISUPARTNER_CREATEFROMDATA>
```

Abbildung 5-18 Nachricht ZAPI_ISU_PARTNER_CREATEFROMDATA; Message-ID: D28C4C75CE77EB419796F10EA5700D97

Nach diesem erfolgreichen Transformationsschritt wird diese Nachricht über den RFC – Adapter an das IS-U System verschickt. Auf Seiten des IS-U Systems wird die durch die Nachricht spezifizierte BAPI – Methode ausgeführt. Nach der Verarbeitung wird die Antwort an die IE über das RFC – Adapter zurückversandt. Durch die Eingangsverarbeitung des RFC– Adapters ergibt sich die folgende Nachricht, die die IE empfängt.

```xml
<rfc:ZAPI_ISUPARTNER_CREATEFROMDATA.Response xmlns:rfc="urn:sap-com:document:sap:rfc:functions">
    <NEW_PARTNER>0000000168</NEW_PARTNER>
    <RETURN>
        <TYPE/>
        <ID/>
        <NUMBER>000</NUMBER>
        <MESSAGE/>
        <LOG_NO/>
        <LOG_MSG_NO>000000</LOG_MSG_NO>
        <MESSAGE_V1/>
        <MESSAGE_V2/>
        <MESSAGE_V3/>
        <MESSAGE_V4/>
        <PARAMETER/>
        <ROW>0</ROW>
        <FIELD/>
        <SYSTEM/>
    </RETURN>
    <EXTENSIONIN>
        <item>
            <STRUCTURE/>
            <VALUEPART1>ZAEHLERNUMMER12143</VALUEPART1>
            <VALUEPART2>ZAEHLPUNKT12143</VALUEPART2>
            <VALUEPART3>1000</VALUEPART3>
            <VALUEPART4>01.01.2005</VALUEPART4>
        </item>
    </EXTENSIONIN>
    <RLTYPES/>
    <TADDRESS>
        <item>
            </ Wiederholung dessen was geschickt wurde>
        </item>
    </TADDRESS>
    <TADDRESSX>
        <item>
            </ Wiederholung dessen was geschickt wurde>
        </item>
    </TADDRESSX>
    <TBANKDATA/>
    <TBANKDATAX/>
    <TCCARDDATA/>
    <TCCARDDATAX/>
</rfc:ZAPI_ISUPARTNER_CREATEFROMDATA.Response>
```

Abbildung 5-19 Antwort der BAPI Methode, Message-ID: 377620A03D6511D9A8FF000EA6482A98

Entsprechend dem Message Mapping für die Antwortnachrichten, ebenfalls vorgestellt im Abschnitt über das Interface Mappings (vgl. Abbildung 5-11), wird diese Nachricht wieder transformiert und in Folge der logischen Empfänger - Ermittlung dem Service *lwp_durchführen* zugeordnet. Das Endergebnis, welches beim synchronen ausgehenden MI *sendeNeuNetzkunde_sync_abs* ankommt, ist in der folgenden Abbildung 5-20 dargestellt.

```xml
<?xml version="1.0" encoding="UTF-8"?>
<ns:neuerNetzKundeRes_msg xmlns:ns="http://wp">
    <regelzone></regelzone>
    <antwortkategorie>Kunde wurde erzeugt</antwortkategorie>
    <kundenNrVNB>0000000168</kundenNrVNB>
    <anmeldungRefNr>23/11/2004 15/34/50</anmeldungRefNr>
    <jahresverbrauch>1000</jahresverbrauch>
    <lieferbeginn>01.01.2005</lieferbeginn>
    <bilanzkreisbezeichnung>bilanzkreisbezeichnung</bilanzkreisbezeichnung>
    <transaktionsgrund></transaktionsgrund>
    <artVersorgung>artversorgung</artVersorgung>
    <zaehlernummer>ZAEHLERNUMMER12143</zaehlernummer>
    <zaehlpunkt>ZAEHLPUNKT12143</zaehlpunkt>
    <vorgangsIdentifikationsNr>empty</vorgangsIdentifikationsNr>
    <kundenNrLieferant>empty</kundenNrLieferant>
    <senderVDEWCode>empty</senderVDEWCode>
    <empfaengerVDEWCode>empty</empfaengerVDEWCode>
    <lieferadressse>
        <land>empty</land>
        <plz>empty</plz>
        <ortsname>empty</ortsname>
        <strassenname>empty</strassenname>
        <nachname>empty</nachname>
        <vorname>empty</vorname>
    </lieferadressse>
    <kundenadresse>
        <land>empty</land>
        <plz>22765</plz>
        <ortsname>HAMBURG</ortsname>
        <strassenname>HOLSTENPLATZ 17</strassenname>
        <nachname>BUDDE</nachname>
        <vorname>OLIVER</vorname>
    </kundenadresse>
</ns:neuerNetzKundeRes_msg>
```

Abbildung 5-20 Ergebnis des Aufrufs sendeNeuNetzkunde_sync_abs

Mit dem Erhalt dieser Nachricht ist der *Send* Schritt aus dem Business Process abgeschlossen und der Prozess kann mit der nächsten Workflowaktivität fortgesetzt werden.

5.4 Fazit

Im Rahmen der Nutzwertanalyse, die sich im folgenden Kapitel anschließt, wird untersucht, inwieweit die Implementierung einer EAI auf Basis einer SOA in Form der XI 3.0 einen größeren Nutzen gegenüber den bisher in den integrierten EVUs im Einsatz befindlichen Systemen besitzt. Mit diesem Kapitel sollte die Frage nach den Details der technischen Umsetzung der Lösung beantwortet werden.

Es konnte empirisch nachgewiesen werden, dass die XI 3.0 über die Eigenschaften eines ESBs verfügt, indem das Portprinzip am Beispiel des Serviceaufrufes der BAPI– Methode dargestellt wurde. Es wurde gezeigt, dass es möglich ist, mit der XI 3.0 im Verständnis des Kapitels 3 einen Service zu modellieren. Des Weiteren konnten die Möglichkeiten der Orchestrierung von Message Interfaces am Beispiel des Business Processes gezeigt werden und damit die Möglichkeit der zeitlichen Koordinierung von Services. Die inhaltliche Koordinierung konnte im Rahmen der Konfiguration durch das inhaltsbasierte Routing dargestellt werden. Aufgrund von technischen Schwierigkeiten konnte allerdings nicht überprüft werden, inwieweit die WebService Funktionalitäten von XI den Standards entsprechen bzw. lauffähig sind. Hierfür wäre ein Test des SOAP– Adapters notwendig gewesen, der trotz stetiger Bemühungen nicht zum Funktionieren gebracht werden konnte. Der Nachweis der Realisierung einer Geschäftspartnerintegration mittels des SOAP – Adapters blieb folglich aus. Hierfür wäre es notwendig gewesen zu zeigen, dass der alte Lieferant, modelliert als Business Service im ID, über den SOAP – Adapter einem Kunden kündigt. Die Frage nach der Verwendung offener Standards ist bei der Bewertung der XI 3.0 essentiell, da Offenheit ein wichtiges Prinzip bei einer SOA spielt (vgl. Kapitel 3.2).

Dieses Urteil würde aber deshalb zu kurz greifen, da im Rahmen dieser Arbeit nicht alle Aspekte dieser Software adäquat untersucht werden konnten. Dies liegt einerseits daran, dass wichtige Informationen zum Zeitpunkt der Implementierung noch nicht verfügbar waren und andererseits nur mit zusätzlichen finanziellen Mitteln diese beschafft werden konnten. [317] Softwarefehler werden an dieser Stelle vernachlässigt, da sich diese in einer erweiterten Beta - Phase befindet. Anhand der Protokollierung durch die Integration Engine kann man erkennen, dass die XI durchgängig auf XML als Nachrichtenaustauschformat setzt, und dieses nicht nur im Rahmen des Designs von Schnittstellen verwendet.

Die Anforderung nach der Unterstützung einer heterogenen Systemlandschaft konnte im Rahmen des zugrunde liegenden Szenarios in Bezug auf die Prozessintegration von unterschiedlichen SAP – Systemen gezeigt werden. Allerdings konnte nicht empirisch nachgewiesen werden, dass weitere Nicht- SAP- Anwendungen an diesem Prozess beteiligt werden können. Die Begründung hierfür liegt ebenfalls im nicht funktionstüchtigen SOAP – Adapter. Eine Prozessintegration über einen selbstgeschriebenen Adapter auf Grundlage des in Kapitel 3 vorgestellten Adapterframeworks lag nicht im Rahmen dieser Arbeit und wird an dieser Stelle zum Nachweis der Realisierung des Prinzips der Heterogenität ausgeschlossen.

---

[317] Man hätte die Beratungsleistung der SAP in Anspruch nehmen können.

Die weiteren von (HAGEL 2002) definierten Anforderungen für eine Integrationsarchitektur, Einfachheit und Lose Kopplung, konnten ebenfalls im Rahmen dieses Kapitels dargestellt werden. Der Nachweis für die Erfüllung dieser Anforderungen wurde gebracht. Insbesondere die einfache Integration von BAPI – Methoden aus bestehenden SAP – Systemen kann die Entwicklungsarbeit für eine Prozessintegration stark vereinfachen. Problematisch bleibt allerdings die Tatsache, dass kein transaktionaler Kontext für eine Sequenz von RFC – Aufrufen realisiert werden kann.

Abschließend kann davon ausgegangen werden, dass dieser Ansatz der SAP, eine offene Integrationsplattform auf SOA Prinzipien zu realisieren, im Entstehen ist. Es können explizit keine Angaben zu dem Leistungsverhalten der XI getroffen werden. Insofern ist eine qualitative Antwort auf die Frage, inwieweit XI 3.0 besser oder schlechter als andere Produkte in diesem Bereich ist, nicht möglich. Beispielsweise ist eine Aussage in Bezug auf das Antwortzeitverhalten bei 1.000 Nachrichten pro Minute mit Hilfe dieser Arbeit nicht zu beantworten.[318] Es kann aber die Aussage getroffen werden, dass die XI 3.0 Anwendungen, welche Nachrichten in einem beliebigen Format sowie über beliebige Transportprotokolle verschicken, verarbeiten und diese in einem beliebigen Format an eine andere Serviceschnittstelle weiterleiten kann.

Weitere Untersuchungen sind notwendig, um eindeutig die Vor- und Nachteile einer XI 3.0 zu analysieren. Diese Arbeit konnte Tendenzen feststellen, die durch weitere Arbeiten gefestigt oder verworfen werden müssen.

---

[318] Bei einem integrierten EVU, welches 700.000 Haushalte betreut, ergeben sich auf die Minute bezogen ungefähr 1.000 Zählpunktdaten zum Ende des Abrechnungsmonats hin unter der Annahme, dass diese in 12 Stunden abgearbeitet werden können.

6 Bewertung der implementierten Lösung

In diesem Kapitel erfolgt die Bewertung der implementierten Lösung zur IT - gestützten Durchführung des LWP. Hierzu wird zu Beginn die Methode kurz vorgestellt, mit der die Bewertung durchgeführt wurde und im Anschluss wird dargestellt, wie die Daten als Grundlage der Bewertung erhoben wurden. Am Ende des Kapitels wird die Aussage getroffen, inwiefern eine Verbesserung in der Durchführung des LWP im Vergleich zu der bisherigen erreicht werden konnte.

6.1 Methode Nutzwertanalyse (NWA)

Das Ziel dieses Kapitels ist die Bewertung der implementierten Lösung. Diese hätte im Rahmen eines wirtschaftstheoretischen Ansatzes anhand eines Ermittlungsmodells wie der Investitionsrechnung erfolgen können, mit dessen Hilfe eine Aussage zu treffen gewesen wäre, ob und wann sich die Investition in diese neue Technologie amortisieren würde[319]. Aufgrund der hierfür schlechten Datenlage sowie der nicht ausreichend zur Verfügung stehenden Ressourcen wurde deshalb auf die Bewertung anhand der Nutzwertanalyse ausgewichen, welche dem Zwecke der vorliegenden Arbeit voll und ganz entspricht.

Die Nutzwertanalyse (NWA) ist nach (ZANGEMEISTER 2003) eine Methode, die als eine Ergänzung zu den Ermittlungsmodellen und Optimierungsmodellen betrachtet werden sollte. Sie stellt ein Verfahren zur systematischen Analyse von komplexen Investitionsentscheidungen dar. Hierzu wird ein multidimensionales Zielsystem, auch als Zielhierarchie bezeichnet, aufgebaut, womit der Komplexität der Entscheidung Rechnung getragen wird. Dies ist im Unterschied zu den klassischen Ermittlungsmodellen der Investitionsrechnung zu sehen, in denen lediglich die monetäre Zielgröße „Gewinn" untersucht wird. Anhand von sich aus dem Zielsystem ergebenden Zielkriterien wird mittels der NWA der Nutzen untersucht, der sich für eine Reihe zur Auswahl stehender Alternativen ermitteln lässt.[320] Der sich am Ende ergebende Gesamtnutzwert aus der Summe der Einzelnutzen je Kriterium für eine Alternative ist ein relativer und subjektiver Wert, der sich alleine auf Grundlage der Präferenzen des Entscheiders ergibt. Diejenige Alternative, die den größten relativen Nutzen verspricht, ist zu

---

[319] Vgl. ZANGEMEISTER 2003, S. 50
[320] Vgl. SCHOLLES 1998

wählen. Die grundlegenden Schritte, aus denen eine NWA besteht, werden an dieser Stelle in der folgenden Tabelle 6-1 kurz zusammengefasst:

Tabelle 6-1 Notwendige Schritte zur Erstellung einer NWA[321]

Nr.	Schritt	Beschreibung
1	Problemdefinition	Was wird betrachtet, was insbesondere nicht?
2	Alternativenentwicklung	Ziel ist die relative Bewertung von Alternativen: In diesem Szenario verschiedene Technologien zur Implementierung des Integrationsansatzes EAI.
3	Konkretisierung des Zielsystems	Das Zielsystem muss soweit ausdifferenziert werden, dass es in messbaren oder abschätzbaren Indikatoren endet, den sog. Zielkriterien. Für das Zielsystem muss das MECE –Prinzip[322] gelten. Es muss streng hierarchisch sein, sonst ist nicht berechenbar, welchen Zielbeitrag die einzelnen Zielelemente dem Gesamtnutzen liefern.
4	Zielkriteriengewichtung	Nicht alle Ziele sind gleich wichtig für den Gesamtnutzen, d.h. sie tragen nicht dasselbe zum Nutzen bei. Wie wichtig welches Ziel ist, hängt von den Präferenzen des Entscheidungsträgers ab und ist daher politisch gewollt. Ein Verfahren zur Ermittlung stellt die Methode des sukzessiven Vergleiches dar.[323] Wichtig für die Durchführung des Verfahrens ist eine konsistente Präferenzordnung des Entscheiders.
5	Bestimmung der Zielerträge	Der Schritt zum Erfassen der Daten; am Ende steht als Ergebnis die Zielertragsmatrix.
6	Ermitteln der Zielwerte	Die Zielerträge werden durch Skalieren auf Zielwerte überführt. Mit Skalieren ist in diesem Zusammenhang das Zuordnen von Zahlen gemeint, wodurch die in aller Regel nicht miteinander vergleichbaren Dimensionen in gemessenen Zielerträgen vergleichbar gemacht werden.
7	Durchführung der Wertsynthese	Aggregation von verschiedensten Zielwerten zu einem Zielwert, dem Gesamtnutzen für jede Alternative.
8	Ergebnis der Nutzwertanalyse	Es wird die Alternative mit dem größten Nutzen gewählt.

---

[321] In Anlehnung an SCHOLLES 1998 und HEINRICH 2002
[322] Vgl. Glossar
[323] Vgl. HEINRICH 2002, S. 429

Das zugrunde liegende Problem kann wie folgt definiert werden:

Kann eine Verbesserung des Lieferantenwechselprozesses mit Hilfe der EAI – Lösung XI 3.0 erzielt werden?

Die Antwort auf dieses Problem erfolgt anhand der Bewertung der folgenden zwei Alternativen:

1. Die bestehende Implementierung des LWP
2. Die Implementierung auf Basis der SAP XI 3.0 Lösung

Für das betrachtete Szenario wurde entsprechend der vorgestellten Methodik zu Beginn ein Zielsystem erstellt. Dieses Zielsystem wurde auf Grundlage von Gesprächen mit Mitarbeitern der Lufthansa Systems AS erarbeitet sowie auf Basis der im Kapitel 2.1.2 vorgestellten Nutzeffekte von Integration nach (KAIB 2002). Dabei wurde versucht den Präferenzen eines für IT - Ausgaben verantwortlichen Entscheiders eines Stadtwerkes zu entsprechen. Das entstandene Zielsystem sowie eine kurze Beschreibung der einzelnen Kriterien finden sich im Anhang D.a. Entsprechend der Methodik wurden die zu untersuchenden Kriterien als die Blätter des Zielbaumes identifiziert. In den folgenden Abschnitten werden die Daten für die Kriterien der beiden zu bewertenden Alternativen ermittelt.

6.2 Ermittlung der Zielerträge der IST- Situation

Als Gegenstand der Bewertung der IST – Situation wurde die Lösung eines großen deutschen Stadtwerkes betrachtet.. Die Grundlage dieser Bewertung bilden zahlreiche Gespräche mit Vattenfall's Implementierungspartner von der Lufthansa Systems sowie einer Prozessdokumentation über die bisherige Durchführung des Lieferantenwechsels (vgl Anhang D.b).

6.2.1 Kurzbeschreibung der IT – gestützten Durchführung des Prozesses

Der LWP des Stadtwerkes beginnt mit dem aktiven Werben eines potentiell neuen Kunden von Seiten des Vertriebs in Gestalt eines Call-Centers (in Prozessdokumentation Anhang D.b vgl. Service Center). Nach einer Zusendung von Informationsmaterial und einer Rückkopplung des Kunden mit dem Vertrieb mit näheren relevanten Informationen für den Wechselprozess wie zum Beispiel Adressdaten und Zählpunktdaten[324], findet auf Seiten des Energie-

---

[324] Vgl. Glossar

versorgers eine Rentabilitätsprüfung statt. Die hierfür notwendigen Informationen stammen aus dem zum integrierten EVU gehörenden Netzbetrieb. Beispielsweise fließen Informationen über die zu erwartenden Durchleitungskosten sowie statistische Daten über das mögliche Nutzungsverhalten des Kunden anhand von im System gespeicherten Verbrauchswerten in Form von Zeitreihen ein.[325] In den Anfängen der Marktliberalisierung wurde für diese Prozesse häufig Individualsoftware herangezogen, da der Markt dafür noch keine Standardsoftware bereitstellen konnte.[326] Auf dieser Grundlage wird entschieden ob ein Zustandekommen eines Vertrags von Seiten des Versorgers erstrebenswert ist und damit der Prozess fortgesetzt wird.[327] Trifft dies zu wird dem Kunden ein personalisierter Antrag zugesandt. Der Kunde sendet dann seinen unterschriebenen Auftrag, der Vollmachten für die Fortsetzung des Prozesses mit den notwendigen Schritten[328] enthält, an den Versorger. Dort wird dieser von einem Sachbearbeiter erfasst und geprüft. Der Sachbearbeiter ist an dieser Stelle für die sachliche Richtigkeit der Angaben verantwortlich. Nach erfolgreicher Prüfung wird der Kunde als Interessent in einer entsprechenden Datenbank (im Folgenden auch als Interessentendatenbank bezeichnet) des Vertriebs mit seinen Auftragsdaten gespeichert. Im Anschluss werden die Daten von einer Stelle in der Debitorenbuchhaltung bearbeitet, die aus den Daten des Vertriebes einen Kundendatensatz mit assoziiertem Auftrag erstellt, der in das entsprechende Abrechnungssystem – oftmals SAP RIVA[329] oder das Nachfolgeprodukt SAP IS-U - eingefügt wird. Nach erfolgter Eingabe der Daten werden dem Kunden ein Willkommenspaket und eine Vertragsbestätigung auf dem Postweg zugeschickt. Der Prozess wird fortgesetzt, indem an dieser Stelle dem für den Kunden zuständigen VNB[330] mitgeteilt wird, dass ein Wechsel des Lieferanten stattgefunden hat[331]. Dabei sind die Informationsmenge der Mitteilung und die Wahl des Kommunikationsmediums abhängig vom jeweiligen VNB.[332] Bisher wird kein automatischer Datenaustausch an dieser Stelle unterstützt. Laut den Angaben des integrierten EVU wird in den allermeisten Fällen ein Formular an den jeweiligen VNB

---

[325] Dieses ist nur bei Kunden möglich, die sich im eigenen Netzversorgungsgebiet befinden.
[326] Aussage getroffen auf Grundlage von Experteninterviews.
[327] Ein Vertrag ist dann erstrebenswert, wenn die Rentabilitäts- und Bonitätsprüfung einen positiven Befund ermittelt haben.
[328] Zum Beispiel die Kündigung des bisherigen Lieferanten
[329] RIVA steht für Realtime - Informationssystem für die Verbrauchsabrechnung
[330] In dem Fall, dass der Kunde außerhalb des eigenen Versorgungsgebietes angesiedelt ist. Wenn es sich um einen Kunden aus dem eigenen Versorgungsgebiet handelt erfolgt keine Koordinierung mit einem externen von VNB, sondern eine interne Abstimmung mit dem eigenen Netzbetrieb.
[331] An dieser Stelle weicht der Prozess von den Empfehlungen des VDN ab. (vgl. VDN 2003). Der Verband empfiehlt, dass die Benachrichtigung des für den Kunden zuständigen VNBs vom bisherigen alten Lieferanten erfolgen muss. Dieses wurde in der XI- basierten Lösung berücksichtigt.
[332] Die Meldung des Wechsels beim eigenen Netzbetriebs erfolgt unbürokratisch telefonisch.

versandt, das, falls in der Vergangenheit schon eine Interaktion mit diesem Geschäftspartner stattfand, bereits als Vorlage vorhanden ist (als Worddokument bei dem Sacharbeiter auf dem PC) und dementsprechend nur noch ausgefüllt wird. Falls bisher noch keine Interaktion stattfand, wird mit dem VNB zuvor eine Vereinbarung über die für die Abwicklung dieses Prozessschrittes notwendigen Daten getroffen und dann zumeist auf dem Postweg versandt, manchmal aber auch als Mail als z.b. Exceltabelle. Der VNB bestätigt die Änderung in schriftlicher Form und stellt damit die zukünftige Versorgung des Kunden sicher. Falls mit diesem VNB bisher noch keine Geschäftsbeziehungen etabliert wurden, wird in der Kreditorenbuchhaltung des Versorgers der VNB als Kreditor angelegt. Parallel zu der Kommunikation mit dem VNB initiiert der neue Lieferant die Kündigung des Vertrages bei dem alten Lieferanten auf Basis der erteilten Kündigungsvollmacht. Die Prozedur an dieser Stelle ist ähnlich der bei dem VNB. Abhängig vom alten Lieferanten unterscheidet sie sich in der Wahl des Kommunikationsmediums sowie in der Informationsmenge. Mit der erfolgreichen Kündigung endet an dieser Stelle der Prozess.

6.2.2 Ermittlung der Kriterienwerte

Die folgenden Kriterienwerte basieren in vielen Teilen auf Annahmen und Erfahrungswerten der Mitarbeiter der Lufthansa Systems, da einige Angaben bei den betrachteten Unternehmen in dieser Form nicht vorliegen, bzw. eine Erhebung dieser Daten im Rahmen der Arbeit nicht möglich war. Entscheidend für die Bewertung des Nutzens ist, dass die Modellparameter richtig gewählt sind und somit eine Grundlage geschaffen wird, bei besserer Datenlage die Bewertung zu wiederholen. Die Werte sind wie folgt:

- Durchschnittliche monatliche Anzahl an LWP: 250[333];
- Monatliche Kosten[334] eines Sachbearbeiters im Vertrieb: 6000€ für 40 Stunden in der Woche, keine Teilzeitmöglichkeit;
- Gesamtpersonalkosten im IT - Bereich (50 MA * 6000€ * 12Monate) bei einem Versorger mit 700.000 Haushalten 3.600.000 €

---

[333] Wechselquote liegt bei 5 % seit 1998.vgl. VDEW 2003, S. 28. In einem Versorgungsgebiet von 700.000 Haushalten ergeben sich demnach 35.000 Wechsel über die Zeit. Es wird unterstellt, dass davon die Hälfte zum integrierten EVU wechselt und damit den LWP auslöst: 17.500 in 6 Jahren. Demnach ergibt sich die Zahl von ungefähr 250 Wechseln im Monat

[334] bei einem geschätzten Jahresgehalt inkl. Lohnnebenkosten und Infrastrukturkosten für Arbeitsplatz, PC, etc. von 70.000 Euro verteilt auf zwölf Monate

Prozessdurchlaufzeit

Die Prozessdurchlaufzeit gemessen ab Einreichung des unterschriebenen Auftrages beträgt durchschnittlich ca. 15 Tage[335]; Variationen ergeben sich durch folgende Umstände:

- Fehlerhafte Kundenangaben im Auftrag
- Erfassungsfehler auf Seiten der Sacharbeiter
- Die Ummeldungsdauer hängt vom jeweiligen VNB ab. Zu unterscheiden ist die Ummeldung eines Kunden aus dem eigenen Versorgungsgebiet beim eigenen Netzbetrieb von der Ummeldung eines Kunden aus einem fremden Versorgungsgebiet. Im letztgenannten Fall ist die Ummeldungsdauer aufgrund des höheren Koordinierungsaufwandes höher. Im Schnitt ergeben sich vier Tage.
- Bearbeitungszeit der Kündigung auf Seiten des alten Lieferanten variiert. Vermutlich korreliert diese mit der Wahl des Kommunikationsmediums (Annahme: elektronischer Datenaustausch durch Netze: negative Korrelation: 2 Tage; Datenaustausch auf Basis von Formularen: positive Korrelation:7 Tage), im Schnitt: 4 Tage.

Automatisierter elektronischer Datenaustausch

Der für die Steigerung des Automatisierungsgrades geforderte automatisierte Datenaustausch zwischen den Geschäftspartnern ist nicht möglich. Eine Teilautomatisierung findet sporadisch dadurch statt, dass der Sachbearbeiter (SA) die für die Ummeldung notwendigen Daten in ein CSV Format[336] konvertiert und dieses per Email an die SA des Netzbetreibers zwecks Ummeldung schickt. Sehr oft findet die Ummeldung wie im oberen Abschnitt beschrieben in Papierform statt. Die Prozedur für die Kündigung des alten Lieferanten beinhaltet ebenfalls keine Möglichkeiten für einen automatisierten elektronischen Datenaustausch.

Medienbrüche

Folgende Medienbrüche sind zu beobachten:

1. Der Prozess kennt nur die schriftliche Auftragsform zwischen Kunden und neuem Lieferanten; dieser wird von einem Servicemitarbeiter in elektronischer Form erfasst.

---

[335] Angabe bezieht sich auf die Aussage eines Stadtwerks.
[336] Unter dem CSV Format wird in diesem Zusammenhang ein einfaches Datenaustauschformat verstanden, das mit Hilfe des verbreiteten Tabellenkalkulationsprogramms Excel erstellt werden kann.

2. Dokumentkonvertierung zwischen dem System für die Kundenerfassung, dem Kundenvalidierungssystem und dem Abrechnungssystem z.b. RIVA (Vorgänger des SAP IS-U Systems).
3. Anmeldung des Kunden beim VNB; schriftliches Formular wird durchschnittlich oft zur Anmeldung genutzt. Die Antwort des VNB erfolgt meistens in schriftlicher Form.
4. Kündigung des alten Lieferanten (dieser Vorgang ähnelt in der Durchführung der Anmeldung des Kunden beim VNB)

Prozessinnovation

Prozessinnovationen können in der bisherigen Abwicklung des Prozesses nur schwer umgesetzt werden. Gründe hierfür sind:

1. starres Ablaufschema; es existiert keine zentrale Workflowsteuerung, in der neue Prozessschritte eingefügt werden können, wie zum Beispiel Benachrichtigung des Kunden über den Bearbeitungsstatus per SMS.
2. manueller Anteil an der Bearbeitung ist hoch (vgl. Kriterium Medienbrüche). Änderungen haben Konsequenzen für die Stellenbeschreibung und damit u.U. eine Reorganisation zur Folge.

Auslagerung von Diensten (Shared Services)

Aufgrund des hohen manuellen Anteils an der Prozessdurchführung und der vielfach in nicht elektronischer Form vorliegenden Bearbeitungsobjekte (z.B. Auftrag, Anmeldung) ist eine Auslagerung nicht praktikabel. IT – gestützte Routineüberprüfungen, die bei Eingabe von Kundendaten automatisch erfolgen könnten, sind bei der momentan gegebenen IT – Infrastruktur nicht möglich. Diese Funktionalität (Bonitätsprüfung, Adressdatenvalidierung usw.) ist in speziell dafür vorgesehenen Anwendungen gekapselt, die separat durch einen Mitarbeiter aufgerufen werden. Insofern ist die Integration von Diensten nicht möglich.[337]

---

[337] Vorstellbar wäre indes die vollständige Abwicklung des Auftragseingangs (Outsourcing) durch einen eigenständigen Service Provider, der aufgrund eines optimierten Prozesses (beispielsweise durch Digitalisierung der Auftragsdokumente) in der Lage ist den Prozess effizienter zu handhaben. Diese Betrachtung ist aber nicht Gegenstand dieser Arbeit.

Prozesskosten

Der Hauptkostenblock an diesem Prozess entsteht durch die Beteiligung der Sacharbeiter am Prozess; folgende Punkte wurden angenommen:

- Bearbeitungszeit eines Kundenauftrags (die Schritte gekennzeichnet mit den Nummern 3 und 4 im Prozessdiagramm vgl. Anhang D.b): 20min
- Übernahme der Daten aus einem Interessentensystem (vgl. Workflowbeschreibung Abschnitt 6.2.1: InteressentenDB) in die Debitorenbuchhaltung und Anlegen eines Kundenobjekts sowie Versand der Vertragsbestätigung und Kündigung beim alten Lieferanten sowie Ummeldung beim VNB:30min (Schritte 5,6,7)
- Anlegen eines Kreditoren:10min (Schritt 9)

Gesamtzeit: 1 Std. für einen Kundenauftrag. Mit den getroffenen Annahmen ergeben sich damit:

- 250 Std. benötigte Arbeitszeit für 250 LWPs
- Zwei SA-Stellen[338] für 250 Std. verursachen 12.000€ Fixkosten im Monat

=> Prozesskostensatz: 48€

Jährliche Wartungskosten

Die Kreditoren - und Debitorenbuchhaltung finden bisher in einem Abrechnungssystem (SAP IS – U) statt. Hierfür entstehen jährliche Wartungskosten in Höhe von 178.500€[339], die an die SAP bezahlt werden müssen. Für die Wartung der existierenden Anwendungslandschaft, bestehend aus Anwendungen zur Bonitätsprüfung und Adressdatenvalidierung, speziellen Konvertierungstools, MS-Office Produkten sowie der SAP – Infrastruktur für die Abwicklung von 3.000 LWPs[340] durch die eigenen Mitarbeiter, fallen jährliche Wartungskosten in Höhe von 1/15 der gesamten Personalkosten für den IT - Bereich an. Dies entspricht einer Summe von 240.000€. Der unterstellte Anteil von 1/15 ist eine Schätzung von den Experten der Lufthansa Systems. Eine genauere Datenerhebung diesbezüglich konnte nicht durchgeführt werden. Insgesamt ergeben sich jährliche Kosten in Höhe von 418.500€.

---

[338] Ein SA leistet 160 Std. im Monat.
[339] Vgl. SAP 2003: für 700.000 Haushalte ergeben sich Lizenzkosten in Höhe von 1.050.000€, 17% dieser Summe sind jährliche Wartungskosten, die an die SAP zu entrichten sind.
[340] Die Zahl ergibt sich aus dem Produkt aus monatlichen LWPs und Anzahl der Monate im Jahr: 250 LWP*12 Monate.

Neuinvestitionen

Aufgrund der Veränderungen im Sektor der Energiewirtschaft (vgl. Kapitel 4) müssen die IT – Systeme in Hinblick auf die folgenden Punkte angepasst werden:

- Unbundling Vorgaben: momentan wird das 2-Vertragsmodell unterstützt; Bei einer möglichen Verschärfung des Gesetzes mit dem Ziel die Transparenz in den Prozessen von integrierten EVUs zu erhöhen, könnte das 2-Vertragsmodell abgelöst werden müssen. Eine Einführung eines 2-Mandantenmodells (vgl. Kapitel 4.2.1) würde dieses Problem lösen.

- Erreichung eines Mehrwertes für den Kunden durch Ermöglichung eines einfachen Wechsels, indem Formulare webbasiert zur Verfügung gestellt werden. Hierfür müsste eine Portalsoftware angeschafft werden.

Es ist mit erheblichen Neuinvestitionen zu rechnen, die je nach Lösung sehr stark schwanken dürften. Es wird unterstellt, dass in Zukunft das 2-Mandantensystem zum Einsatz kommt, wodurch zusätzliche Lizenzkosten von 525.000 €[341] für die SAP Software entstehen werden. Außerdem wird davon ausgegangen, dass, um den Kundennutzen zu steigern, eine rudimentäre Portalsoftware eingeführt wird, wofür inklusive der Kosten für die Hardware mit einem Investitionsvolumen von 100.000€ zurechnen sein wird. Die getroffenen Annahmen gründen sich auf Erfahrungen von Lufthansa Experten.

Investitionsschutz

Ohne den Einsatz einer unternehmensweiten Integrationsarchitektur ist der Investitionsschutz von Spezialanwendungen gefährdet. Veraltete Softwareprodukte auf entsprechenden Plattformen (Windows 98, etc.) zur Prognose zukünftiger Verbrauche eines Kunden, auf Basis seiner in Zeitreihen vorliegenden bisherigen Verbrauche, heranzuziehen, ist langfristig nur im Rahmen einer Integrationsarchitektur möglich. Dies liegt u.a. daran, dass bei einer unternehmensweiten Aktualisierung und Vereinheitlichung des Betriebssystems mit dem Ziel Wartungskosten zu sparen diese Software nur noch mit hohem administrativem Aufwand weiter betrieben werden kann. Mit Hilfe einer Integrationsarchitektur könnte diese Anwendung mit Hilfe eines Adapters und eines *Wrappers*[342] weiterhin mit vergleichbar geringem Aufwand betrieben werden. Zurzeit ist keine entsprechende Integrationssoftware im Einsatz.

---

[341] es wird unterstellt, dass aufgrund des auf die Anzahl der verwalteten Verträge ausgerichteten Preismodells der SAP diese Kosten entstehen, vgl. SAP 2003.
[342] Vgl. Glossar

Anwendungskomplexität

Die Sacharbeiter nutzen oftmals die folgenden Anwendungen:

- Kalkulationsprogramme (Individualsoftware auf älteren Plattformen oder nicht ausbaufähigen Produkten z.B. MS Access) zur Ermittlung der Rentabilität von Kunden;
- MS Word zur Erstellung der Korrespondenz;
- Durchschnittlich oft MS Excel zum Austausch von Energiedaten im CSV – Format mit den VNBs und alten Lieferanten.
- SAP IS/U Eingabemasken zur Erfassung von Kreditoren und Debitoren sowie des Auftrags.
- Interessentensystem für die Verwaltung von Kundenkontakten; hierfür wird MS – Access eingesetzt.

Man kann aufgrund der vorliegenden Anzahl an Softwareanwendungen, die mittelbar mit dem LWP verbunden sind und alle einen unterschiedlichen Lebenszyklus besitzen, von einer hohen Anwendungskomplexität sprechen. Die Sachbearbeiter müssen im Umgang mit den AWS speziell geschult sein, um die mit der Stelle verbundenen Aufgaben lösen zu können.

Umsetzung der Unbundling Formen

Wie schon unter dem Punkt *Neuinvestitionen* aufgeführt, existiert in der aktuellen Systemkonfiguration ein Problem in der Umsetzung des informatorischen Unbundlings. Eine wirkliche Trennung der Systeme zur Umsetzung des organisatorischen Unbundlings hat bis jetzt nicht stattgefunden. Die Rentabilitätskalkulation wird von dem SA für Kunden innerhalb des eigenen Versorgungsgebiets anhand von Informationen aus dem Netzbetrieb durchgeführt. Dieser Informationsfluss ist unzulässig gemäß der Unbundlingvorschriften (vgl. Kapitel 4.2.1).

Die Unbundling Regelungen können durch Neuinvestitionen und durch Prozessveränderungen erreicht werden. Da die Grenzen zwischen eigenem Netzbetrieb und Vertrieb fließend sind, ist keine klare buchhalterische Trennung möglich. Leistungen können zwischen den beiden Geschäftsbereichen momentan noch nicht eindeutig abgerechnet werden, wie man am Beispiel der Rentabilitätskalkulation erkennen kann. Hierfür fehlen die notwendigen Instrumente auf der operativen Ebene.

One Face To The Customer- Prinzip

Dieses Prinzip der Kundenbetreuung kann im betrachteten Fall während der Anfangsphase des Vertragsabschlusses durch das Service - Center realisiert werden. Durch die Verwaltung der Kundendaten in einer zentralen Interessentendatenbank ist es dem Call-Center Mitarbeiter möglich bei einem Kundenkontakt alle relevanten Daten verfügbar zu machen, so dass dieser auf etwaige Nachfragen durch den Kunden schnell reagieren kann. Nachdem die Daten allerdings durch das Service Center verarbeitet wurden und die Daten aus der Interessentendatenbank in das Abrechnungssystem SAP IS - U übernommen wurden, hat der Call-Center Mitarbeiter, der den Kunden bisher betreute, keinen Überblick über den weiteren Bearbeitungsstatus. Ein zentrales Informationssystem, über das der Call-Center Mitarbeiter den Status der Auftragsverarbeitung verfolgen könnte, wie z. B. den Status der Kündigung beim alten Lieferanten, existiert nicht. Insofern ist dieses Prinzip nicht vollständig implementiert.

Handhabung des Wechsels aus Sicht des Kunden

Bei der jetzigen Implementierung des Prozesses muss der Kunde zuerst in direkten Kontakt mit einem Mitarbeiter des Call – Centers treten, um daraufhin die Anträge zugeschickt zu bekommen (vgl. Prozessbeschreibung). Eine webbasierte, papierlose Variante wie es Yello[343] vorsieht, existiert bei dem betrachteten Versorger nicht und ist mit der gegebenen Infrastruktur nicht ohne weiteres zu realisieren. Wie bereits bei dem One Face To The Customer Prinzip Kriterium dargestellt, ergeben sich für den Kunden Probleme hinsichtlich der Transparenz in der Prozessausführung, da ab dem Zeitpunkt, an dem der Call Center Mitarbeiter den Antrag abschließend geprüft hat, keine zentrale Auskunftsmöglichkeit über den Status des Wechsels besteht.

6.3 Ermittlung der Zielerträge der XI - Lösung

Die Bewertung des Nutzens der XI – Lösung erfolgt auf Basis des im Rahmen der Arbeit implementierten Prozesses vgl. Kapitel 5, der das in Kapitel 4 dargestellte Sollkonzept umsetzt. Hierbei bleiben die im Kapitel 5.1.1 genannten Einschränkungen bei der Umsetzung des DV- Konzeptes unberücksichtigt. Dieses kann erfolgen, aufgrund der Tatsache, dass die Einschränkungen sich maßgeblich auf eine unzureichende Unterstützung durch den Hersteller

---

[343] http://www.yellostrom.de/

bei der Implementierung zurückführen lassen und nicht aus dem zugrunde liegenden Konzept einer serviceorientierten Architektur oder dem Produkt XI als solches resultieren. Zur Ermittlung der Kriterienwerte wurden die folgenden Annahmen getroffen:

- Es existiert nur ein webbasierter Vertriebskanal;
- Monatliche LWP: 250;
- Monatliche Kosten eines Sachbearbeiters im Vertrieb: 6000€ für 40 Stunden in der Woche, keine Teilzeitmöglichkeit;
- Gesamtpersonalkosten (50 MA * 6000€*12Monate) des IT Bereichs des Stadtwerkes: 3.600.000€;
- Jeder 1000te Antrag wird von dem System falsch klassifiziert (Bonitätsprüfung, Rentabilitätsprüfung oder Adressdatenvalidierung arbeitet fehlerhaft) und diese wurde von dem SA nicht erkannt;

6.3.1 Ermittlung der Kriterienwerte

Prozessdurchlaufzeit

Der implementierte LWP setzt sich aus den folgenden wesentlichen Schritten zusammen vgl. Tabelle 6-2.

Tabelle 6-2 Prozessschritte

Schrittname[344]	Beschreibung	Zeit in Tagen[345]
Kunde stellt neuen Antrag auf Energiebelieferung	Antrag wird über ein Webportal eingegeben.	0,0
prüfeAntragsobjekt	Rentabilitäts-, Bonitätsprüfung und Adressdatenvalidierung durch Shared Services auf Basis eines automatisierten Datenaustausches. Im Anschluss ist eine manuelle Kontrollmöglichkeit durch den SA möglich. Die Antragsobjekte können sequentiell über eine Weboberfläche durch den SA zur weiteren Verarbeitung freigeschaltet werden.	0,2

---

[344] Die Schrittnamen korrespondieren mit den Bezeichnungen aus dem Sollkonzept vgl. Abbildung 4-6.
[345] Die Zeit, die ein Antragsobjekt durchschnittlich in diesem Prozessschritt verbringt. Teilweise basieren die Angaben auf Schätzungen, da nicht alle Schritte vollständig implementiert werden konnten.

kündigeAltenLieferanten	Automatisch wird eine Kündigungsaufforderung an den bisherigen Lieferanten vom System generiert und an den von diesem dafür vorgesehenen Dienst versandt. Die durchschnittliche Bearbeitungsdauer auf Seiten des alten Lieferanten verkürzt sich aufgrund des standardisierten Ablaufs und aufgrund der vereinfachten Kommunikation wegen standardisierten Schnittstellen.	2
verarbeiteKündigungsantwort	Falls die Kündigung nicht ausgesprochen wurde, hat der SA die Möglichkeit den Grund einzusehen und den Versand der Nachricht über die Ablehnung des Wechselwunsches zu initiieren. Ansonsten wird die Anmeldung des Kunden beim Netzbetreiber durch den SA initiiert.	0,2
bereiteErstellungNetzKundevor	Automatisierte Abwicklung der Abmeldung zwischen Vertrieb- und Netzbetreiber über elektronischen Datenaustausch.	2
bereiteErstellungLieferKundevor	Nach der erfolgten Überprüfung der Daten durch den SA wird das Kundenobjekt im eigenen SAP-System des Vertriebs angelegt.	0,2
versendeAntwortanKunden	Der Prozess endet mit einer automatisierten Email an den neu angelegten Kunden.	0,1

Insgesamt ergibt sich damit eine durchschnittliche Prozessdurchlaufzeit von ungefähr fünf Tagen.

Automatisierter elektronischer Datenaustausch

An den Stellen, wo ein automatisierter Datenaustausch möglich ist[346], wurde dieser realisiert. Aufgrund der Tatsache, dass mit Hilfe der XI beliebige Geschäftspartner über standardisierte Transportprotokolle sowie standardisierte Serviceschnittstellen in den Prozess integriert werden können, ist ein hohes Maß an Flexibilität bzgl. der Anbindung von weiteren Geschäftspartnern sowie der automatisierten Abwicklung der Geschäftsbeziehungen gegeben.

Medienbrüche

Es finden im Rahmen der Implementierung des Prozesses keine Medienbrüche statt, da der Prozess papierlos verläuft und die Konvertierungsmöglichkeiten der XI 3.0 hinsichtlich

---

[346] Ein automatisierter Datenaustausch ist bei der Kommunikation zwischen den Akteuren über Nachrichten möglich. In dem Fall erfolgt ein automatisierter Datenaustausch zwischen Kunden und Vertrieb, Vertrieb und altem Lieferanten sowie Vertrieb und Netzbetrieb. Genau genommen auch zwischen dem alten Lieferanten und Netzbetrieb, da dieser die Abmeldungsbestätigung erhält, vgl. Sollkonzept Abbildung 4-6.

auszutauschender Informationsobjekte zwischen Anwendungen genutzt werden. Dies ist eine idealisierende Annahme, da in der Realität i.d.R. eine Vertragsunterzeichnung auf Papier weiterhin notwendig sein wird.[347] Zu jedem Zeitpunkt existiert eine einzige konsistente Repräsentation des Kundenauftrages im System des Energieversorgers. Manuelle Eingaben sind nur bei Unregelmäßigkeiten nötig, wenn z.b. ein Datensatz manuell korrigiert werden muss; diese Situation stellt aber eher die Ausnahme dar.

Prozessinnovation

Mögliche Änderungen an dem Prozess können durch eine Änderung der Business Process Definition im Workflowmanagement System erfolgen. Auf diese Weise kann der Prozess an beliebiger Stelle durch die Integration von weiteren Diensten erweitert werden. Beispielsweise kann der Workflow um die Funktionalität der Benachrichtigung des Kunden über den Status seines Antrags erweitert werden. Hierfür kann in der Workflowdefinition ein *send* Schritt eingefügt werden, der einen WebService eines SMS – Gateway Providers mit einer entsprechenden Nachricht aufruft.

Auslagerung von Diensten (Shared Service)

Eine Auslagerung von Funktionalität ist möglich. Im Rahmen des Sollkonzeptes wurde dieses am Beispiel der Bonitätsprüfung und der Rentabilitätsprüfung gezeigt. Auf diese Weise konnte die Umsetzung des Shared Service Prinzips aufgezeigt werden.

Prozesskosten

Die Prozesskosten entstehen maßgeblich durch die Personalkosten. Innerhalb der Prozessdurchführung ist ein SA an drei Stellen involviert:

1. Überprüfung der Antragsdaten: 2min;

2. Plausibilitätsüberprüfung bei nicht erfolgter Kündigung durch den alten Lieferanten aufgrund von fehlerhaften übermittelten Antragsdaten: 15min; ansonsten erfolgt eine einfache Überprüfung: 2min:

3. Abschließen der Erstellung des Kundenobjektes im System sowie Überprüfung durch den SA: 4min

---

[347] Aussage getroffen auf Grundlage von Experteninterviews.

Somit ergibt sich eine manuelle Bearbeitungszeit von 8 min bei 99,9% der Fälle. Im Fehlerfall erhöht sich die Bearbeitungszeit um 15 min wegen der Korrektur auf 23 min. Dies tritt aber nur in 0,1% der Fälle ein. Auf den Monat berechnet ergibt sich demnach eine Gesamtbearbeitungszeit von (249,75 korrekte Anträge * 8min + 0,25 fehlerhafte Anträge *23min)/250 Gesamtanträge = 8,015 min Bearbeitungszeit für den SA.

- 250 LWPs benötigen 33,396 Stunden Bearbeitungszeit im Monat
- ein Sachbearbeiter verursacht Kosten in Höhe von 6000€

=>Prozesskostensatz: 24€

Jährliche Wartungskosten

Die folgenden Systeme werden bei der IT- gestützten Durchführung des LWP genutzt und unterliegen damit der Wartung durch die IT – Abteilung:

- SAP Infrastruktur XI
- SAP R/3 Enterprise Basis
- SAP IS-U

Im Vergleich zu der bisherigen Lösung hat sich die Anwendungslandschaft für die Durchführung des Prozesses verringert[348] und beschränkt sich somit auf die drei oben genannten. Insgesamt fällt der Zuschlagsfaktor deswegen geringer aus, wodurch sich die Wartungskosten auf 225.000€ reduzieren.[349] Aufgrund der zusätzlichen SAP XI - Komponente ergeben sich die folgenden Lizenzkosten für die Komponente XI: 900.000€[350]; hieraus errechnen sich die jährlich an die SAP zu zahlenden Wartungskosten von 153.000€ (17% der Lizenzkosten). Hinzu kommen zusätzlich noch die jährlichen Wartungskosten von 178.500€ für das bestehende SAP IS - U System (vgl. Abschnitt 6.2.2). Insgesamt ergeben sich demnach Wartungskosten in Gesamthöhe von 556.500€

Neuinvestitionen

Neuinvestitionen für Software müssen auf absehbare Zeit nicht erfolgen, da das System durch die SOA – Architektur flexibel auf neue Anforderungen reagieren kann. Konkrete Anforde-

---

[348] MS- Office Anwendungen müssen nun nicht mehr für die Durchführung des LWP eingesetzt werden wie beschrieben im Abschnitt 6.2.1.
[349] Laut COMPUTERZEITUNG 2005 sinken die Betriebskosten im Durchschnitt durch den Einsatz einer SOA um 6,25%.
[350] Vgl. SAP 2003

rungen wie die Umsetzung der Unbundling Vorgaben sowie die Flexibilität des Prozesses, um die langfristige Ertragssicherung des Unternehmens sicherzustellen[351], konnten implementiert werden.

Investitionsschutz

Vorhandene Anwendungen, welche die Funktionalität für die Bewältigung von betrieblichen Aufgaben kapseln, konnten in die Prozessausführung integriert werden, beispielsweise durch BAPI - Methoden des SAP IS – U Systems. Hierzu mussten nur auf der Seite von XI entsprechende Konfigurationseinstellungen vorgenommen werden. Legacy Systeme können über spezielle Adapter weiterhin innerhalb der XI- Umgebung betrieben werden.

Anwendungskomplexität

Die Anwendungskomplexität ist gering. Der SA verfügt über ein Webinterface, über das er überprüfend und korrigierend in die Prozessausführung an definierter Stelle eingreifen kann. Hierfür ist als Anwendung nur ein Browser notwendig. Dieses konnte zwar nicht im Rahmen der Implementierung gezeigt werden. Allerdings kann an dieser Stelle abgeschätzt werden, dass die Erstellung von webbasierten Anwendungen mit Hilfe des eigens hierfür von SAP zur Verfügung gestellten SAP Netweaver Developer Studio unterstützt wird.

Umsetzung Unbundling Formen

- organisatorisches Unbundling: die Abteilungen innerhalb des integrierten EVU sind getrennt. Die Kommunikation findet über definierte Schnittstellen statt. Der Netzbetreiber offeriert den Service *erstelleNetzKunde*, der von Seiten des Vertriebs aufgerufen wird. Auf diese Weise ist die klare organisatorische Trennung in der Form umgesetzt, dass es auf Seiten des Service - Konsumenten sowie auf Seiten des Service - Anbieters Sachbearbeiter gibt, die organisatorisch unterschiedlichen Abteilungen zugeordnet sind.

- informatorisches Unbundling: Es findet eine komplette informatorische Trennung, wie in Kapitel 4.2.1 beschrieben, statt. Das Kundenobjekt für den Vertrieb wird in einem Mandanten eines SAP R/3 Enterprise Systems gespeichert und das Kundenobjekt für den Netzbetrieb in einem SAP IS-U. Auf diese Weise wurde das 2-Mandanten Modell in ein 2-Systeme Model umgesetzt (vgl. Mandantenmodell Kapitel 4.2.1).

---

[351] Vgl. Kapitel 4.3

- buchhalterisches Unbundling: Zur Umsetzung des buchhalterischen Unbundlings müssen die Leistungen des zum integrierten EVU gehörenden Netzbetriebs, die bei der Durchführung des LWP vom Vertrieb in Anspruch genommen werden, abrechenbar sein. Da eine Kommunikation nur über definierte Schnittstellen erfolgt, kann eine Abrechnung nutzungsabhängig erfolgen. Vorstellbar wäre an dieser Stelle die Einführung von SLA.[352] Dieses wurde aber im Rahmen der Arbeit nicht näher untersucht.

One Face To The Customer

Dieses Prinzip konnte umgesetzt werden. Ein Lieferantenwechselprozess ist genau einer Workflowinstanz auf der BP-Engine der XI zugeordnet. Es besteht die Möglichkeit über Schnittstellen den Status zu erfragen und damit den Kunden unmittelbar über den Prozessfortschritt zu informieren. Beispielsweise ist eine CallCenter - Integration vorstellbar, die bei einer Kundenanfrage über die Vorgangsnummer sofort Auskunft geben kann.

Handhabung des Wechsels aus Sicht des Kunden

In dieser Arbeit wird nur der Vertriebskanal Internet betrachtet. Es wäre aber vorstellbar, ein CallCenter ebenfalls über eine Schnittstelle an den Prozess anzugliedern, wodurch die Servicequalität noch gesteigert werden könnte. Insgesamt ergibt sich aber durch die im Vergleich schnellere Durchführung des Prozesses eine Serviceverbesserung für den Kunden. Auch kann der Prozess von Seiten des Kunden schneller abgewickelt werden, indem nur noch ein Formular webbasiert an den Vertrieb verschickt wird. Die Transparenz bei der Durchführung dieses Prozesses ist aus Kundensicht gegeben, wie man anhand der Ausführungen zu dem Kriterium *One Face To The Customer* erkennen kann.

6.4 Ergebnisse der Analyse

In der Tabelle 6-3 sind die in den Abschnitten 6.2 und 6.3 festgestellten Kriterienwerte in einer Zielertragsmatrix zusammengefasst dargestellt.

---

[352] vgl. HEINRICH 2002, S. 600

Tabelle 6-3 Zielertragsmatrix

Alternativen Kriterien	Integrationsszenario XI	Bisheriger LWP	Gemessen in*
Prozessdurchlaufzeit	5	15	Tagen
automatisierter elektronischer Datenaustausch	möglich	unmöglich	möglich/unmöglich/beschränkt
Medienbrüche	keine	viele	viele/wenige/keine
Prozessinnovation	einfach möglich	kaum	Grad der Möglichkeit
Auslagerung von Diensten (Shared Service)	möglich	unmöglich	möglich/kaum/unmöglich
Prozesskosten	24	48	Euro
jährliche Wartungskosten[353]	556.500€	418.500€	Euro
Neuinvestitionen	nicht notwendig	notwendig	notwendig / nicht notwendig
Investitionsschutz	hoch	gering	hoch/gering
Anwendungskomplexität	gering	hoch	hoch/gering
Umsetzung Unbundling Formen	vollständig	teilweise	vollständig/teilweise/gar nicht
One Face To The Customer	möglich	kaum	möglich/kaum/unmöglich
Handhabung des Wechsels aus Sicht des Kunden	einfach	schwierig	einfach/durchschnittlich/schwierig

Als nächsten Schritt in der Nutzwertanalyse findet die Transformation der Zielertragsmatrix in die Zielwertmatrix statt. Als zugrunde liegende Skala wurde die Ordinalskala gewählt.

---

[353] die Wartungskosten sind an dieser Stelle als grobes Richtmaß zu sehen.

Tabelle 6-4 Zielwertmatrix

Alternativen Kriterien	Integrations- Szenario XI	Bisheriger LWP
Prozessdurchlaufzeit	1	2
automatisierter elektronischer Datenaustausch	1	2
Medienbrüche	1	2
Prozessinnovation	1	2
Auslagerung von Diensten (Shared Service)	1	2
Prozesskosten	1	2
Jährliche Wartungskosten	2	1
Neuinvestitionen	1	2
Investitionsschutz	1	2
Anwendungskomplexität	1	2
Umsetzung Unbundling Formen	1	2
One Face To The Customer	1	2
Handhabung des Wechsels aus Sicht des Kunden	1	2

Aufgrund von Gesprächen mit Entscheidungsträgern des Stadtwerkes und Beratern der Lufthansa Systems wurde ein Gewichtungsfaktor für die Kriterien bestimmt, um den Nutzen zu quantifizieren. Das Ergebnis ist in der Nutzentabelle Tabelle 6-5 zusammengefasst.

Tabelle 6-5 Ergebnis der Nutzwertberechnung

Alternativen Kriterien	Integrationsszenario XI	Bisheriger LWP	Gewichtungsvektor
Prozessdurchlaufzeit	5,0	10,0	5,0
automatisierter elektronischer Datenaustausch	2,5	5,0	2,5
Medienbrüche	2,5	5,0	2,5
Prozessinnovation	5,0	10,0	5,0
Auslagerung von Diensten (Shared Services)	5,0	10,0	5,0
Prozesskosten	10	20	10
jährliche Wartungskosten	6,6	3,3	3,3
Neuinvestitionen	3,3	6,6	3,3
Investitionsschutz	3,3	6,6	3,3
Anwendungskomplexität	10	20	10
Umsetzung Unbundling Formen	30	60	30
One Face To The Customer	10	20	10
Handhabung des Wechsels aus Sicht des Kunden	10	20	10
Summe Nutzwert	**103,20**	**196,50**	**100**

Auf Grundlage der durchgeführten NWA kommt man zu dem Ergebnis, dass aufgrund des höheren Nutzens der XI – Lösung der Entscheider diese wählen sollte. Durch diesen Vergleich der unterschiedlichen Nutzwerte der jeweiligen Szenarien kann die Aussage formuliert werden, dass die Durchführung des LWP auf Basis der Prozessintegrationslösung XI eine Verbesserung gegenüber der bisherigen Implementierung darstellt.

Eine Investitionsentscheidung alleine auf Basis dieser durchgeführten NWA zu treffen ist allerdings aufgrund von immanenten Schwächen der Methode fahrlässig. (SCHOLLES 1998) stellt einige dieser Schwächen dar.

Bezogen auf die konkrete Analyse lässt sich feststellen, dass eine Unabhängigkeit der Kriterien, wie zu Beginn des Kapitels gefordert, nur schwierig zu erfüllen ist. Beispielsweise kann eine Unabhängigkeit zwischen den Zielkriterien *automatisierter elektronischer Datenaustausch* sowie *Medienbrüche* nur sehr schwierig nachgewiesen werden, weil ein hoher Automatisierungsgrad eine minimale Anzahl an Medienbrüchen impliziert. Aufgrund einer nicht vorhandenen Methodik zur Indikatorauswahl kann generell die Unabhängigkeit der Kriterien angezweifelt werden. Des Weiteren ist gerade in Bezug auf die Ermittlung der jährlichen Wartungskosten davon auszugehen, dass diese nicht vollständig erhoben worden sind und an dieser Stelle mit einer *Pseudogenauigkeit* gearbeitet wurde, da eine vermeintlich exakte Summe angegeben wurde.

Dennoch ist die Eindeutigkeit des Ergebnisses ein klares Indiz für die Vorteile der vorgestellten IT- gestützten Durchführung des LWP auf Basis von SAP XI 3.0, welche die Anwendung dieser Lösung für die Zukunft nahe legt.

7 Zusammenfassung und Ausblick

Das Ziel dieser Arbeit war der Nachweis, dass eine Verbesserung in der Durchführung eines unternehmensübergreifenden Geschäftsprozesses durch den Einsatz einer SOA basierten EAI-Lösung erzielt werden kann. Hierzu wurde ein zwischenbetrieblicher Prozess aus der Energiewirtschaft, der Lieferantenwechselprozess, untersucht und mit Hilfe des SAP Produktes XI 3.0 für die Prozessintegration in einer für diesen Zweck konstruierten Anwendungssystemlandschaft implementiert. Anhand dieser Implementierung konnte eine Nutzwertanalyse durchgeführt werden. Das Ergebnis dieser Analyse war, dass im Vergleich zu der bisherigen Durchführung des Prozesses ein höherer Nutzen erzielt und somit die Aussage getroffen werden konnte, dass die Durchführung des Prozesses mit Hilfe von XI 3.0 als SOA- basiertes EAI- Werkzeug verbessert wurde.

Die aktuelle Entwicklung der Architekturkonzepte verrät, dass sich serviceorientierte Architekturen als neue Infrastrukturtechnologie durchsetzen werden. Auf dieser Basis können die Geschäftsprozesse eines Unternehmens flexibler *konfiguriert* werden und geben diesem somit die Möglichkeit, schneller auf Innovationen und Wettbewerber reagieren zu können.[354] Eine SOA kann die einfache Integration von Innovationen, wie beispielsweise RFID, in die bestehenden oder neu entstandenen Prozesse ermöglichen. Allerdings entsteht hier der Mehrwert durch die tatsächlich stattfindende Prozessintegration und nicht durch die bloße Verfügbarkeit neuer Technologien in Form von angeschafften Anwendungssystemen für diesen Zweck. Insgesamt befindet sich die evolutionäre Entwicklung ausgehend von den traditionellen Integrationsansätzen zu einer SOA momentan noch in ihren Anfängen. Die Lösungen, welche zurzeit für die Implementierung einer SOA zur Umsetzung einer EAI eingesetzt werden, weisen aufgrund ihres geringen Reifegrades Schwächen auf. Insbesondere durch unzureichende Spezifikationen bzw. durch eine abweichende Implementierung von Standards durch die Produkthersteller treten zurzeit Schwierigkeiten in der Umsetzung von SOA Lösungen auf. Zum einen befinden sich z.B. einige wichtige Web – Services Standards erst noch in der Entwicklung, wodurch eine reibungslose und vollständige Prozessintegration über Web-Services behindert wird. Zum anderen werden existierende Standards bei der Implementierung nicht vollständig umgesetzt bzw. um proprietäre Spezifika angereichert, wodurch eine Interoperabilität nicht gewährleistet werden kann.[355] In

---

[354] Vgl. CAPGEMINI 2005, S. 30
[355] Beispielsweise spezifizieren SAP und IBM zwar zusammen den Standard BPEL4WS, allerdings implementiert IBM bei ihrer Business Processing Engine diesen Standard nicht vollständig und erweitert diesen um

Zukunft ist davon auszugehen, dass gerade in Bezug auf die Sicherheit bei der Durchführung von Transaktionen als auch im Bereich der Unterstützung von langlebigen Transaktionen sowie deren Koordinierung noch Handlungsbedarf besteht, der in den kommenden Jahren gelöst werden wird.[356]

Die Umsetzung des Ziels einer SOA nach einer höheren Flexibilität in der Kopplung von Geschäftsprozessen ist der SAP mit ihrem Produkt XI 3.0 in weiten Teilen gelungen, wie diese Arbeit anhand der Bewertung der Umsetzung des ESB Konzeptes zeigen konnte. In Zukunft wird nach Meinung des Autors das maschinelle Auffinden von Services aus einem Verzeichnis noch stärker an Bedeutung gewinnen, als es sich momentan im ESB Konzept niederschlägt (vgl. Evaluierungsschema Anhang A.d) und in der Umsetzung in XI 3.0 zeigt. Ein derartiges Auffinden ermöglicht das dynamische Binden von Services zur Laufzeit, wodurch Automatisierungsgrad und Flexibilität in der Durchführung des Prozesses weiter erhöht werden können. Hierfür sind verbreitete und akzeptierte Standards wie UDDI notwendig, die um die Eigenschaften der Unterstützung von semantischen Suchanfragen erweitert werden müssten. Ein Schritt in diese Richtung unternimmt die SAP mit der Ankündigung eines Enterprise Service Repository als Erweiterung des bestehenden Integration Repository ab 2006. In diesem Verzeichnis werden dann im Unterschied zu der jetzigen Implementierung Servicedefinitionen mit ausgeliefert werden, wodurch eine einfachere Verwendung von in SAP – Systemen gebundener Funktionalität zur Bewältigung von betrieblichen Aufgaben möglich sein wird.

Abschließend ein Ausblick auf die SOA, die als Grundlage einer umfassenden IT -Strategie dienen kann und dabei auf evolutionäre Weiterentwicklung und konsequenten Investitionsschutz setzt. Dabei verbindet SOA eine mittel- und langfristige Strategie zur Flexibilisierung und Renovierung von IT - Systemen mit kurzfristig abrufbarem Nutzen für konkrete, fachlich prozessgetriebene Projekte. Trotz aller Stärken steht eine auf SOA basierte, evolutionäre IT - Strategie im Wettbewerb mit konkurrierenden Ansätzen, wie z.B. flächendeckende Einführung von Standardsoftware.

Jedes Unternehmen muss am Ende für sich entscheiden, welche Strategie am besten zu der eigenen Organisation passt und am geeignetsten für die Erreichung der Unternehmensziele ist.

---

eigene Konzepte wie die Interaktionsmöglichkeiten durch den Benutzern. Auf diese Weise sind die in den jeweiligen Systemen erstellten BPEL4WS Dokumente inkompatibel zueinander und damit ist eine einfach Migration eines einmal definierten Prozesses auf das andere Systeme ohne Anpassung unmöglich.

[356] (SLEEPER 2004) prognostiziert, dass diese Problematik bis 2006 gelöst sein wird.

Anhang

A Theorie

a Nutzeffekte von Integration

Tabelle 7-1 Nutzeffekte[357]

Nutzeffekt	Beispiele
Kosteneffekte	• Einmalige Dateneingabe und Vermeidung von weiteren Datenerhebungen, -eingaben, -prüfungen durch die automatische Übermittlung von Daten zwischen Anwendungen • Reduktion der administrativen Kosten für das Sammeln, Verteilen und Archivieren von Papierdokumenten • Reduktion von Trainingskosten durch den einfacheren Zugriff auf Informationen • Reduktion der Übertragungskosten • Wiederverwendung von Komponenten • Keine Veränderungen von Altsystemen
Zeiteffekte	• Beschleunigung interner Abläufe durch die direkte Datenübernahme ohne Medienbrüche • Beschleunigung der zwischenbetrieblichen Datenübertragung, insbesondere auch ins Ausland • 24-Stunden-Verfügbarkeit, Überwindung von Zeitzonen
Qualitätseffekte	• Reduktion der Gefahr von Erfassungsfehlern bei der Mehrfacherfassung von Daten • Redundanzarme, umfassendere und aktuellere Datenbasis • Überwindung von Sprachbarrieren und Vermeidung von Missverständnissen bei der zwischenbetrieblichen Integration • Im automatisierten Workflow werden keine Aktivitäten vergessen • Unkorrekte Daten werden durch die Vielfachverwendung schneller aufgespürt
Strategische Effekte	• Effizientere Koordination der Aktivitäten mit Unternehmen der vor- und nachgelagerten Wertschöpfungsstufen o Intensivierung des (gewerblichen) Kunden, Lieferantenkontakts

---

[357] Vgl. KAIB 2002, S. 27; AIER et al. 2004, S. 16

	o Verringerte Koordinierungskosten
	o Vermeidung von Doppelarbeit
	o Kosteneinsparungen durch Verlagern von Tätigkeiten / Funktionen (Datenerfassung durch Kunden, Qualitätsprüfung durch Lieferanten)
	o Zeitliche Verkürzung von Vorgängen, Reduzierung von Durchlaufzeiten
	• Unterstützung neuer Kooperationsformen (Unternehmensnetzwerke, Elektronische Marktplätze, Virtuelle Organisationen)
	• Erhöhte Reaktionsfähigkeit im Markt
	• Ausschalten von Handelsstufen
	• Aufbau von Marktbarrieren
	• Angebot neuer Leistungen (neue Vertriebswege, erweiterte Dienstleistungen, neue Produkte)

b Gegenüberstellung Fachkomponenten und Web – Services

Tabelle 7-2 Gegenüberstellung Fachkomponente und Web- Services[358]

Eigenschaft	Fachkomponente	Web Service
Abgeschlossenheit	Abgeschlossen	-
Gegenstand der Wiederverwendung	Leistungserbringer	Leistung
Gegenstand der Vermarktung	Leistungserbringer	Leistung
Schnittstellen	Stellt Dienste über wohldefinierte Schnittstellen zur Verfügung	Bietet Dienste über wohldefinierte Schnittstellen an
Informationen über Realisierung	Verbirgt ihre Realisierung	Implementierungsdetails bleiben dem Nutzer verborgen
Kombinierbarkeit	Kann in Kombination mit anderen Komponenten eingesetzt werden, die zur Zeit der Entwicklung nicht unbedingt vorhersehbar ist	Kombination der erbrachten Leistungen möglich
Aufbau	Besteht aus (Software-)Artefakten	Nur Schnittstellen-spezifikation

---

[358] Vgl. KRAMMER et al. 2002

c SAP Produkt Entwicklung

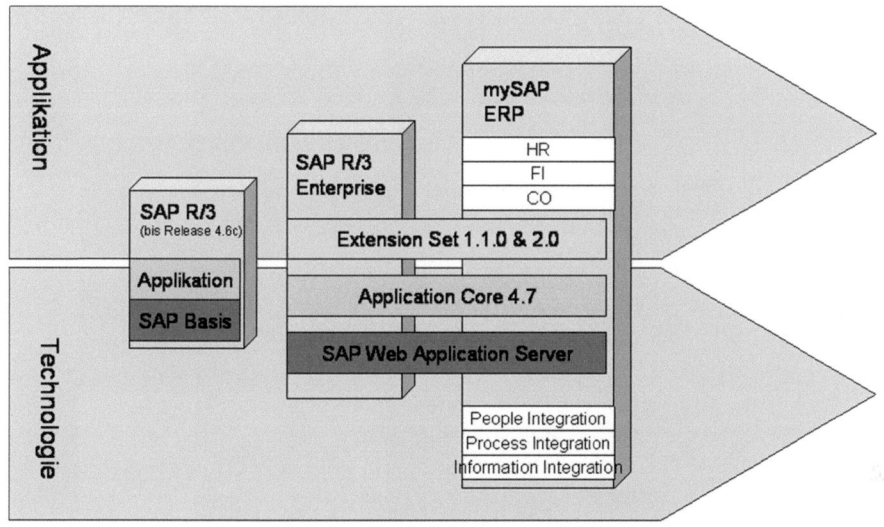

Quelle: SAP Library 2004
Abbildung A-1 Entwicklung von SAP R/3

Der Abbildung A-1 kann entnommen werden, dass das ERP Produkt SAP R/3 bis zum Release 4.6c aus einem zusammenhängenden Block aus Applikation und Basis bestand. Dieses wird in den zukünftigen Versionen des ERP Produktes von SAP nicht mehr der Fall sein. Zukünftig wird es als Basis den SAP Web Application Server (WebAS) geben in dem neben dem ABAP Kern eine J2EE Laufzeitumgebung existiert. SAP bezeichnet dieses mit einer ABAP bzw. Java Personality des WebAS. Diese stellt die Grundlage für die zukünftige Entwicklung dar. In der nachfolgenden Abbildung ist der schematische Aufbau des WebAS wiedergegeben.

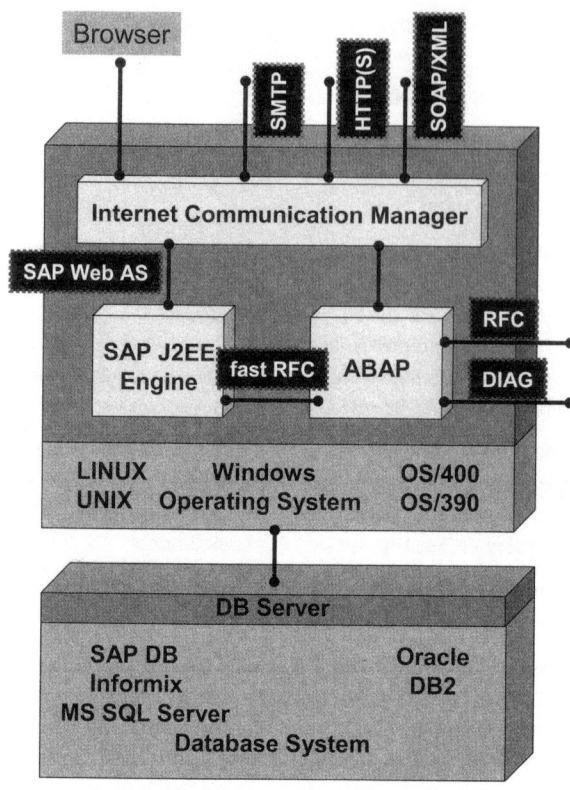

Quelle: SCHNEIDER-NEUREITHER 2004, S.23

Abbildung A-2 SAP Web Application Server

d Bewertungskriterien für einen ESB[359]

Kategorie	Kriterien	100% Kandidat	SAP XI 3.0	Bewertung	Wichtigkeit
Kommunikation				9	100
	Weiterleitung von Nachrichten (Routing)	Kernanforderung, Nachrichten werden an einem eingehenden Port (inbound Port) empfangen und über einen ausgehenden Port (outbound Port) an den Service-Anbieter weitergeleitet unter Einsatz von explizit zu formulierenden Weiterleitungsregeln.	Der XI liegt als Grundlage der Kommunikation zwischen dem Service – Anbieter und dem Service – Konsumenten das Port - Prinzip zugrunde. (Nur die Bezeichnung weicht von der von IBM verwendeten aufgrund einer anderen Perspektive an dieser Stelle ab, outbound Port entspricht hier dem inbound Message Interface). Über ein ausgehendes MI werden bei der Integration Engine die Nachrichten spezifiziert, die an den Service - Anbieter weitergeleitet werden. Der Service - Anbieter wird durch ein eingehendes MI repräsentiert. Die Definition dieser Schnittstelle erfolgt in XI während der Designphase im Integration Repository. Weiterleitungsregeln werden hingegen in dem Integration Directory während der Konfigurationsphase erstellt. Über einen mehrstufigen Konfigurationsprozess kann der Empfänger (Service - Anbieter) repräsentiert durch eine Schnittstelle ermittelt werden.	10	50

---

[359] In Anlehnung an IBM 2004b, S.83

Transport-neutrale Mechanismen um Serviceendpunkte zu adressieren vgl WS-Adressing	Es wird der Standard WS - Addressing unterstützt, welcher es erlaubt den Endpunkt der Nachricht in einer transportneutralen Weise zu spezifizieren, indem die Adressierungsinformation in Form einer Endpunkt URL protokollspezifisch übertragen wird. Dabei kann die Bearbeitungsfolge der Nachricht (Routing) mitangegeben werden sowie bestimmte Teile der Nachricht nur bestimmten Knoten zugeordnet werden.	Ein Standard wie WS-Addressing wird nicht unterstützt. Ein transportneutraler Mechanismus existiert nicht. Der Transport der Nachricht vom Sender zum Empfänger über den ESB erfolgt über Adapter oder per Proxy-Engine. Falls darüber hinaus Kommunikationskanäle notwendig sein sollten, müssten diese über das Adapterframework zur Verfügung gestellt werden. Das SOAP - Adapter unterstützt nicht das WS-Addressing. Insofern kann von keinem transportneutralen Mechanismus gesprochen werden.	0	5
Kommunikation erfolgt über Standardprotokolle wie http	Nachrichtenkommunikation findet über Standardtransportprotokolle (OSI Level ab 5) wie z.B. HTTP statt.	Nachrichten können über verschiedene Protokolle empfangen werden. Dies ist abhängig vom verwendeten Adapter. Das Http - Protokoll wird unterstützt.	10	25
Publish / Subscribe Ansatz	Es können Nachrichten abonniert werden. Nachrichten werden nicht explizit einem Empfänger zugeordnet sondern Empfänger können Nachrichten abonnieren	Ein Publish- Subscribe- Ansatz wird nicht nativ von XI unterstützt. Es besteht nicht die Möglichkeit des sich Registrierens für einen Service um Nachrichten zu abonnieren.	0	5
Request / Response	Synchroner Nachrichtenaustausch wird unterstützt	Synchroner Nachrichtenaustausch wird unterstützt	10	10
Ereignisorientiertheit (Fire & Forget)	Asynchroner Nachrichtenaustausch	wird unterstützt	10	5

Service Interaktion			8	100
	Unterstützung von Service Interface Definitionen wie WSDL	Die Serviceschnittstellen werden mit Hilfe eines Standards wie WSDL beschrieben und ermöglichen damit den einfachen Aufruf dieser Schnittstelle und damit auch das dynamic Binding. Auf diese Weise wird die Trennung der Schnittstelle von der Implementierung realisiert.	Im XI besteht die Möglichkeit des Exports der Definition eines ausgehenden MI in WSDL. Dieses gelingt unter zu Hilfenahme eines Assistenten (engl. Wizard) in benutzerfreundlicher Art und Weise. Für den Aufruf des Services repräsentiert durch ein eingehendes MI müssen hierfür über das Integration Directory nur noch die entsprechenden Konfigurationsobjekte (Kommunikationskanal, Empfänger- Ermittlung, Interface - Ermittlung usw.) erstellt werden.	10	25
	Substitution von Service Implementierungen	Die lose Kopplung von Serviceschnittstellen wird ermöglicht. Eine Schnittstelle eines Service oder ein Service selbst kann ausgetauscht werden ohne dass Änderungen oder Benachrichtigungen auf Seiten des Aufrufers notwendig sind.	Die Substitution von Services bzw. die von den Services angebotenen Schnittstellen erfolgt durch die Änderung von Konfigurationsobjekten im Integration Directory. Durch das bei XI implementierte eingehende und ausgehende Portprinzip ist eine Substitution demnach problemlos möglich.	10	25
	Verfügbarkeit eines Service Verzeichnis sowie Möglichkeit der einfachen Suche darin	Innerhalb eines Verzeichnisses sind alle verfügbaren Services sowie deren Schnittstellen veröffentlicht. Zum Beispiel könnte eine Implementierung nach dem W3C Standard UDDI erfolgen.	Dem Service - Verzeichnis entspricht in XI das Integration Repository. Allerdings beinhaltet dieses auch jene outside-in Schnittstellen, die noch nicht implementiert sind. Dieses Verzeichnis bildet demnach nicht alle verfügbaren Services inklusiver ihrer Schnittstellen ab. Zudem ist es nicht möglich von außen Anfragen bzgl. eines Service zu stellen. Dieser Teil des SOA Paradigmas wird nicht erfüllt. Der WebAS 6.40 als Grundlage für das XI bietet ein UDDI-Verzeichnis an, in dem Web-Service fähige Funktionsmodule der ABAP Personality publiziert werden können sowie entsprechende Web-Service fähige EJBs. Eine Integration	2	25

		zwischen diesem Verzeichnis und dem Integration Repository existiert nicht.		
	Standardisierter Nachrichtenaustausch zwischen den Services z.B. über SOAP	Der Nachrichtenaustausch findet über Standards statt, nicht nur auf Ebene des Transportprotokolls. Es wird SOAP unterstützt, welches zurzeit das hierfür am weitesten verbreitete ist.	Alle Nachrichten liegen nach der Verarbeitung durch die Sendervereinbarung und vor der Verarbeitung durch die Empfängervereinbarung in einem XML- Format vor. Auf dieser Basis kann immer ein standardisierter Nachrichtenaustausch mit Unterstützung von Transformationsregeln erfolgen. Ein SOAP Adapter steht für den Austausch der Nachrichten zwischen Service – Konsument und Service – Anbieter zur Verfügung.	10	25
Integration				10	100
	Integration von Inhalten aus strukturieren Datenhaltungskomponenten	Der ESB unterstützt die Integration von Datenbanken. Die Anforderung erwächst aus der Notwendigkeit, dass Daten in Unternehmen des Öfteren in Datenbanken gespeichert werden (oder zumindest in Datenquellen die über ODBC verfügbar sind wie z.B. MS Access) und die Integration oder auch die Konsolidierung dieser Datenbestände eine verbreitete Anforderung ist.	XI bietet ein JDBC - Adapter an, über welches beliebige Datenbanken, wofür JDBC Treiber existent sind, angebunden werden können.	10	10

Anbindung von Legacy Anwendungen und EAI – Middleware z.B. durch Adapter	Aufgrund der Heterogenität der IT-Infrastruktur im Unternehmen sowie im Interesse des Investitionsschutzes sollen bestehende Anwendungen sowie die sich schon im Einsatz befindliche EAI-Middleware integriert werden können.	Auf Grundlage des Adapterframeworks können beliebige Adapter hinzugefügt werden durch die Interoperabilität mit Legacy Anwendungen ermöglicht wird.	10	20
Service Mapping, das Abbilden einer Serviceanfrage auf einen anderen Service	Eine Serviceanfrage wird auf einen bestimmten Service - Anbieter abgebildet	Im Rahmen der Konfigurationsphase kann mit Hilfe eines Interface - Mappings, das ausgehende MI auf verschiedene eingehende MI abgebildet werden und dabei kann auch eine Transformation der Nachricht erfolgen	10	10
Protokolltransformation	Das Protokoll über das die Serviceanfrage erfolgt ist von dem Protokoll des Service - Anbieters verschieden. Es muss möglich sein, dass dieses von Seiten des ESB über einen zur Verfügung stehenden Transformationsmechanismus kein Problem verursacht.	Beim Nachrichteneingang auf Seiten der XI besteht die Möglichkeit über eine Sendervereinbarung die Nachrichteneingangsverarbeitung, die entweder über Adapter innerhalb der Adapterengine oder über die Proxy-Engine erfolgt, zu steuern. Dieses geschieht auf Grundlage eines zuvor definierten Kommunikationskanals und ist für jede Schnittstelle möglich. Daneben existiert für das korrespondierende Senden der Nachricht an den Anbieter die Möglichkeit der Empfängervereinbarung. Eine Protokolltransformation findet bei jedem Nachrichteneingang bzw. Nachrichtenausgang statt, falls diese über einen Adapter geschieht. Die Adapter transformieren die Nachricht in bzw. von dem XI internen Format (basierend auf XML) in das Zielformat, das dem Adapter zugrunde liegt, z.B. in einen RFC - Aufruf.	10	20

	Datentransformation	Daten bzw. Nachrichten können transformiert werden um zum Beispiel die Kommunikation zwischen zwei Adaptern zu ermöglichen, die andere Feldnamen bzw. modifizierte Daten(z.B. führende Nullen anstatt Leerstellen) erwarten. Sehr oft müssen auch Datenformaten von Legacy Anwendungen wie z.B. Cobol in XML - Dialekte umgesetzt werden.	In der Designphase können Datentransformationen definiert werden. Die Definition erfolgt entweder anhand eines grafischen Editors oder über XSL oder über Java-Klassen.	10	20
	Applikationsserver wie .Net und J2EE werden unterstützt	Da viele Komponenten mittlerweile auf Applikationsservern wie .NET oder J2EE zum Einsatz kommen, muss eine effektive Anbindung an die gängigen Applikationsserver möglich sein. Gerade in Bezug auf Interoperabilität muss der ESB neue Maßstäbe setzen, da die bisherigen Alternativen wie DCOM oder Corba nicht in der Lage waren bedingungslos und einfach unterschiedliche Applikationsserver einzubinden.	Da Web- Services mit Hilfe des SOAP Adapters unterstützt werden, kann eine Interaktion auf Basis dieser Technologien mit den Applikationsservern .Net und J2EE erfolgen. Des Weiteren werden eine Reihe von Ws-* Standards unterstützt, sodass eine Integration mit den gängigen Applikationsservern nicht nur mit Hilfe des Standards SOAP möglich ist, sondern auch komplexe Anforderungen an die Integration umgesetzt werden können.	10	20
Service Qualität				4,2	100
	Transaktion werden unterstützt z.B. WS-Transaction	Es besteht die Möglichkeiten Transaktionen über den ESB abzuwickeln. Im Idealfall wird der Standard WS - Transaction und WS-Coordination	Transaktionen werden nicht nativ durch Nutzung eines Standards wie WS-Transaction oder Coordination unterstützt, auch nicht auf Seiten der SAP Adapter (RFC, IDOC). Das ACID Prinzip muss durch den Anwendungsentwickler	2	50

		unterstützt.	umgesetzt werden bei der Modellierung des Business Processes innerhalb des Business Szenarios.		
	Service Level Vereinbarungen (SLA)	Es besteht die Möglichkeit SLA zu vereinbaren. Vereinbarungen bzgl. der folgenden Gesichtspunkte: -Verfügbarkeit; ist der Service zum Einsatz bereit -Zugreifbarkeit, falls der Service zwar verfügbar ist, allerdings die Anfrage aufgrund eines Kapazitätsengpasses nicht erfüllt werden kann -Integrität; arbeitet der Service korrekt -Performance, gemessen in Durchsatz und Wartezeit -Zuverlässigkeit, Kontinuität der Leistungserbringung -Standardkonformität; werden alle Standards entsprechend des w3c umgesetzt -Sicherheit -Prozess; konnten Geschäftsprozesse oder auch ein Workflows wie geplant ausgeführt werden, Dieser Punkt ist im Rahmen von BPO wichtig	Es existiert nicht die Möglichkeit SLA explizit zu definieren. Mit Hilfe von Systemmonitoring Programmen wie z.B. CCMS (Computer Center Management System: das Werkzeug von SAP zur Überwachung und Steuerung von SAP R/3) oder diversen Anwendungen (u.a. Runtime Workbench) aufbauend auf der J2EE Engine, kann das Systemverhalten protokolliert werden und damit eine Grundlage für die Festlegung von SLAs geschaffen werden. Des Weiteren existiert die Möglichkeit bei Fehlern in der Nachrichtenverarbeitung einen "Alert" zu definieren, wodurch im Fehlerfalle ein Verantwortlicher informiert wird.	7	20

	Sicherstellung des Nachrichtenversands z.B. WS-Reliable Messaging	Es ist sichergestellt, dass die Nachrichten auch dann zugesendet werden, wenn der Dienst temporär nicht verfügbar sein sollte. Es wird demnach ein Message-Queuing System eingesetzt oder ein System welches den Standard WS-Reliable Messaging implementiert.	Durch den Einsatz von Queuing Mechanismen auf Seiten der Integration Engine, werden die folgenden QoS unterstützt: - BE (Best Effort): Die Message wird synchron verschickt. Der Sender wartet auf eine Antwort, bevor er seine Verarbeitung fortsetzt. - EO (Exactly Once): Die Message wird asynchron verschickt. Der Sender wartet nicht auf eine Antwort. Die Integration Engine garantiert, dass die Message genau einmal zugestellt und verarbeitet wird. - EOIO (Exactly Once In Order): Messages werden mit gleichem (von der Anwendung mitgelieferten) Queue-Namen in der Reihenfolge zugestellt, in der sie vom Sendersystem geschickt werden. Die Message-Verarbeitung findet asynchron statt. Ein Standard wie der WS-Reliable Messaging wird nicht unterstützt. Das RFC - Adapter unterstützt nicht EOIO.	6	30
Sicherheit				7,4	100
	Authentifizierung	Gewährleistung von Authentifizierung	Authentifizierung erfolgt adapterabhängig. Beim SOAP Adapter wird laut Dokumentation OASIS Web Service Security unterstützt. Bei dem RFC -Adapter muss ein R/3 User angegeben werden. Die Authentifizierung erfolgt auf Seiten der SAP R/3 Benutzereinstellungen. Damit ist sichergestellt, dass kein unberechtigter Zugriff erfolgen kann.	9	40
	Autorisierung	Gewährleistung der Autorisierung	Eine Möglichkeit zur Autorisierung besteht anhand von einer Signatur laut der Dokumentation. Diese Möglichkeit ist für das XI-Adapter	7	40

	Sicherheitsstandards z.B. WS-Security, Sicherheit auf Protokollebene	Authentifizierung und Autorisierung werden durch den Standard WS-Security gewährleistet.	WS - Security wird laut Dokumentation für das SOAP Adapter unterstützt, konnte allerdings nicht getestet werden.	5	20
Nachrichtenverarbeitung				9,5	100
	Inhaltsabhängige Verarbeitung der Nachricht	Die Verarbeitung der Nachricht erfolgt auf Basis des Nachrichteninhaltes. Hierfür können Regeln definiert werden. Ziel ist es einen fachlichen Konflikt zu vermeiden.	Eine inhaltsbasierte Verarbeitung der Nachricht ist möglich. Dieses wird in der Konfigurationsphase eingestellt.	10	25
	Verschlüsselung	Die Nachricht kann verschlüsselt werden. Zudem besteht die Möglichkeit der Signierung von Nachrichten.	Die Verarbeitung von signierten Nachrichten ist möglich, hierzu muss bei dem verwendeten Kommunikationskanal die Sicherheitsoption aktiviert sein. Anhand der in den Feldern Schlüsselspeicher, Aussteller und Inhaber angegebenen Werte wird die Signatur des Senders überprüft. Hierdurch kann gewährleistet werden, dass der Inhalt der Message während der Verarbeitung nicht verändert wurde (Datenintegrität). Eine Verschlüsselung kann durch die Signatur erreicht werden laut Dokumentation.	8	25
	Nachrichtentransformation	Es werden Transformationsmechanismen zur Verfügung gestellt um Nachrichten beim Eingang zu manipulieren. Normalisierung von Nachrich-	Eine Nachrichtentransformation ist während der Designphase im Integration Repository möglich.	10	25

		Nachrichtenaggregation	ten (vgl. auch Integration -> Datentransformation)	
			Nachrichtenaggregation (Sammlung); Möglichkeit Nachrichten miteinander zu korrelieren.	Im Rahmen der Möglichkeiten der Business Process- Gestaltung ist es möglich, eine Service - Komposition zu definieren. Innerhalb dieser findet auch die Nachrichtenkorrelation statt, die benötigt wird um Events in Form eines Nachrichteneingangs mit einer Business Prozessinstanz korrelieren zu können.	10	25
Administrierbarkeit				7,75	100
	Administrierbarkeit	Der ESB ist einfach zu administrieren, weshalb die Einarbeitungszeit für den Benutzer kurz ist. Wichtige Navigationselemente sind mit Hilfebuttons versehen um sofort kontextsensitiv den Arbeitsprozess zu unterstützen.	Die Administration erfolgt durch eine begrenzte Anzahl an Tools und zum Teil webbasiert. Alles im allen ist diese gut gelöst.	8	25
	Registrierung von Services	Neue Services können einfach auf dem ESB registriert werden.	Bestehende Services bzw. deren Schnittstellen können über Import - Funktionen für WSDL, RFC und IDOCS nach einigen Anpassungen registriert werden.	8	25
	Logging und Monitoring	Es steht ausreichende Logging -Funktionalität zur Verfügung. Das Niveau auf dem geloggt wird ist anpassbar und einfach zu administrieren. Des Weiteren wird ein Realtime Monitoring unterstützt	Für jede Komponente kann ein separates Logging konfiguriert werden. Über Administrationstools des WebAS 6.40 sind diese Dateien übersichtlich dargestellt. Ein Realtime Monitoring ist möglich, allerdings bedarf es hierfür ebenfalls Anpassungen auf Seiten der ABAP Personality da die Verquickungen zwischen Java und ABAP immer noch vorhanden sind, gerade	8	25

	Integration in Systemmanagements Tools oder Frameworks z.B. JMX	Es wird die Integration in Systemmanagementtools durch Verwendung eines Frameworks wie z.B. JMX unterstützt. Auf diese Weise kann zusätzliche Funktionalität in Bezug auf Monitoring und Logging einfach hinzugefügt werden	in Bezug auf die BPM, da die Business Process Beschreibung auf den SAP Workflow abgebildet wird.	
			Es wird eine Integration mit dem R/3 CCMS unterstützt.	7	25
Modellierung				8	100
	Modellierung von Geschäftsobjekten (Business Object)	Die im ESB genutzten Datenmodelle basieren auf der Objektmodellierung. Häufig verwendete Objekttypen abhängig von der betrieblichen Domäne stehen zur Verfügung wie z.B. Adressdatensatz. Die Veröffentlichung der Servicebeschreibung erfolgt auf Basis der verwendeten Datentypen und ebenfalls objektorientiert, vgl. mit dem T-Modell bei Uddi.	Mit Hilfe von XML Schema können Datenobjekte / Geschäftsobjekte definiert werden.	8	50
	Tools zum Modellieren und Veröffentlichen der Modelle stehen zur Verfügung	Die Modellierung sowie die Veröffentlichung dieser erfolgt toolgestützt.	Zur Modellierung wird das Integration Repository benutzt.	8	50

Intelligenz der Infrastruktur			5	100
	Geschäftsregeln (Business Rules) werden unterstützt	Es besteht die Möglichkeit Geschäftsregeln zu definieren. Für den Fall, dass bestimmte Kennzahlen sich außerhalb eines definierten Wertebereiches bewegen, können Aktionen und Benachrichtigungen ausgelöst werden.(z.B. in Bezug auf Umsatzzahlen für ein bestimmtes Produkt im letzten Quartal)	Geschäftsregeln werden durch die BPM realisiert. Diese Komponente ist laut Definition kein Bestandteil eines ESB, muss allerdings zur Anbindung zur Verfügung stehen. Dieses ist bei XI der Fall.	10	50
	Unterstützung einer Policy	Policy abhängiges Verhalten im Besonderen in Bezug auf Service Level, Sicherheit und QoS vgl. WS-Policy.	keine Policy Unterstützung	0	50

B Programmcode

a ABAP Programm

```
method ZII_EMPFANG_KUENDIGUNG_ASYN_IN~EXECUTE_ASYNCHRONOUS.
DATA:
    l_tab_kunde TYPE STANDARD TABLE OF zu254395_kundenf,
    kunde_zeile TYPE zu254395_kundenf,
    msg_rein TYPE ZKUENDIGUNG_MSG.

*Diese ABAP-Proxy-Implementierung auf Seiten des Akteurs alter Lieferant, dient zum einen der Schnell-Überprüfung der
*Kundendaten sowie zum anderen dem Speichern des Kundendatensatzes für eine spätere zeitversetzte Überprüfung.
*
*--------------------------------------------------
*Der folgende Programmteil stellt zur Überprüfung der Kundendaten eine Anfrage an einen weiteren Dienst.
data: fehler type c,
      lv_msg_raus TYPE ZKUENDIGUNG_INPUT,
      lv_msg_rein TYPE ZKUENDIGUNG_OUTPUT,
      lo_proxy TYPE REF TO ZCO_CHECK_QUERY_SYNC,
      vertrag TYPE ZALTVERTRAG,
      kundenadresse TYPE ZKUNDENADRESSE2.

data lo_system_fault type ref to CX_AI_SYSTEM_FAULT.

msg_rein = input.

kundenadresse-first_name =
msg_rein-kuendigung_msg-kundenadresse-vorname.
kundenadresse-last_name =
msg_rein-kuendigung_msg-kundenadresse-nachname.

kundenadresse-pcode =
msg_rein-kuendigung_msg-kundenadresse-plz.

kundenadresse-city =
msg_rein-kuendigung_msg-kundenadresse-ortsname.

kundenadresse-street =
msg_rein-kuendigung_msg-kundenadresse-strassenname.

lv_msg_raus-Kuendigung_input-adresse = kundenadresse.

    try.

create object lo_proxy.

call method lo_proxy->execute_synchronous
    EXPORTING
      OUTPUT = lv_msg_raus
    IMPORTING
      INPUT = lv_msg_rein.
    Write: 'Ausgabe Kunde:' ,
          /'Name:',lv_msg_rein-Kuendigung_Output-TEXT,
          '\n'.

    catch CX_AI_SYSTEM_FAULT into lo_system_fault.
    fehler = lo_system_fault->errortext.
    Write: 'Fehler:',fehler.
    return.
    endtry.
*------------------------------
```

```
*Im Folgenden wird der Datensatz für eine spätere zeitversetzte Überprüfung in einer Datenbanktabelle zwischengespeichert
*
*
  msg_rein = input.
  kunde_zeile-firstname =
  msg_rein-kuendigung_msg-kundenadresse-vorname.

  kunde_zeile-lastname =
  msg_rein-kuendigung_msg-kundenadresse-nachname.

  CONCATENATE   msg_rein-kuendigung_msg-kundenadresse-nachname
  msg_rein-kuendigung_msg-kundenadresse-vorname
  into kunde_zeile-name.


  kunde_zeile-street =
  msg_rein-kuendigung_msg-kundenadresse-strassenname.

  kunde_zeile-plz =
  msg_rein-kuendigung_msg-kundenadresse-plz.
  kunde_zeile-city =
  msg_rein-kuendigung_msg-kundenadresse-ortsname.

  kunde_zeile-buf3 =
  msg_rein-kuendigung_msg-buf3.
  kunde_zeile-buf2 =
  msg_rein-kuendigung_msg-buf2.
  kunde_zeile-buf1 =
  msg_rein-kuendigung_msg-buf1.

  kunde_zeile-kundenid =
  msg_rein-kuendigung_msg-kdnr_lieferant.
  kunde_zeile-zahlpunkt =
  msg_rein-kuendigung_msg-zaehlpunkt.

  kunde_zeile-zaehlernummer =
  msg_rein-kuendigung_msg-zaehlernummer.

  kunde_zeile-sender_vdewcode =
  msg_rein-kuendigung_msg-sender_vdewcode.

  kunde_zeile-empf_vdewcode =
  msg_rein-kuendigung_msg-empfaenger_vdewcode.
  kunde_zeile-lieferende =
  msg_rein-kuendigung_msg-lieferende.
  kunde_zeile-vor_ident_nr =
  msg_rein-kuendigung_msg-vorgangs_identifikations_nr.
  insert zu254395_kundenf from kunde_zeile.
  commit work.

endmethod.
```

b Java Programme

```
/*Generierung einer eindeutigen Kundennummer. Hierzu wird die Systemzeit verwendet
*/
package generateKundenID4Lieferant;
public class GenerateKundenIdSyncIn_PortTypeImpl extends com.sap.aii.proxy.xiruntime.core.AbstractProxy implements
GenerateKundenIdSyncIn_PortType {

    public generateKundenID4Lieferant.KundenIdResponseDt_Type generateKundenIdSyn-
cIn(generateKundenID4Lieferant.KundenIdRequestDt_Type kundenIdRequestMsg) throws
com.sap.aii.proxy.xiruntime.core.SystemFaultException, com.sap.aii.proxy.xiruntime.core.ApplicationFaultException{

                    KundenIdResponseDt_Type krd= new KundenIdResponseDt_Type();
                    String s =new String();
                    s=String.valueOf(System.currentTimeMillis());
                    krd.setGenKundenId(s);
                    krd.setNachname(kundenIdRequestMsg.getNachname());
                    krd.setVorname(kundenIdRequestMsg.getVorname());
                    return krd;
    }

}
```

C XI - Business Process

a Nachrichtentypen

Im Folgenden werden die für die Umsetzung des LWP verwendeten Nachrichten dargestellt. Dabei wurde anstatt der Definition des Nachrichtentyps in XML Schema jeweils eine Instanz des Nachrichtentyps dargstellt um die Verwendung im Kontext des LWP besser zu illustrieren. Die Zuordnung der hier dargestellten Nachrichtentypen zu den Nachrichtenschnittstellen findet sich in der Tabelle C-1.

```xml
<?xml version="1.0" encoding="utf-8" ?>
<nr2:energieVertragAntrag_msg xmlns:nr2="http://lwp" xmlns:nr1="http://lwpKunde">
  <bankverbindung>
    <BLZ>111</BLZ>
    <KtnNr>111333</KtnNr>
    <Ort>twistringen</Ort>
    <Bankname>bankname</Bankname>
  </bankverbindung>
  <buf3>3</buf3>
  <lieferzeitraum>01.01.2005-31.12.2005</lieferzeitraum>
  <jahresheizenergiebedarf>1000</jahresheizenergiebedarf>
  <kundenadresse>
    <land>Deutschland</land>
    <plz>22765</plz>
    <ortsname>HAMBURG</ortsname>
    <strassenname>HOLSTENPLATZ 17</strassenname>
    <nachname>BUDDE</nachname>
    <vorname>OLIVER</vorname>
  </kundenadresse>
  <zaehlernummer>ZAEHLERNUMMER12143</zaehlernummer>
  <zaehlpunkt>ZAEHLPUNKT12143</zaehlpunkt>
  <kundennummer>162815</kundennummer>
  <buf1>1</buf1>
  <buf2>2</buf2>
  <nr1:NBnummer>ISU</nr1:NBnummer>
  <nr1:ALnummer>207</nr1:ALnummer>
  <nr1:NLnummer>206</nr1:NLnummer>
</nr2:energieVertragAntrag_msg>
```

Abbildung C-3 energieVertragAntrag_msg; ID:0037983A-631D-3945-AEFF-1C14B60DEFAC

```xml
<?xml version="1.0" encoding="UTF-8" ?>
<ns9:neueKundenIdReq_msg xmlns:ns9="http://LWP">
  <nachname>BUDDE</nachname>
  <vorname>OLIVER</vorname>
</ns9:neueKundenIdReq_msg>
```

Abbildung C-4 neueKundenIdReq_msg; ID:FBE0FBFA-0FC3-AA4D-B052-390C44770B4E

```xml
- <ns:kundenIdResponse_msg xmlns:ns="http://generateKundenID4Lieferant">
    <genKundenId>1101223698968</genKundenId>
    <nachname>BUDDE</nachname>
    <vorname>OLIVER</vorname>
  </ns:kundenIdResponse_msg>
```

Abbildung C-5 kundenIdResponse_msg;ID:4D750980-3D64-11D9-B02D-000EA6482A98

```xml
<?xml version="1.0" encoding="UTF-8" ?>
- <ns:neueKundenIdRes_msg xmlns:ns="http://lwp">
    <kundenId>1101223698968</kundenId>
  </ns:neueKundenIdRes_msg>
```

Abbildung C-6 neueKundenIDRes_msg; ID:4D750980-3D64-11D9-B02D-000EA6482A98

```xml
<?xml version="1.0" encoding="UTF-8" ?>
- <ns:kuendigung_msg xmlns:ns="http://lwp">
    <buf3>empty</buf3>
    <buf2>empty</buf2>
    <buf1>empty</buf1>
    <zaehlernummer>ZAEHLERNUMMER12143</zaehlernummer>
    <zaehlpunkt>ZAEHLPUNKT12143</zaehlpunkt>
    <vorgangsIdentifikationsNr>23/11/2004 15/28/19</vorgangsIdentifikationsNr>
    <lieferende>31.12.2005</lieferende>
    <kdnrLieferant>162815</kdnrLieferant>
    <senderVDEWCode>206</senderVDEWCode>
    <empfaengerVDEWCode>207</empfaengerVDEWCode>
  - <lieferadressse>
      <land>Deutschland</land>
      <plz>22765</plz>
      <ortsname>HAMBURG</ortsname>
      <strassenname>HOLSTENPLATZ 17</strassenname>
      <nachname>BUDDE</nachname>
      <vorname>OLIVER</vorname>
    </lieferadressse>
  - <kundenadresse>
      <land>Deutschland</land>
      <plz>22765</plz>
      <ortsname>HAMBURG</ortsname>
      <strassenname>HOLSTENPLATZ 17</strassenname>
      <nachname>BUDDE</nachname>
      <vorname>OLIVER</vorname>
    </kundenadresse>
  </ns:kuendigung_msg>
```

Abbildung C-7 kuendigung_msg;ID:E831E77F-2AE4-394D-BBDA-A7BFFB8CF6EB

```xml
<?xml version="1.0" encoding="utf-8" ?>
<nr1:kuendigung_msg xmlns:nr1="http://LieferantAlt">
  <buf3>empty</buf3>
  <buf2>empty</buf2>
  <buf1>empty</buf1>
  <zaehlernummer>ZAEHLERNUMMER12143</zaehlernummer>
  <zaehlpunkt>ZAEHLPUNKT12143</zaehlpunkt>
  <vorgangsIdentifikationsNr>23/11/2004 15/28/19</vorgangsIdentifikationsNr>
  <lieferende>31.12.2005</lieferende>
  <kdnrLieferant>162815</kdnrLieferant>
  <senderVDEWCode>206</senderVDEWCode>
  <empfaengerVDEWCode>207</empfaengerVDEWCode>
  <lieferadressse>
    <land>Deutschland</land>
    <plz>22765</plz>
    <ortsname>HAMBURG</ortsname>
    <strassenname>HOLSTENPLATZ 17</strassenname>
    <nachname>BUDDE</nachname>
    <vorname>OLIVER</vorname>
  </lieferadressse>
  <kundenadresse>
    <land>Deutschland</land>
    <plz>22765</plz>
    <ortsname>HAMBURG</ortsname>
    <strassenname>HOLSTENPLATZ 17</strassenname>
    <nachname>BUDDE</nachname>
    <vorname>OLIVER</vorname>
  </kundenadresse>
</nr1:kuendigung_msg>
```

Abbildung C-8 kuendigung_msg;ID:A380C0B5-5FCD-434B-805B-E0C7EA3E5160

```xml
<?xml version="1.0" encoding="UTF-8" ?>
<ns:kuendigungDaten_msg xmlns:ns="http://kuendigungEngine">
  <adresse>
    <buf5>ZAEHLERNUMMER12143</buf5>
    <buf4>206</buf4>
    <buf3>emptyempty</buf3>
    <buf2>empty</buf2>
    <buf1>empty</buf1>
    <city>HAMBURG</city>
    <pcode>22765</pcode>
    <street>HOLSTENPLATZ 17</street>
    <firstName>OLIVER</firstName>
    <lastName>BUDDE</lastName>
  </adresse>
  <vertrag>
    <vertragsnummerNum>0</vertragsnummerNum>
    <vertragsnummer>162815</vertragsnummer>
    <name>31.12.2005</name>
    <vertragsdaten>ZAEHLPUNKT12143</vertragsdaten>
  </vertrag>
</ns:kuendigungDaten_msg>
```

Abbildung C-9 kuendigungDaten_msg;ID:5CE05F6B-5B31-8F45-A841-7C59C23F1918

```xml
<ns:kuendigungOutput xmlns:ns="http://kuendigungEngine">
  <altvertrag>
    <vertragsnummerNum>0</vertragsnummerNum>
    <vertragsnummer>162815</vertragsnummer>
    <name>31.12.2005</name>
    <vertragsdaten>ZAEHLPUNKT12143</vertragsdaten>
  </altvertrag>
  <Struktur>
    <name>Kündigung kann erfolgen</name>
    <id>0</id>
  </Struktur>
  <Text>ist gekündigt</Text>
</ns:kuendigungOutput>
```

Abbildung C-10 kuendigungOutput;ID:503DED80-3D64-11D9-B7DC-000EA6482A98

```xml
<?xml version="1.0" encoding="utf-8" ?>
<ns:rueckAntwortKuendigungsPruefung_msg xmlns:ns="http://LieferantAlt">
  <Struktur>
    <name>Kündigung kann erfolgen</name>
    <id>0</id>
  </Struktur>
  <buf3>162815</buf3>
  <buf2>ist gekündigt</buf2>
  <buf1>Kündigung kann erfolgen</buf1>
  <vorgangsIdentifikationsNr>15/28/24</vorgangsIdentifikationsNr>
  <lieferende>31.12.2005</lieferende>
  <kuendigungRefNr>23/11/2004 15/28/19</kuendigungRefNr>
  <antwortkategorie>0</antwortkategorie>
  <senderVDEWCode>206</senderVDEWCode>
  <empfaengerVDEWCode>207</empfaengerVDEWCode>
  <lieferadressse>
    <land>Deutschland</land>
    <plz>22765</plz>
    <ortsname>HAMBURG</ortsname>
    <strassenname>HOLSTENPLATZ 17</strassenname>
    <nachname>BUDDE</nachname>
    <vorname>OLIVER</vorname>
  </lieferadressse>
  <kundenadresse>
    <land>Deutschland</land>
    <plz>22765</plz>
    <ortsname>HAMBURG</ortsname>
    <strassenname>HOLSTENPLATZ 17</strassenname>
    <nachname>BUDDE</nachname>
    <vorname>OLIVER</vorname>
  </kundenadresse>
</ns:rueckAntwortKuendigungsPruefung_msg>
```

Abbildung C-11 rueckAntwortKuendigungsPruefung_msg;ID:D6BB10BB-C95A-9746-A6B5-605A3310D91C

```xml
<?xml version="1.0" encoding="utf-8" ?>
<ns:abMeldungAltenLieferant_msg xmlns:ns="http://LieferantAlt">
    <kuendigungRefNr>23/11/2004 15/28/19</kuendigungRefNr>
    <bilanzkreisbezeichnung>bilanzkreisbezeichnung</bilanzkreisbezeichnung>
    <transaktionsgrund>ist gekündigt</transaktionsgrund>
    <zaehlernummer>ZAEHLERNUMMER12143</zaehlernummer>
    <zaehlpunkt>ZAEHLPUNKT12143</zaehlpunkt>
    <kundenNrVnb>KundenNr beim bisherigen VNB</kundenNrVnb>
    <buf3>empty</buf3>
    <buf2>empty</buf2>
    <buf1>empty</buf1>
    <vorgangsIdentifikationsNr>15/28/25</vorgangsIdentifikationsNr>
    <lieferende>31.12.2005</lieferende>
    <senderVDEWCode>206</senderVDEWCode>
    <empfaengerVDEWCode>207</empfaengerVDEWCode>
    <lieferadressse>
        <land>Deutschland</land>
        <plz>22765</plz>
        <ortsname>HAMBURG</ortsname>
        <strassenname>HOLSTENPLATZ 17</strassenname>
        <nachname>BUDDE</nachname>
        <vorname>OLIVER</vorname>
    </lieferadressse>
    <kundenadresse>
        <land>Deutschland</land>
        <plz>22765</plz>
        <ortsname>HAMBURG</ortsname>
        <strassenname>HOLSTENPLATZ 17</strassenname>
        <nachname>BUDDE</nachname>
        <vorname>OLIVER</vorname>
    </kundenadresse>
</ns:abMeldungAltenLieferant_msg>
```

Abbildung C-12 abMeldungAltenLieferanten_msg;ID:A5025AF6-E93F-2A49-9EDE-FBE92D844BD0

```xml
<?xml version="1.0" encoding="utf-8" ?>
<nr1:antwortKuendigung_msg xmlns:nr1="http://LieferantAlt">
  <buf3>empty</buf3>
  <buf2>empty</buf2>
  <buf1>0</buf1>
  <vorgangsIdentifikationsNr>163447</vorgangsIdentifikationsNr>
  <lieferende>31.12.2005</lieferende>
  <kuendigungRefNr>23/11/2004 15/28/19</kuendigungRefNr>
  <antwortkategorie />
  <senderVDEWCode>206</senderVDEWCode>
  <empfaengerVDEWCode>207</empfaengerVDEWCode>
  <lieferadressse>
    <land />
    <plz />
    <ortsname />
    <strassenname />
    <nachname />
    <vorname />
  </lieferadressse>
  <kundenadresse>
    <land>Deutschland</land>
    <plz />
    <ortsname />
    <strassenname />
    <nachname />
    <vorname />
  </kundenadresse>
</nr1:antwortKuendigung_msg>
```

Abbildung C-13 antwortKuendigung_msg;ID:816D5D2F-279E-2C45-B91B-00BEABD15D63

```xml
<?xml version="1.0" encoding="utf-8" ?>
<ns:neuerNetzKunde_msg xmlns:ns="http://lwp">
    <jahresverbrauch>1000</jahresverbrauch>
    <lieferbeginn>01.01.2005</lieferbeginn>
    <bilanzkreisbezeichnung>bilanzkreisbezeichnung</bilanzkreisbezeichnung>
    <transaktionsgrund>transaktionsgrund</transaktionsgrund>
    <artVersorgung>artversorgung</artVersorgung>
    <buf3>3</buf3>
    <buf2>2</buf2>
    <buf1>1</buf1>
    <zaehlernummer>ZAEHLERNUMMER12143</zaehlernummer>
    <zaehlpunkt>ZAEHLPUNKT12143</zaehlpunkt>
    <vorgangsIdentifikationsNr>23/11/2004 15/34/50</vorgangsIdentifikationsNr>
    <kdnrLieferant>1101223698968</kdnrLieferant>
    <senderVDEWCode>206</senderVDEWCode>
    <empfaengerVDEWCode>ISU</empfaengerVDEWCode>
    <lieferadressse>
        <land>Deutschland</land>
        <plz>22765</plz>
        <ortsname>HAMBURG</ortsname>
        <strassenname>HOLSTENPLATZ 17</strassenname>
        <nachname>BUDDE</nachname>
        <vorname>OLIVER</vorname>
    </lieferadressse>
    <kundenadresse>
        <land>Deutschland</land>
        <plz>22765</plz>
        <ortsname>HAMBURG</ortsname>
        <strassenname>HOLSTENPLATZ 17</strassenname>
        <nachname>BUDDE</nachname>
        <vorname>OLIVER</vorname>
    </kundenadresse>
</ns:neuerNetzKunde_msg>
```

Abbildung C-14 neuerNetzKunde_msg;ID:D28C4C75-CE77-EB41-9796-F10EA5700D97

```xml
<?xml version="1.0" encoding="UTF-8" ?>
<ns4:ZAPI_ISUPARTNER_CREATEFROMDATA xmlns:ns4="urn:sap-com:document:sap:rfc:functions">
  <PARTNERDATA>
    <BU_SORT1>BUDDE</BU_SORT1>
    <BU_SORT2>OLIVER</BU_SORT2>
    <TITLE>Herr</TITLE>
    <NAME_ORG1>23/11/2004 15/34/50</NAME_ORG1>
    <NAME_ORG2>artversorgung</NAME_ORG2>
    <NAME_ORG3>bilanzkreisbezeichnung</NAME_ORG3>
    <NAME_ORG4>1101223698968</NAME_ORG4>
    <NAME_LAST>BUDDE</NAME_LAST>
    <NAME_FIRST>OLIVER</NAME_FIRST>
    <PCODE1_EXT>22765</PCODE1_EXT>
  </PARTNERDATA>
  <PARTNERDATAX />
  <TYPE>1</TYPE>
  <EXTENSIONIN>
  <TADDRESS>
    <item>
      <ADEXT>OLIVER</ADEXT>
      <NAME_CO>BUDDE</NAME_CO>
      <CITY1>HAMBURG</CITY1>
      <CITY_CODE>22765</CITY_CODE>
      <CITYP_CODE>22765</CITYP_CODE>
      <POST_CODE1>22765</POST_CODE1>
      <POST_CODE2>22765</POST_CODE2>
      <PO_BOX>22765</PO_BOX>
      <PO_BOX_LOC>23/11/2004 15/34/50</PO_BOX_LOC>
      <CITY_CODE2>22765</CITY_CODE2>
      <POSTALAREA>22765</POSTALAREA>
      <STREET>HOLSTENPLATZ 17</STREET>
      <STR_SUPPL1>bilanzkreisbezeichnung</STR_SUPPL1>
      <STR_SUPPL2>artversorgung</STR_SUPPL2>
      <COUNTRY>DE</COUNTRY>
      <COUNTRY_ISO>DE</COUNTRY_ISO>
      <LANGU>DE</LANGU>
      <LANGU_ISO>DE</LANGU_ISO>
      <REGION>01</REGION>
      <TIME_ZONE>CET</TIME_ZONE>
      <REMARK>transaktionsgrund</REMARK>
    </item>
  </TADDRESS>
```

Abbildung C-15 ZAPI_ISUPARTNER_CREATEFROMDATA;ID:D28C4C75-CE77-EB41-9796-F10EA5700D97 in RFC transformiert

```xml
<?xml version="1.0" encoding="UTF-8" ?>
<ns:neuerNetzKundeRes_msg xmlns:ns="http://lwp">
    <regelzone>empty</regelzone>
    <antwortkategorie>Kunde wurde erzeugt</antwortkategorie>
    <kundenNrVNB>0000000168</kundenNrVNB>
    <anmeldungRefNr>23/11/2004 15/34/50</anmeldungRefNr>
    <jahresverbrauch>1000</jahresverbrauch>
    <lieferbeginn>01.01.2005</lieferbeginn>
    <bilanzkreisbezeichnung>bilanzkreisbezeichnung</bilanzkreisbezeichnung>
    <transaktionsgrund>/</transaktionsgrund>
    <artVersorgung>artversorgung</artVersorgung>
    <zaehlernummer>ZAEHLERNUMMER12143</zaehlernummer>
    <zaehlpunkt>ZAEHLPUNKT12143</zaehlpunkt>
    <vorgangsIdentifikationsNr>empty</vorgangsIdentifikationsNr>
    <kundenNrLieferant>empty</kundenNrLieferant>
    <senderVDEWCode>empty</senderVDEWCode>
    <empfaengerVDEWCode>empty</empfaengerVDEWCode>
    <lieferadressse>
        <land>empty</land>
        <plz>empty</plz>
        <ortsname>empty</ortsname>
        <strassenname>empty</strassenname>
        <nachname>empty</nachname>
        <vorname>empty</vorname>
    </lieferadressse>
    <kundenadresse>
        <land>empty</land>
        <plz>22765</plz>
        <ortsname>HAMBURG</ortsname>
        <strassenname>HOLSTENPLATZ 17</strassenname>
        <nachname>BUDDE</nachname>
        <vorname>OLIVER</vorname>
    </kundenadresse>
</ns:neuerNetzKundeRes_msg>
```

Abbildung C-16 neuerNetzKundeRes_msg;ID:377620A0-3D65-11D9-A8FF-000EA6482A98

```xml
<?xml version="1.0" encoding="utf-8" ?>
 <ns:neuerLieferKunde_msg xmlns:ns="http://lwp">
   <bankVerbindung>
      <BLZ>111</BLZ>
      <KtnNr>111333</KtnNr>
      <Ort>twistringen</Ort>
      <Bankname>bankname</Bankname>
   </bankVerbindung>
   <kdnNrVNB>0000000168</kdnNrVNB>
   <kdnNr>1101223698968</kdnNr>
   <kundenadresse>
      <land>Deutschland</land>
      <plz>22765</plz>
      <ortsname>HAMBURG</ortsname>
      <strassenname>HOLSTENPLATZ 17</strassenname>
      <nachname>BUDDE</nachname>
      <vorname>OLIVER</vorname>
   </kundenadresse>
 </ns:neuerLieferKunde_msg>
```

Abbildung C-17 neuerLieferKunde_msg;ID:CB2812F0-1DAB-4D4E-970F-37A1988F0F47

```xml
<?xml version="1.0" encoding="UTF-8" ?>
 <ns:neuerLieferKundeRes_msg xmlns:ns="http://lwp">
   <antwortText>Kunde wurde erfolgreich angelegt</antwortText>
   <antwortCode>000</antwortCode>
 <antwortDaten>
 <kundenadresse>
      <land>empty</land>
      <plz>empty</plz>
      <ortsname>empty</ortsname>
      <strassenname>empty</strassenname>
      <nachname>empty</nachname>
      <vorname>empty</vorname>
   </kundenadresse>
   <kdnNrVNB>empty</kdnNrVNB>
   <kdnNr>00004848</kdnNr>
 </antwortDaten>
</ns:neuerLieferKundeRes_msg>
```

Abbildung C-18 neuerLieferKundeRes_msg;ID:385D7360-3D65-11D9-94AC-000EA6482A98

```xml
<?xml version="1.0" encoding="UTF-8" ?>
 <ns:antwortAufAntrag_msg xmlns:ns="http://lwp">
    <kdnNr>23/11/2004 15/28/19</kdnNr>
    <Text />
    <Statuscode>1</Statuscode>
 </ns:antwortAufAntrag_msg>
```

Abbildung C-19 antwortAufAntrag;ID:FF3AA25C-5EF1-5F4D-AE69-1C254A00172

b Ausschnitt des Business Process

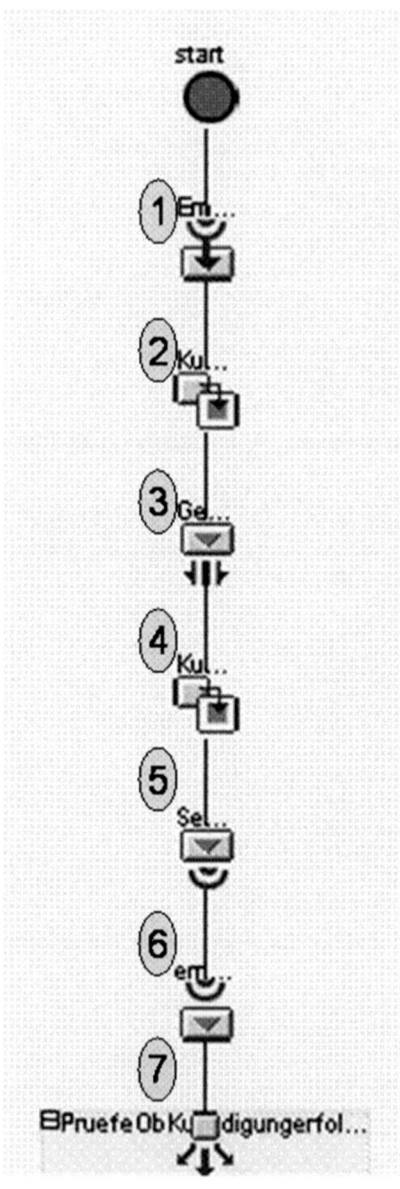

Abbildung C-20 Ausschnitt aus dem Business Process LWP_durchführen

Schritt	Bildschirmausschnitt aus dem Process Designer	Art des Schrittes	Beschreibung
1	Name / Wert Schrittname: EmpfangEnergieVertrag Message: energieVertragAntrag Prozessstart: ☑ Modus: Asynchron **Aktiviere Korrelationen**	Receive Schritt	Der Prozess wird mit dem Empfang der Nachricht energieVertrag Antrag gestartet.
2	Name / Wert Schrittname: KundenIderstellen Interface-Mapping: energievertragantrag_as... ▽ **Ausnahmen** Systemfehler ▽ **Quell-Messages** empfangVertragAntrag energieVertragAntrag ▽ **Ziel-Messages** getNeuKundenId_asyr generatedNeuKundenId...	Transformationsschritt	Zunächst wird auf Basis der empfangenen Nachricht eine Nachricht konstruiert zum Aufruf des Datenservices und anschließendem Erstellen einer Vorgangsidentifikationsnummer. Dieses geschieht durch einen Transformationsschritt. Hierzu wird ein Interface - Mapping, definiert im IR, genutzt.
3	Name / Wert Schrittname: GeneriereNeuKundenId Modus: Synchron Synchrones Interface: getNeuKundenId_sync_... Request-Message: generatedNeuKundenId... Response-Message: generatedNeuKundenId... Empfänger durch...: Sendekontext Sendekontext ▽ **Ausnahmen** Systemfehler **Aktiviere Korrelationen**	Send Schritt	Es wird über das ausgehende MI „getNeuKundenId_sync_abs" eine neue Vorgangsidentifikationsnummer angefordert. Der Aufruf erfolgt synchron.
4	Name / Wert Schrittname: Kuendigungsnachricht Interface-Mapping: energieVertragAntrag_a... ▽ **Ausnahmen** Systemfehler ▽ **Quell-Messages** empfangVertragAntrag energieVertragAntrag ▽ **Ziel-Messages** sendeKuendigung as kuendigung	Transformationsschritt	Es wird das Interface - Mapping ausgeführt um auf Grundlage des empfangenen Energievertragesantrags vom Kunden die Kündigungsnachricht zu erstellen.

#	Screenshot	Schritt	Beschreibung

5	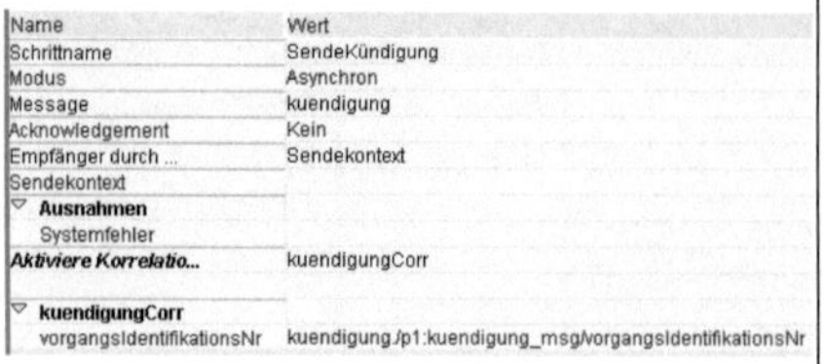 Name / Wert
	Schrittname: SendeKündigung
	Modus: Asynchron
	Message: kuendigung
	Acknowledgement: Kein
	Empfänger durch...: Sendekontext
	Sendekontext
	▽ Ausnahmen
	  Systemfehler
	Aktiviere Korrelatio...: kuendigungCorr
	  kuendigungCorr
	  vorgangsIdentifikationsNr: kuendigung./p1:kuendigung_msg/vorgangsIdentifikationsNr
		Send-Schritt	Die Kündigung wird über das angegebene ausgehende MI verschickt. Der Versand erfolgt asynchron. Bei einem asynchronen Versand erfolgt die Antwort in Form einer Nachricht an ein bestimmtes Message Interface zeitversetzt. Um einen Bezug zu der Prozessinstanz, die den Aufruf initiiert hat, erstellen zu können wird eine Korrelation genutzt. Dabei wird beim Senden ein Datenfeld als Schlüssel definiert. Im Beispiel ist dieses das Feld Vorgangsidentifikationsnr.

6	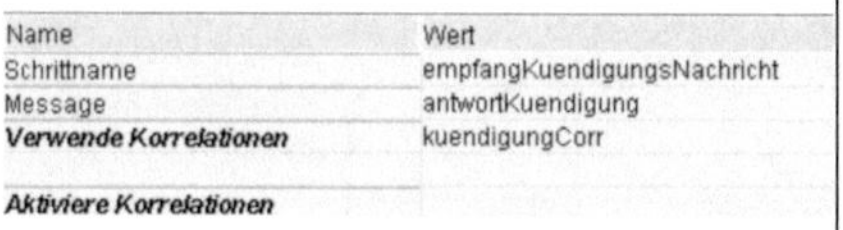 Name / Wert Schrittname: empfangKuendigungsNachricht Message: antwortKuendigung **Verwende Korrelationen**: kuendigungCorr **Aktiviere Korrelationen**	Receive Step	Mit diesem Schritt wird die Antwort des alten Lieferanten bzgl. der asynchronen Kündigungsanfrage verarbeitet. Die Korrelation zu der aufrufenden Prozessesinstanz kann durch die angegebene Korrelation aufgelöst werden.

7	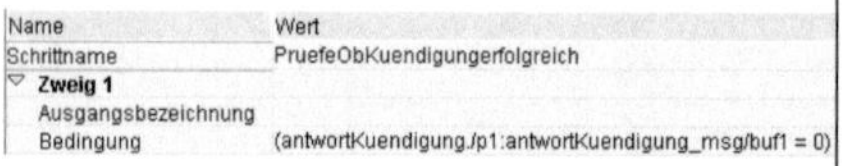 Name / Wert
	Schrittname: PruefeObKuendigungerfolgreich
	▽ **Zweig 1**
	  Ausgangsbezeichnung
	  Bedingung: (antwortKuendigung./p1:antwortKuendigung_msg/buf1 = 0)
		Bedingung	Anhand der empfangenen Nachricht wird entschieden ob die Kündigung erfolgreich war. Je nach Fall findet dann die Weiterbearbeitung in den Zweigen statt.

Die in den Bildschirmausschnitten dargestellten Nachrichten (Messages) entsprechen in der Bedeutung lokalen Variablen des Business Process. Eine Message ist einem abstrakten MI (Message Interface) zugeordnet. vgl. folgende Abbildung.

Name	Kategorie	Typ
abmeldungNetzkunde	Abstraktes Interface	empfangAbmeldungAltenLieferant_asyn_abs
antwortAufAntrag	Abstraktes Interface	antwortAufAntrag_asyn_abs
antwortKuendigung	Abstraktes Interface	empfangAntwortKuendigung_asyn_abst
energieVertragAntrag	Abstraktes Interface	empfangVertragAntrag_asyn_abs
generatedNeuKundenIdReq	Abstraktes Interface	getNeuKundenId_asyn_abs
generatedNeuKundenIdRes	Abstraktes Interface	empfangNeuKundenId_asyn_abs
kuendigung	Abstraktes Interface	sendeKuendigung_asyn_abs
neuerLieferKunde	Abstraktes Interface	sendeNeuLieferKunde_asyn_abs
neuerLieferKunde_Res	Abstraktes Interface	empfangAntwortNeuLieferKunde_asyn_abs
neuerNetzkunde	Abstraktes Interface	sendeNeuNetzkunde_asyn_abs
neuerNetzKunde_Res	Abstraktes Interface	empfangAntwortNeuNetzKunde_asyn_abs
vereinigeids	Abstraktes Interface	vereinigeIds_asyn_abs

Abbildung C-21 Lokale Prozessvariablen

c Business Process in BPEL4WS

```xml
<?xml version="1.0" encoding="UTF-8"?>
<process name="lwp_xi_111004" targetNamespace="http://lwp" xsi:schemalocation="BPEL4WS.xsd" xmlns:xsi="http://www.w3.org/2001/XMLSchema-instance" xmlns="http://schemas.xmlsoap.org/ws/2003/03/business-process/" xmlns:tns="http://lwp" xmlns:sapxi="http://www.sap.com/xi/">
    <partnerLinks>
        <partnerLink name="Transform_Link" partnerLinkType="sapxi:Transform_LT" partnerRole="sapxi:Transform_Role"/>
    </partnerLinks>
    <correlationSets>
        <correlationSet name="kuendigungCorr" properties="kuendigungCorr|vorgangsIdentifikationsNr|ec49ab10109611d9930df2bec0a816fc kuendigungCorr|vorgangsIdentifikationsNr|f14ec370109611d98a73f2bec0a816fc kuendigungCorr|vorgangsIdentifikationsNr|e73c07b01b8d11d998acdbe7c0a816a0 "/>
    </correlationSets>
    <variables>
        <variable name="abmeldungNetzkunde" messageType="http://lwp:abmeldungAltenLieferant_msg"/>
        <variable name="antwortAufAntrag" messageType="http://lwp:antwortAufAntrag_msg"/>
        <variable name="antwortKuendigung" messageType="http://lwp:antwortKuendigung_msg"/>
        <variable name="energieVertragAntrag" messageType="http://lwp:energieVertragAntrag_msg"/>
        <variable name="generatedNeuKundenIdReq" messageType="http://lwp:neueKundenIdReq_msg"/>
        <variable name="generatedNeuKundenIdRes" messageType="http://lwp:neueKundenIdRes_msg"/>
        <variable name="kuendigung" messageType="http://lwp:kuendigung_msg"/>
        <variable name="neuerLieferKunde" messageType="http://lwp:neuerLieferKunde_msg"/>
        <variable name="neuerLieferKunde_Res" messageType="http://lwp:neuerLieferKundeRes_msg"/>
        <variable name="neuerNetzkunde" messageType="http://lwp:neuerNetzKunde_msg"/>
        <variable name="neuerNetzKunde_Res" messageType="http://lwp:neuerNetzKundeRes_msg"/>
        <variable name="vereinigeIds" messageType="http://lwp:vereinigeIds_msg"/>
        <variable name="Transform_packedInMsg" messageType="sapxi:inTransformMsg"/>
        <variable name="Transform_packedOutMsg" messageType="sapxi:outTransformMsg"/>
    </variables>
    <sequence>
        <receive name="EmpfangEnergieVertrag" variable="energieVertragAntrag" createInstance="yes"/>
        <sequence sap-extn:stepType="TRANSFORM" sap-extn:stepName="KundenIderstellen" sap-extn:mapProgram="http://lwp:energievertragantrag_asyn_abs2getNeuKundenId_asyn_abs" xmlns:sap-extn="http://www.sap.com/xi/extensions">
            <assign name="packMsg#1">
                <copy>
                    <from expression="sap-extn:packMsgInTransformParam(&apos;Transform_packedInMsg&apos;, &apos;inMsg&apos;, , &apos;energieVertragAntrag&apos;, , &apos;empfangVertragAntrag_asyn_abs&apos;, &apos;http://lwp&apos;, &apos;&apos;, &apos;energieVertragAntrag_msg&apos;)"/>
                    <to variable="Transform_packedInMsg"/>
                </copy>
            </assign>
            <invoke partnerLink="Transform_Link" portType="Transform_PT" operation="TransformOp" inputVariable="Transform_packedInMsg" outputVariable="Transform_packedOutMsg"/>
            <assign name="unpackMsg#1">
                <copy>
                    <from expression="sap-extn:unpackMsgOutofTransformParam(&apos;Transform_packedOutMsg&apos;, &apos;outMsg&apos;, , &apos;getNeuKundenId_asyn_abs&apos;, &apos;http://lwp&apos;, &apos;neueKundenIdReq_msg&apos;)"/>
                    <to variable="generatedNeuKundenIdReq"/>
                </copy>
            </assign>
        </sequence>
        <invoke name="GeneriereNeuKundenId" sap-extn:context="" sap-extn:mode="Sync" inputVariable="generatedNeuKundenIdReq" outputVariable="generatedNeuKundenIdRes" partnerLink="" portType="http://lwp:getNeuKundenId_sync_abs" operation="getNeuKundenId_sync_abs" sap-extn:syncInfNamespace="http://lwp" xmlns:sap-extn="http://www.sap.com/xi/extensions"/>
        <sequence sap-extn:stepType="TRANSFORM" sap-extn:stepName="Kuendigungsnachricht" sap-extn:mapProgram="http://lwp:energieVertragAntrag_asyn_abs2kuendigung_asyn_abs" xmlns:sap-extn="http://www.sap.com/xi/extensions">
            <assign name="packMsg#1">
                <copy>
                    <from expression="sap-extn:packMsgInTransformParam(&apos;Transform_packedInMsg&apos;, &apos;inMsg&apos;, , &apos;energieVertragAntrag&apos;, , &apos;empfangVertragAntrag_asyn_abs&apos;, &apos;http://lwp&apos;, &apos;&apos;, &apos;energieVertragAntrag_msg&apos;)"/>
                    <to variable="Transform_packedInMsg"/>
                </copy>
            </assign>
            <invoke partnerLink="Transform_Link" portType="Transform_PT" operation="TransformOp" inputVariable="Transform_packedInMsg" outputVariable="Transform_packedOutMsg"/>
            <assign name="unpackMsg#1">
                <copy>
                    <from expression="sap-extn:unpackMsgOutofTransformParam(&apos;Transform_packedOutMsg&apos;, &apos;outMsg&apos;, , &apos;sendeKuendigung_asyn_abs&apos;, &apos;http://lwp&apos;, &apos;kuendigung_msg&apos;)"/>
                    <to variable="kuendigung"/>
                </copy>
            </assign>
        </sequence>
        <invoke name="SendeKündigung" sap-extn:context="" sap-extn:mode="Async" inputVariable="kuendigung" xmlns:sap-extn="http://www.sap.com/xi/extensions">
            <correlations>
                <correlation set="kuendigungCorr" initiate="yes"/>
            </correlations>
        </invoke>
        <receive name="empfangKuendigungsNachricht" variable="antwortKuendigung" createInstance="">
            <correlations>
                <correlation set="kuendigungCorr" initiate="no"/>
            </correlations>
        </receive>
        <switch name="Kuendigungerfolgreich">
            <case condition="(antwortKuendigung./p1:antwortKuendigung_msg/buf1 = 0)">
                <sequence>
                    <receive name="Empfangen1" variable="abmeldungNetzkunde" createInstance="">
                        <correlations>
                            <correlation set="kuendigungCorr" initiate="no"/>
                        </correlations>
                    </receive>
```

```xml
<sequence sap-extn:stepType="TRANSFORM" sap-extn:stepName="zumNetzkunden" sap-extn:mapProgram="http://lwp:BempfangVertragAntrag_asyn_abs2sendeNeuNetzkunde_sync_abs" xmlns:sap-extn="http://www.sap.com/xi/extensions">
    <assign name="packMsg#1">
        <copy>
            <from expression="sap-extn:packMsgInTransformParam(&apos;Transform_packedInMsg&apos;, &apos;inMsg&apos;, , &apos;energieVertragAntrag&apos;, , &apos;empfangVertragAntrag_asyn_abs&apos;, , &apos;http://lwp&apos;, , &apos;&apos;, , &apos;energieVertragAntrag_msg&apos;)"/>
            <to variable="Transform_packedInMsg"/>
        </copy>
    </assign>
    <assign name="packMsg#2">
        <copy>
            <from expression="sap-extn:packMsgInTransformParam(&apos;Transform_packedInMsg&apos;, , &apos;inMsg&apos;, , &apos;generatedNeuKundenIdRes&apos;, , &apos;empfangNeuKundenId_asyn_abs&apos;, , &apos;http://lwp&apos;, , &apos;&apos;, , &apos;neueKundenIdRes_msg&apos;)"/>
            <to variable="Transform_packedInMsg"/>
        </copy>
    </assign>
    <invoke partnerLink="Transform_Link" portType="Transform_PT" operation="TransformOp" inputVariable="Transform_packedInMsg" outputVariable="Transform_packedOutMsg"/>
    <assign name="unpackMsg#1">
        <copy>
            <from expression="sap-extn:unpackMsgOutofTransformParam(&apos;Transform_packedOutMsg&apos;, , &apos;outMsg&apos;, , &apos;sendeNeuNetzkunde_asyn_abs&apos;, , &apos;http://lwp&apos;, , &apos;neuerNetzKunde_msg&apos;)"/>
            <to variable="neuerNetzkunde"/>
        </copy>
    </assign>
</sequence>
<invoke name="erstelleNetzkunde" sap-extn:context="" sap-extn:mode="Sync" inputVariable="neuerNetzkunde" outputVariable="neuerNetzKunde_Res" portType="http://lwp:sendeNeuNetzkunde_sync_abs" operation="sendeNeuNetzkunde_sync_abs" sap-extn:syncInfNamespace="http://lwp" xmlns:sap-extn="http://www.sap.com/xi/extensions"/>
<sequence sap-extn:stepType="TRANSFORM" sap-extn:stepName="extrahiereIds_1" sap-extn:mapProgram="http://lwp:antwortNeuNetzkundeNeuGeneratedId2vereinigeIds" xmlns:sap-extn="http://www.sap.com/xi/extensions">
    <assign name="packMsg#1">
        <copy>
            <from expression="sap-extn:packMsgInTransformParam(&apos;Transform_packedInMsg&apos;, , &apos;inMsg&apos;, , &apos;generatedNeuKundenIdRes&apos;, , &apos;empfangNeuKundenId_asyn_abs&apos;, , &apos;http://lwp&apos;, , &apos;&apos;, , &apos;neueKundenIdRes_msg&apos;)"/>
            <to variable="Transform_packedInMsg"/>
        </copy>
    </assign>
    <assign name="packMsg#2">
        <copy>
            <from expression="sap-extn:packMsgInTransformParam(&apos;Transform_packedInMsg&apos;, , &apos;inMsg&apos;, , &apos;neuerNetzKunde_Res&apos;, , &apos;empfangAntwortNeuNetzKunde_asyn_abs&apos;, , &apos;http://lwp&apos;, , &apos;&apos;, , &apos;neuerNetzKundeRes_msg&apos;)"/>
            <to variable="Transform_packedInMsg"/>
        </copy>
    </assign>
    <invoke partnerLink="Transform_Link" portType="Transform_PT" operation="TransformOp" inputVariable="Transform_packedInMsg" outputVariable="Transform_packedOutMsg"/>
    <assign name="unpackMsg#1">
        <copy>
            <from expression="sap-extn:unpackMsgOutofTransformParam(&apos;Transform_packedOutMsg&apos;, , &apos;outMsg&apos;, , &apos;vereinigeIds_asyn_abs&apos;, , &apos;http://lwp&apos;, , &apos;vereinigeIds_msg&apos;)"/>
            <to variable="vereinigeids"/>
        </copy>
    </assign>
</sequence>
<sequence sap-extn:stepType="TRANSFORM" sap-extn:stepName="extrahiereId_2" sap-extn:mapProgram="http://lwp:EempfangVertrag_asyn_abs2sendeNeuLieferkunde" xmlns:sap-extn="http://www.sap.com/xi/extensions">
    <assign name="packMsg#1">
        <copy>
            <from expression="sap-extn:packMsgInTransformParam(&apos;Transform_packedInMsg&apos;, , &apos;inMsg&apos;, , &apos;energieVertragAntrag&apos;, , &apos;empfangVertragAntrag_asyn_abs&apos;, , &apos;http://lwp&apos;, , &apos;&apos;, , &apos;energieVertragAntrag_msg&apos;)"/>
            <to variable="Transform_packedInMsg"/>
        </copy>
    </assign>
    <assign name="packMsg#2">
        <copy>
            <from expression="sap-extn:packMsgInTransformParam(&apos;Transform_packedInMsg&apos;, , &apos;inMsg&apos;, , &apos;vereinigeids&apos;, , &apos;vereinigeIds_asyn_abs&apos;, , &apos;http://lwp&apos;, , &apos;&apos;, , &apos;vereinigeIds_msg&apos;)"/>
            <to variable="Transform_packedInMsg"/>
        </copy>
    </assign>
    <invoke partnerLink="Transform_Link" portType="Transform_PT" operation="TransformOp" inputVariable="Transform_packedInMsg" outputVariable="Transform_packedOutMsg"/>
    <assign name="unpackMsg#1">
        <copy>
            <from expression="sap-extn:unpackMsgOutofTransformParam(&apos;Transform_packedOutMsg&apos;, , &apos;outMsg&apos;, , &apos;sendeNeuLieferKunde_asyn_abs&apos;, , &apos;http://lwp&apos;, , &apos;neuerLieferKunde_msg&apos;)"/>
            <to variable="neuerLieferKunde"/>
        </copy>
    </assign>
</sequence>
<invoke name="erstelleNeuenLieferkunden" sap-extn:context="" sap-extn:mode="Sync" inputVariable="neuerLieferKunde" outputVariable="neuerLieferKunde_Res" portType="http://lwp:sendeNeuLieferKunde_sync_abs" operation="sendeNeuLieferKunde_sync_abs" sap-extn:syncInfNamespace="http://lwp" xmlns:sap-extn="http://www.sap.com/xi/extensions"/>
<sequence sap-extn:stepType="TRANSFORM" sap-extn:stepName="macheAnwort" sap-extn:mapProgram="http://lwp:empfangAntwortKuendigung2antwort_asyn_abs" xmlns:sap-extn="http://www.sap.com/xi/extensions">
```

```xml
<assign name="packMsg#1">
    <copy>
        <from expression="sap-extn:packMsgInTransformParam(&apos;Transform_packedInMsg&apos;, &apos;inMsg&apos;, , &apos;antwortKuendigung&apos;, , &apos;empfangAntwortKuendigung_asyn_abst&apos;, , &apos;http://lwp&apos;, , &apos;&apos;, , &apos;antwortKuendigung_msg&apos;)"/>
        <to variable="Transform_packedInMsg"/>
    </copy>
</assign>
<invoke partnerLink="Transform_Link" portType="Transform_PT" operation="TransformOp" inputVariable="Transform_packedInMsg" outputVariable="Transform_packedOutMsg"/>
<assign name="unpackMsg#1">
    <copy>
        <from expression="sap-extn:unpackMsgOutofTransformParam(&apos;Transform_packedOutMsg&apos;, &apos;outMsg&apos;, , &apos;antwortAufAntrag_asyn_abs&apos;, , &apos;http://lwp&apos;, , &apos;antwortAufAntrag_msg&apos;)"/>
        <to variable="antwortAufAntrag"/>
    </copy>
</assign>
</sequence>
<invoke name="sendeAnwort" sap-extn:context="" sap-extn:mode="Async" inputVariable="antwortAufAntrag" xmlns:sap-extn="http://www.sap.com/xi/extensions"/>
</sequence>
</case>
<otherwise>
<sequence>
    <sequence sap-extn:stepType="TRANSFORM" sap-extn:stepName="Transformation3" sap-extn:mapProgram="http://lwp:empfangAntwortKuendigung2antwort_asyn_abs" xmlns:sap-extn="http://www.sap.com/xi/extensions">
    <assign name="packMsg#1">
        <copy>
            <from expression="sap-extn:packMsgInTransformParam(&apos;Transform_packedInMsg&apos;, &apos;inMsg&apos;, , &apos;antwortKuendigung&apos;, , &apos;empfangAntwortKuendigung_asyn_abst&apos;, , &apos;http://lwp&apos;, , &apos;&apos;, , &apos;antwortKuendigung_msg&apos;)"/>
            <to variable="Transform_packedInMsg"/>
        </copy>
    </assign>
    <invoke partnerLink="Transform_Link" portType="Transform_PT" operation="TransformOp" inputVariable="Transform_packedInMsg" outputVariable="Transform_packedOutMsg"/>
    <assign name="unpackMsg#1">
        <copy>
            <from expression="sap-extn:unpackMsgOutofTransformParam(&apos;Transform_packedOutMsg&apos;, &apos;outMsg&apos;, , &apos;antwortAufAntrag_asyn_abs&apos;, , &apos;http://lwp&apos;, , &apos;antwortAufAntrag_msg&apos;)"/>
            <to variable="antwortAufAntrag"/>
        </copy>
```

d Übersicht über alle Message Interfaces

Tabelle C-1 Übersicht über alle ein- und - ausgehenden Schnittstellen des LWP Prozesses

Service	Schnittstelle	Typ	Namespace	MT	Beschreibung
Kündigung	empfangKuendigung_asyn_in	IN[360];ASY[361]	http://LieferantAlt	kuendigung_msg (vgl. Abbildung C-8)	Dieser Dienst verarbeitet die Kündigungsanfrage. Die Nachricht umfasst alle Kundendaten sowie eine Vorgangsidentifikationsnummer. Die Nachrichtendefinition entspricht der des E35[362] „Kündigung". Dieser Dienst speichert die Anfrage in einer Tabelle ab. In Folge der Bearbeitung der Kündigungsanfrage wird dieser Datensatz entsprechend dem Ergebnis der Prüfung geändert.
	sendeAbmeldungAltenLieferant_asyn_abs	OUT[363]:ASY	http://LieferantAlt	abMeldungAltenLieferant_msg (vgl. Abbildung C-12)	Sendet die Abmeldung des bisherigen Kunden an den Netzbetreiber (integriertes EVU). Entspricht der E02[364].

---

[360] Abkürzung für inbound Message-Interface (eingehend).
[361] Abkürzung für asynchrone Kommunikation.
[362] Vgl. Verband der Elektrizitätswirtschaft S. 33 Anwendungsübersicht Kündigung und Beistellung zwischen Lieferanten.
[363] Abkürzung für outbound Message-Interface (ausgehend)
[364] Vgl. Verband der Elektrizitätswirtschaft S. 25 Anwendungsübersicht An – und Abmeldung zwischen Verteilnetzbetreiber und Lieferant

	sendeAntwortKuendigung_asyn_out	OUT;ASY	http://LieferantAlt	antwortKuendigung_msg (vgl. Abbildung C-13)	Sendet die Antwort der Kündigungsanfrage an den neuen Lieferanten. Entspricht der E35 Antwort.
erstelleNetzkunde	ZAPI_ISUPARTNER_CREATEFROMDATA	RFC[365]			Der Netzkunde wird per Ausführung einer BAPI Methode im System des Netzbetreibers erstellt.
erstelleLieferkunde	ZAPI_FLCUST_CREATEFROMDATA	RFC			Das Kundenobjekt wird im System des neuen Lieferanten erstellt.
LWP_durchführen XI (Business Process)	empfangAbmeldungAltenLieferant_asyn_abs	IN;ASY	http://lwp	abmeldungAltenLieferant_msg (vgl. Abbildung C-12, der tatsächliche Nachrichtentyp besitzt einen anderen als den in dieser Abbildung angegebenen Namensraum)	Integriertes EVU empfängt die Abmeldung des alten Lieferanten über die Beendigung des Vertragsverhältnisses zu einem Kunden. Damit ist die Voraussetzung für eine Neuanmeldung durch den neuen Lieferanten erfüllt.
	sendeKuendigung_asyn_abs	OUT;ASY	http://lwp	Kuendigung_msg (vgl. Abbildung C-7)	Neuer Lieferant versendet Kündigung an den bisherigen Lieferanten. Das Datendesign orientiert sich an das E35 Kündigung

---

[365] Abkürzung für RemoteFunctionCall. Der Aufruf einer BAPI – Methode in einem R/3 System.

getNeuKundenId_sync_abs	OUT;ASY	http://lwp	O:neueKundenIdReq_msg (vgl. Abbildung C-4) I:neueKundenIdRes_msg (vgl. Abbildung C-6)	Der Lieferantenwechselprozess benötigt eine eindeutige Vorgangsidentifikationsnummer. Diese wird durch einen speziellen Dienst angefordert und auf Basis des Namens des Kunden ermittelt.
empfangVertragAntrag_asyn_abs	IN;ASY	http://lwp	energieVertragAntrag_msg (vgl. Abbildung C-3)	Über diese Schnittstelle wird der LWP initiiert. Der Kunde übermittelt seinen Antrag zum Wechsel seines bisherigen Lieferanten
sendeNeuLieferKunde_sync_abs	OUT;SY[366]	http://lwp	O:neuerLieferKunde_msg (vgl. Abbildung C-17) I:neuerLieferKundeRes_msg (vgl. Abbildung C-18)	Über dieses Interface wird die Erstellung eines neuen Kundenobjektes initiiert.
antwortAufAntrag_asyn_abs	OUT;ASY	http://lwp	antwortAufAntrag_msg (vgl. Abbildung C-19)	Über dieses Interface wird eine Nachricht über den Status des Antrags an den Kunden verschickt.
empfangAntwortKuendigung_asyn_abs	IN;ASY	http://lwp	antwortKuendigung_msg (vgl. Abbildung C-13)	Der bisherige Lieferant sendet die Kündigung an dieses Interface des Business Processes. In dieser Antwort ist die Entscheidung

---

[366] Abkürzung für synchrone Kommunikation.

					ob eine Kündigung erfolgt ist oder nicht kodiert.
generateId	generateKundenId_sync_in	IN;SY	http://generateKundenID4Lieferant	I:kundenIdRequest_msg (vgl. Abbildung C-4, mit einem anderen Namensraum) O:kundenIdResponse_msg (vgl. Abbildung C-6, mit einem anderen Namensraum)	Diese Serviceschnittstelle erzeugt die eindeutige Vorgangsidentifikationsnummer
Kunde	sendeEnergieVertrag	OUT;ASY	http://lwpKunde	energieVertragAntrag_msg (vgl. Abbildung C-3)	Der Kunde verschickt seinen Antrag an den integrierten EVU
	antwortAufAntrag_asyn_in	IN:ASY	http://lwpKunde	antwortAufAntrag_msg (vgl. Abbildung C-19)	Über diese Serviceschnittstelle des Kunden empfängt er den Status seines Antrags.

e IE Protokoll

Tabelle C-2 Protokoll der empfangenen Nachrichten durch die IE

StartTime	Sender Service	Sender Namespace	Sender Interface	Receiver Service	Receiver Namespace	Receiver Interface	Message ID	Client	Version
16:28:15	ASN_205	http://lwpKunde	sendeEnergieVertragAntrag				0037983A631D3945AEFF1C14B60DEFAC	205	"Current Status"
16:28:16	ASN_205	http://lwpKunde	sendeEnergieVertragAntrag	coord_lwp_111004	http://lwp	empfangVertragAntrag_asyn_abs	0037983A631D3945AEFF1C14B60DEFAC	200	Inbound Message
16:28:16	ASN_205	http://lwpKunde	sendeEnergieVertragAntrag	coord_lwp_111004	http://lwp	empfangVertragAntrag_asyn_abs	0037983A631D3945AEFF1C14B60DEFAC	200	Empfaenger-Ermittlung
16:28:16	ASN_205	http://lwpKunde	sendeEnergieVertragAntrag	coord_lwp_111004	http://lwp	empfangVertragAntrag_asyn_abs	0037983A631D3945AEFF1C14B60DEFAC	200	Interface-Ermittlung
16:28:16	ASN_205	http://lwpKunde	sendeEnergieVertragAntrag	coord_lwp_111004	http://lwp	empfangVertragAntrag_asyn_abs	0037983A631D3945AEFF1C14B60DEFAC	200	Receiver Grouping
16:28:16	ASN_205	http://lwpKunde	sendeEnergieVertragAntrag	coord_lwp_111004	http://lwp	empfangVertragAntrag_asyn_abs	0037983A631D3945AEFF1C14B60DEFAC	200	Message-Verzweigung gemaess Empfaengerliste
16:28:16	ASN_205	http://lwpKunde	sendeEnergieVertragAntrag	coord_lwp_111004	http://lwp	empfangVertragAntrag_asyn_abs	0037983A631D3945AEFF1C14B60DEFAC	200	Mapping der Request-Message
16:28:16	ASN_205	http://lwpKunde	sendeEnergieVertragAntrag	coord_lwp_111004	http://lwp	empfangVertragAntrag_asyn_abs	0037983A631D3945AEFF1C14B60DEFAC	200	Technisches Routing
16:28:16	ASN_205	http://lwpKunde	sendeEnergieVertragAntrag	coord_lwp_111004	http://lwp	empfangVertragAntrag_asyn_abs	0037983A631D3945AEFF1C14B60DEFAC	200	Aufruf eines Adapters
16:28:16	ASN_205	http://lwpKunde	sendeEnergieVertragAntrag	coord_lwp_111004	http://lwp	empfangVertragAntrag_asyn_abs	0037983A631D3945AEFF1C14B60DEFAC	200	Response
16:28:18	coord_lwp_111004	http://lwp	getNeuKundenId_sync_abs	prtest	http://generateKundenID4Lieferant	generateKundenId_sync_in	FBE0FBFA0FC3AA4DB052390C44770B4E	200	Inbound Message
16:28:18	coord_lwp_111004	http://lwp	getNeuKundenId_sync_abs	prtest	http://generateKundenID4Lieferant	generateKundenId_sync_in	FBE0FBFA0FC3AA4DB052390C44770B4E	200	Empfaenger-Ermittlung

Time	Col2	Col3	Col4	Col5	Col6	Col7	Col8	Col9
16:28:18	coord_lwp_111004	http://lwp	getNeuKundenId_sync_abs	prtest	http://generateKundenID4Lieferant	generateKundenId_sync_in	FBE0FBFA0FC3AA4DB052390C44770B4E	200	Interface-Ermittlung
16:28:18	coord_lwp_111004	http://lwp	getNeuKundenId_sync_abs	prtest	http://generateKundenID4Lieferant	generateKundenId_sync_in	FBE0FBFA0FC3AA4DB052390C44770B4E	200	Message-Verzweigung gemaess Empfaengerliste
16:28:18	coord_lwp_111004	http://lwp	getNeuKundenId_sync_abs	prtest	http://generateKundenID4Lieferant	generateKundenId_sync_in	FBE0FBFA0FC3AA4DB052390C44770B4E	200	Mapping der Request-Message
16:28:18	coord_lwp_111004	http://lwp	getNeuKundenId_sync_abs	prtest	http://generateKundenID4Lieferant	generateKundenId_sync_in	FBE0FBFA0FC3AA4DB052390C44770B4E	200	Technisches Routing
16:28:18	coord_lwp_111004	http://lwp	getNeuKundenId_sync_abs	prtest	http://generateKundenID4Lieferant	generateKundenId_sync_in	FBE0FBFA0FC3AA4DB052390C44770B4E	200	Aufruf eines Adapters
16:28:19	Prtest	http://generateKundenID4Lieferant	generateKundenId_sync_in	coord_lwp_111004	http://lwp	getNeuKundenId_sync_abs	4D7509803D6411D9B02D000EA6482A98	200	Inbound Message
16:28:19	Prtest	http://generateKundenID4Lieferant	generateKundenId_sync_in	coord_lwp_111004	http://lwp	getNeuKundenId_sync_abs	4D7509803D6411D9B02D000EA6482A98	200	Mapping der Response-Message
16:28:20	coord_lwp_111004	http://lwp	sendeKuendigung_asyn_abs	ASN_207	http://LieferantAlt	empfangKuendigung_asyn_in	E831E77F2AE4394DBBDAA7BFFB8CF6EB	200	Inbound Message
16:28:20	coord_lwp_111004	http://lwp	sendeKuendigung_asyn_abs	ASN_207	http://LieferantAlt	empfangKuendigung_asyn_in	E831E77F2AE4394DBBDAA7BFFB8CF6EB	200	Empfaenger-Ermittlung
16:28:20	coord_lwp_111004	http://lwp	sendeKuendigung_asyn_abs	ASN_207	http://LieferantAlt	empfangKuendigung_asyn_in	E831E77F2AE4394DBBDAA7BFFB8CF6EB	200	Interface-Ermittlung

Time	Col2	Col3	Col4	Col5	Col6	Col7	Col8	Col9	Col10
16:28:20	coord_lwp_11100 4	http://lwp	sendeKuendigung_asyn_abs	ASN_207	http://LieferantAlt	empfangKuendigung_asyn_in	E831E77F2AE4394DBBDAA7BFFB8CF6EB	200	Receiver Grouping
16:28:20	coord_lwp_11100 4	http://lwp	sendeKuendigung_asyn_abs	ASN_207	http://LieferantAlt	empfangKuendigung_asyn_in	E831E77F2AE4394DBBDAA7BFFB8CF6EB	200	Message-Verzweigung gemaess Empfaengerliste
16:28:20	coord_lwp_11100 4	http://lwp	sendeKuendigung_asyn_abs	ASN_207	http://LieferantAlt	empfangKuendigung_asyn_in	E831E77F2AE4394DBBDAA7BFFB8CF6EB	200	Mapping der Request-Message
16:28:20	coord_lwp_11100 4	http://lwp	sendeKuendigung_asyn_abs	ASN_207	http://LieferantAlt	empfangKuendigung_asyn_in	E831E77F2AE4394DBBDAA7BFFB8CF6EB	200	Technisches Routing
16:28:20	coord_lwp_11100 4	http://lwp	sendeKuendigung_asyn_abs	ASN_207	http://LieferantAlt	empfangKuendigung_asyn_in	E831E77F2AE4394DBBDAA7BFFB8CF6EB	200	Aufruf eines Adapters
16:28:20	coord_lwp_11100 4	http://lwp	sendeKuendigung_asyn_abs	ASN_207	http://LieferantAlt	empfangKuendigung_asyn_in	E831E77F2AE4394DBBDAA7BFFB8CF6EB	200	Response
16:28:20	coord_lwp_11100 4			ASN_207	http://LieferantAlt	empfangKuendigung_asyn_in	E831E77F2AE4394DBBDAA7BFFB8CF6EB	207	"Current Status"
16:28:21	ASN_207	http://LieferantAlt	sendeKuendigungsAntrag_asyn_out				A380C0B55FCD434B805BE0C7EA3E5160	207	"Current Status"
16:28:21	ASN_207	http://LieferantAlt	sendeKuendigungsAntrag_asyn_out	coord_checkkuendig_11100 4	http://LieferantAlt	empfangKuendigung_asyn_abs	A380C0B55FCD434B805BE0C7EA3E5160	200	Inbound Message
16:28:21	ASN_207	http://LieferantAlt	sendeKuendigungsAntrag_asyn_out	coord_checkkuendig_11100 4	http://LieferantAlt	empfangKuendigung_asyn_abs	A380C0B55FCD434B805BE0C7EA3E5160	200	Empfaenger-Ermittlung
16:28:21	ASN_207	http://LieferantAlt	sendeKuendigungsAntrag_asyn_out	coord_checkkuendig_11100 4	http://LieferantAlt	empfangKuendigung_asyn_abs	A380C0B55FCD434B805BE0C7EA3E5160	200	Interface-Ermittlung

16:28:21	ASN_20 7	http://LieferantAlt	sendeKuendi-gungsAn-trag_asyn_out	coord_che ckkuen-dig_11100 4	http://LieferantAlt	empfangKuendi-gung_asyn_abs	A380C0B55FCD434B 805BE0C7EA3E5160	200	Receiver Grouping
16:28:21	ASN_20 7	http://LieferantAlt	sendeKuendi-gungsAn-trag_asyn_out	coord_che ckkuen-dig_11100 4	http://LieferantAlt	empfangKuendi-gung_asyn_abs	A380C0B55FCD434B 805BE0C7EA3E5160	200	Message-Verzweigung gemaess Empfaengerliste
16:28:21	ASN_20 7	http://LieferantAlt	sendeKuendi-gungsAn-trag_asyn_out	coord_che ckkuen-dig_11100 4	http://LieferantAlt	empfangKuendi-gung_asyn_abs	A380C0B55FCD434B 805BE0C7EA3E5160	200	Mapping der Request-Message
16:28:21	ASN_20 7	http://LieferantAlt	sendeKuendi-gungsAn-trag_asyn_out	coord_che ckkuen-dig_11100 4	http://LieferantAlt	empfangKuendi-gung_asyn_abs	A380C0B55FCD434B 805BE0C7EA3E5160	200	Technisches Routing
16:28:21	ASN_20 7	http://LieferantAlt	sendeKuendi-gungsAn-trag_asyn_out	coord_che ckkuen-dig_11100 4	http://LieferantAlt	empfangKuendi-gung_asyn_abs	A380C0B55FCD434B 805BE0C7EA3E5160	200	Aufruf eines Adapters
16:28:21	ASN_20 7	http://LieferantAlt	sendeKuendi-gungsAn-trag_asyn_out	coord_che ckkuen-dig_11100 4	http://LieferantAlt	empfangKuendi-gung_asyn_abs	A380C0B55FCD434B 805BE0C7EA3E5160	200	Response
16:28:23	coord_ch eckkuen-en-dig_1110 04	http://LieferantAlt	sende-CheckQuery_syn c_abs	prtest	http://kuendigungE ngine	checkKuendigungQuery	5CE05F6B5B318F45 A8417C59C23F1918	200	Inbound Message
16:28:23	coord_ch eckkuen-en-dig_1110 04	http://LieferantAlt	sende-CheckQuery_syn c_abs	prtest	http://kuendigungE ngine	checkKuendigungQuery	5CE05F6B5B318F45 A8417C59C23F1918	200	Empfaenger-Ermittlung

16:28:23	coord_ch eckkuen- en- dig_1110 04	http://Lief erantAlt	sende- CheckQuery_syn c_abs	prtest	http://kuendigungE ngine	checkKuendigungQuery	5CE05F6B5B318F45 A8417C59C23F1918	200	Interface- Ermittlung
16:28:23	coord_ch eckkuen- en- dig_1110 04	http://Lief erantAlt	sende- CheckQuery_syn c_abs	prtest	http://kuendigungE ngine	checkKuendigungQuery	5CE05F6B5B318F45 A8417C59C23F1918	200	Message- Verzweigung gemaess Empfaengerliste
16:28:23	coord_ch eckkuen- en- dig_1110 04	http://Lief erantAlt	sende- CheckQuery_syn c_abs	prtest	http://kuendigungE ngine	checkKuendigungQuery	5CE05F6B5B318F45 A8417C59C23F1918	200	Mapping der Request- Message
16:28:23	coord_ch eckkuen- en- dig_1110 04	http://Lief erantAlt	sende- CheckQuery_syn c_abs	prtest	http://kuendigungE ngine	checkKuendigungQuery	5CE05F6B5B318F45 A8417C59C23F1918	200	Technisches Routing
16:28:23	coord_ch eckkuen- en- dig_1110 04	http://Lief erantAlt	sende- CheckQuery_syn c_abs	prtest	http://kuendigungE ngine	checkKuendigungQuery	5CE05F6B5B318F45 A8417C59C23F1918	200	Aufruf eines Adapters
16:28:23	Prtest	http://kue ndi- gungEn- gine	checkKuendi- gungQuery	coord_che ckkuen- dig_11100 4	http://LieferantAlt	sende- CheckQuery_sync_abs	503DED803D6411D9 B7DC000EA6482A98	200	Inbound Message
16:28:23	Prtest	http://kue ndi- gungEn- gine	checkKuendi- gungQuery	coord_che ckkuen- dig_11100 4	http://LieferantAlt	sende- CheckQuery_sync_abs	503DED803D6411D9 B7DC000EA6482A98	200	Mapping der Response- Message

16:28:24	coord_ch eckkuen-en-dig_1110 04	http://Lief erantAlt	sendeRueckant-wortPruefungKu-endi-gung_asyn_abs	ASN_207	http://LieferantAlt	empfangRueckant-wort_asyn_in	D6BB10BBC95A9746 A6B5605A3310D91C	200	Inbound Message
16:28:24	coord_ch eckkuen-en-dig_1110 04	http://Lief erantAlt	sendeRueckant-wortPruefungKu-endi-gung_asyn_abs	ASN_207	http://LieferantAlt	empfangRueckant-wort_asyn_in	D6BB10BBC95A9746 A6B5605A3310D91C	200	Empfaenger-Ermittlung
16:28:24	coord_ch eckkuen-en-dig_1110 04	http://Lief erantAlt	sendeRueckant-wortPruefungKu-endi-gung_asyn_abs	ASN_207	http://LieferantAlt	empfangRueckant-wort_asyn_in	D6BB10BBC95A9746 A6B5605A3310D91C	200	Interface-Ermittlung
16:28:24	coord_ch eckkuen-en-dig_1110 04	http://Lief erantAlt	sendeRueckant-wortPruefungKu-endi-gung_asyn_abs	ASN_207	http://LieferantAlt	empfangRueckant-wort_asyn_in	D6BB10BBC95A9746 A6B5605A3310D91C	200	Receiver Grouping
16:28:24	coord_ch eckkuen-en-dig_1110 04	http://Lief erantAlt	sendeRueckant-wortPruefungKu-endi-gung_asyn_abs	ASN_207	http://LieferantAlt	empfangRueckant-wort_asyn_in	D6BB10BBC95A9746 A6B5605A3310D91C	200	Message-Verzweigung gemaess Empfaengerliste
16:28:24	coord_ch eckkuen-en-dig_1110 04	http://Lief erantAlt	sendeRueckant-wortPruefungKu-endi-gung_asyn_abs	ASN_207	http://LieferantAlt	empfangRueckant-wort_asyn_in	D6BB10BBC95A9746 A6B5605A3310D91C	200	Mapping der Request-Message
16:28:24	coord_ch eckkuen-en-dig_1110 04	http://Lief erantAlt	sendeRueckant-wortPruefungKu-endi-gung_asyn_abs	ASN_207	http://LieferantAlt	empfangRueckant-wort_asyn_in	D6BB10BBC95A9746 A6B5605A3310D91C	200	Technisches Routing

16:28:24	coord_ch eckkuen- en- dig_1110 04	http://Lief erantAlt	sendeRueckant wortPruefungKu endi- gung_asyn_abs	ASN_207	http://LieferantAlt	empfangRueckant wort_asyn_in	D6BB10BBC95A9746 A6B5605A3310D91C	200	Aufruf eines Adapters
16:28:24	coord_ch eckkuen- en- dig_1110 04	http://Lief erantAlt	sendeRueckant wortPruefungKu endi- gung_asyn_abs	ASN_207	http://LieferantAlt	empfangRueckant wort_asyn_in	D6BB10BBC95A9746 A6B5605A3310D91C	200	Response
16:28:25	coord_ch eckkuen- en- dig_1110 04			ASN_207	http://LieferantAlt	empfangRueckant wort_asyn_in	D6BB10BBC95A9746 A6B5605A3310D91C	207	"Current Status"
16:28:25	coord_ch eckkuen- en- dig_1110 04	http://Lief erantAlt	sendeAbmeldun gAltenLiefe- rant_asyn_abs	coord_lwp _111004	http://lwp	empfangAbmeldungA ltenLieferant_asyn_abs	A5025AF6E93F2A49 9EDEFBE92D844BD 0	200	Inbound Message
16:28:25	coord_ch eckkuen- en- dig_1110 04	http://Lief erantAlt	sendeAbmeldun gAltenLiefe- rant_asyn_abs	coord_lwp _111004	http://lwp	empfangAbmeldungA ltenLieferant_asyn_abs	A5025AF6E93F2A49 9EDEFBE92D844BD 0	200	Empfaenger- Ermittlung
16:28:25	coord_ch eckkuen- en- dig_1110 04	http://Lief erantAlt	sendeAbmeldun gAltenLiefe- rant_asyn_abs	coord_lwp _111004	http://lwp	empfangAbmeldungA ltenLieferant_asyn_abs	A5025AF6E93F2A49 9EDEFBE92D844BD 0	200	Interface- Ermittlung
16:28:25	coord_ch eckkuen- en- dig_1110 04	http://Lief erantAlt	sendeAbmeldun gAltenLiefe- rant_asyn_abs	coord_lwp _111004	http://lwp	empfangAbmeldungA ltenLieferant_asyn_abs	A5025AF6E93F2A49 9EDEFBE92D844BD 0	200	Receiver Grouping

Time	Col2	Col3	Col4	Col5	Col6	Col7	Col8	Col9	Col10
16:28:25	coord_check kuenendig_111004	http://Lief erantAlt	sendeAbmeldun gAltenLieferant_asyn_abs	coord_lwp _111004	http://lwp	empfangAbmeldungAltenLieferant_asyn_abs	A5025AF6E93F2A49 9EDEFBE92D844BD0	200	Message-Verzweigung gemaess Empfaengerliste
16:28:25	coord_check kuenendig_111004	http://Lief erantAlt	sendeAbmeldun gAltenLieferant_asyn_abs	coord_lwp _111004	http://lwp	empfangAbmeldungAltenLieferant_asyn_abs	A5025AF6E93F2A49 9EDEFBE92D844BD0	200	Mapping der Request-Message
16:28:25	coord_check kuenendig_111004	http://Lief erantAlt	sendeAbmeldun gAltenLieferant_asyn_abs	coord_lwp _111004	http://lwp	empfangAbmeldungAltenLieferant_asyn_abs	A5025AF6E93F2A49 9EDEFBE92D844BD0	200	Technisches Routing
16:28:25	coord_check kuenendig_111004	http://Lief erantAlt	sendeAbmeldun gAltenLieferant_asyn_abs	coord_lwp _111004	http://lwp	empfangAbmeldungAltenLieferant_asyn_abs	A5025AF6E93F2A49 9EDEFBE92D844BD0	200	Aufruf eines Adapters
16:28:25	coord_check kuenendig_111004	http://Lief erantAlt	sendeAbmeldun gAltenLieferant_asyn_abs	coord_lwp _111004	http://lwp	empfangAbmeldungAltenLieferant_asyn_abs	A5025AF6E93F2A49 9EDEFBE92D844BD0	200	Response
16:34:47	ASN_207	http://Lief erantAlt	sendeAntwortKuendigung_asyn_out				816D5D2F279E2C45 B91B00BEABD15D63	207	"Current Status"
16:34:47	ASN_207	http://Lief erantAlt	sendeAntwortKuendigung_asyn_out	coord_lwp _111004	http://lwp	empfangAntwortKuendigung_asyn_abst	816D5D2F279E2C45 B91B00BEABD15D63	200	Inbound Message
16:34:47	ASN_207	http://Lief erantAlt	sendeAntwortKuendigung_asyn_out	coord_lwp _111004	http://lwp	empfangAntwortKuendigung_asyn_abst	816D5D2F279E2C45 B91B00BEABD15D63	200	Empfaenger-Ermittlung
16:34:47	ASN_207	http://Lief erantAlt	sendeAntwortKuendigung_asyn_out	coord_lwp _111004	http://lwp	empfangAntwortKuendigung_asyn_abst	816D5D2F279E2C45 B91B00BEABD15D63	200	Interface-Ermittlung

16:34:47	ASN_20 7	http://LieferantAlt	sendeAntwortKuendigung_asyn_out	coord_lwp_111004	http://lwp	empfangAntwortKuendigung_asyn_abst	816D5D2F279E2C45 B91B00BEABD15D63	200	Receiver Grouping
16:34:47	ASN_20 7	http://LieferantAlt	sendeAntwortKuendigung_asyn_out	coord_lwp_111004	http://lwp	empfangAntwortKuendigung_asyn_abst	816D5D2F279E2C45 B91B00BEABD15D63	200	Message-Verzweigung gemaess Empfaengerliste
16:34:47	ASN_20 7	http://LieferantAlt	sendeAntwortKuendigung_asyn_out	coord_lwp_111004	http://lwp	empfangAntwortKuendigung_asyn_abst	816D5D2F279E2C45 B91B00BEABD15D63	200	Mapping der Request-Message
16:34:47	ASN_20 7	http://LieferantAlt	sendeAntwortKuendigung_asyn_out	coord_lwp_111004	http://lwp	empfangAntwortKuendigung_asyn_abst	816D5D2F279E2C45 B91B00BEABD15D63	200	Technisches Routing
16:34:47	ASN_20 7	http://LieferantAlt	sendeAntwortKuendigung_asyn_out	coord_lwp_111004	http://lwp	empfangAntwortKuendigung_asyn_abst	816D5D2F279E2C45 B91B00BEABD15D63	200	Aufruf eines Adapters
16:34:47	ASN_20 7	http://LieferantAlt	sendeAntwortKuendigung_asyn_out	coord_lwp_111004	http://lwp	empfangAntwortKuendigung_asyn_abst	816D5D2F279E2C45 B91B00BEABD15D63	200	Response
16:34:50	coord_lwp_111004	http://lwp	sendeNeuNetzkunde_sync_abs	ISU_000	urn:sap-com:document:sap:rfc:functions	ZAPI_ISUPARTNER_CR EATEFROMDATA	D28C4C75CE77EB41 9796F10EA5700D97	200	Inbound Message
16:34:50	coord_lwp_111004	http://lwp	sendeNeuNetzkunde_sync_abs	ISU_000	urn:sap-com:document:sap:rfc:functions	ZAPI_ISUPARTNER_CR EATEFROMDATA	D28C4C75CE77EB41 9796F10EA5700D97	200	Empfaenger-Ermittlung
16:34:50	coord_lwp_111004	http://lwp	sendeNeuNetzkunde_sync_abs	ISU_000	urn:sap-com:document:sap:rfc:functions	ZAPI_ISUPARTNER_CR EATEFROMDATA	D28C4C75CE77EB41 9796F10EA5700D97	200	Interface-Ermittlung
16:34:50	coord_lwp_111004	http://lwp	sendeNeuNetzkunde_sync_abs	ISU_000	urn:sap-com:document:sap:rfc:functions	ZAPI_ISUPARTNER_CR EATEFROMDATA	D28C4C75CE77EB41 9796F10EA5700D97	200	Message-Verzweigung gemaess Empfaengerliste
16:34:50	coord_lwp_111004	http://lwp	sendeNeuNetzkunde_sync_abs	ISU_000	urn:sap-com:document:sap:rfc:functions	ZAPI_ISUPARTNER_CR EATEFROMDATA	D28C4C75CE77EB41 9796F10EA5700D97	200	Mapping der Request-Message

Time	Col1	Col2	Col3	Col4	Col5	Col6	Col7	Col8	Status	Description
16:34:50	coord_lwp_11100 4	http://lwp	sendeNeuNetzkunde_sync_abs	ISU_000	urn:sap-com:document:sap:rfc:functions	ZAPI_ISUPARTNER_CREATEFROMDATA	D28C4C75CE77EB41 9796F10EA5700D97	200	Technisches Routing
16:34:50	coord_lwp_11100 4	http://lwp	sendeNeuNetzkunde_sync_abs	ISU_000	urn:sap-com:document:sap:rfc:functions	ZAPI_ISUPARTNER_CREATEFROMDATA	D28C4C75CE77EB41 9796F10EA5700D97	200	Aufruf eines Adapters
16:34:51	ISU_000	urn:sap-com:document:sap:rfc:functions	ZAPI_ISUPARTNER_CREATEFROMDATA	coord_lwp_111004	http://lwp	sendeNeuNetzkunde_sync_abs	377620A03D6511D9 A8FF000EA6482A98	200	Inbound Message
16:34:51	ISU_000	urn:sap-com:document:sap:rfc:functions	ZAPI_ISUPARTNER_CREATEFROMDATA	coord_lwp_111004	http://lwp	sendeNeuNetzkunde_sync_abs	377620A03D6511D9 A8FF000EA6482A98	200	Mapping der Response-Message
16:34:52	coord_lwp_11100 4	http://lwp	sendeNeuLiefer-Kunde_sync_abs	ASN_206	urn:sap-com:document:sap:rfc:functions	ZAPI_FLCUST_CREATE FROMDATA	CB2812F01DAB4D4E 970F37A1988F0F47	200	Inbound Message
16:34:52	coord_lwp_11100 4	http://lwp	sendeNeuLiefer-Kunde_sync_abs	ASN_206	urn:sap-com:document:sap:rfc:functions	ZAPI_FLCUST_CREATE FROMDATA	CB2812F01DAB4D4E 970F37A1988F0F47	200	Empfaenger-Ermittlung
16:34:52	coord_lwp_11100 4	http://lwp	sendeNeuLiefer-Kunde_sync_abs	ASN_206	urn:sap-com:document:sap:rfc:functions	ZAPI_FLCUST_CREATE FROMDATA	CB2812F01DAB4D4E 970F37A1988F0F47	200	Interface-Ermittlung
16:34:52	coord_lwp_11100 4	http://lwp	sendeNeuLiefer-Kunde_sync_abs	ASN_206	urn:sap-com:document:sap:rfc:functions	ZAPI_FLCUST_CREATE FROMDATA	CB2812F01DAB4D4E 970F37A1988F0F47	200	Message-Verzweigung gemaess Empfaengerliste
16:34:52	coord_lwp_11100 4	http://lwp	sendeNeuLiefer-Kunde_sync_abs	ASN_206	urn:sap-com:document:sap:rfc:functions	ZAPI_FLCUST_CREATE FROMDATA	CB2812F01DAB4D4E 970F37A1988F0F47	200	Mapping der Request-Message
16:34:52	coord_lwp_11100 4	http://lwp	sendeNeuLiefer-Kunde_sync_abs	ASN_206	urn:sap-com:document:sap:rfc:functions	ZAPI_FLCUST_CREATE FROMDATA	CB2812F01DAB4D4E 970F37A1988F0F47	200	Technisches Routing

16:34:52	coord_lwp_111004	http://lwp	sendeNeuLiefer-Kunde_sync_abs	ASN_206	urn:sap-com:document:sap:rfc:functions	ZAPI_FLCUST_CREATEFROMDATA	CB2812F01DAB4D4E970F37A1988F0F47	200	Aufruf eines Adapters
16:34:53	ASN_206	urn:sap-com:document:sap:rfc:functions	ZAPI_FLCUST_CREATEFROMDATA	coord_lwp_111004	http://lwp	sendeNeuLieferKunde_sync_abs	385D73603D6511D994AC000EA6482A98	200	Inbound Message
16:34:53	ASN_206	urn:sap-com:document:sap:rfc:functions	ZAPI_FLCUST_CREATEFROMDATA	coord_lwp_111004	http://lwp	sendeNeuLieferKunde_sync_abs	385D73603D6511D994AC000EA6482A98	200	Mapping der Response-Message
16:34:54	coord_lwp_111004	http://lwp	antwortAufAntrag_asyn_abs	ASN_205	http://lwpKunde	antwortAufAntrag_asyn_in	FF3AA25C5EF15F4DAE691C254A001729	200	Inbound Message
16:34:54	coord_lwp_111004	http://lwp	antwortAufAntrag_asyn_abs	ASN_205	http://lwpKunde	antwortAufAntrag_asyn_in	FF3AA25C5EF15F4DAE691C254A001729	200	Empfaenger-Ermittlung
16:34:54	coord_lwp_111004	http://lwp	antwortAufAntrag_asyn_abs	ASN_205	http://lwpKunde	antwortAufAntrag_asyn_in	FF3AA25C5EF15F4DAE691C254A001729	200	Interface-Ermittlung
16:34:54	coord_lwp_111004	http://lwp	antwortAufAntrag_asyn_abs	ASN_205	http://lwpKunde	antwortAufAntrag_asyn_in	FF3AA25C5EF15F4DAE691C254A001729	200	Receiver Grouping
16:34:54	coord_lwp_111004	http://lwp	antwortAufAntrag_asyn_abs	ASN_205	http://lwpKunde	antwortAufAntrag_asyn_in	FF3AA25C5EF15F4DAE691C254A001729	200	Message-Verzweigung gemaess Empfaengerliste
16:34:54	coord_lwp_111004	http://lwp	antwortAufAntrag_asyn_abs	ASN_205	http://lwpKunde	antwortAufAntrag_asyn_in	FF3AA25C5EF15F4DAE691C254A001729	200	Mapping der Request-Message
16:34:54	coord_lwp_111004	http://lwp	antwortAufAntrag_asyn_abs	ASN_205	http://lwpKunde	antwortAufAntrag_asyn_in	FF3AA25C5EF15F4DAE691C254A001729	200	Technisches Routing

16:34:54	coord_lwp_111004	http://lwp	antwortAufAntrag_asyn_abs	ASN_205	http://lwpKunde	antwortAufAntrag_asyn_in	FF3AA25C5EF15F4D AE691C254A001729	200	Aufruf eines Adapters
16:34:54	coord_lwp_111004	http://lwp	antwortAufAntrag_asyn_abs	ASN_205	http://lwpKunde	antwortAufAntrag_asyn_in	FF3AA25C5EF15F4D AE691C254A001729	200	Response
16:34:55	coord_lwp_111004			ASN_205	http://lwpKunde	antwortAufAntrag_asyn_in	FF3AA25C5EF15F4D AE691C254A001729	205	"Current Status"

D Nutzwertanalyse

a Zielhierarchie

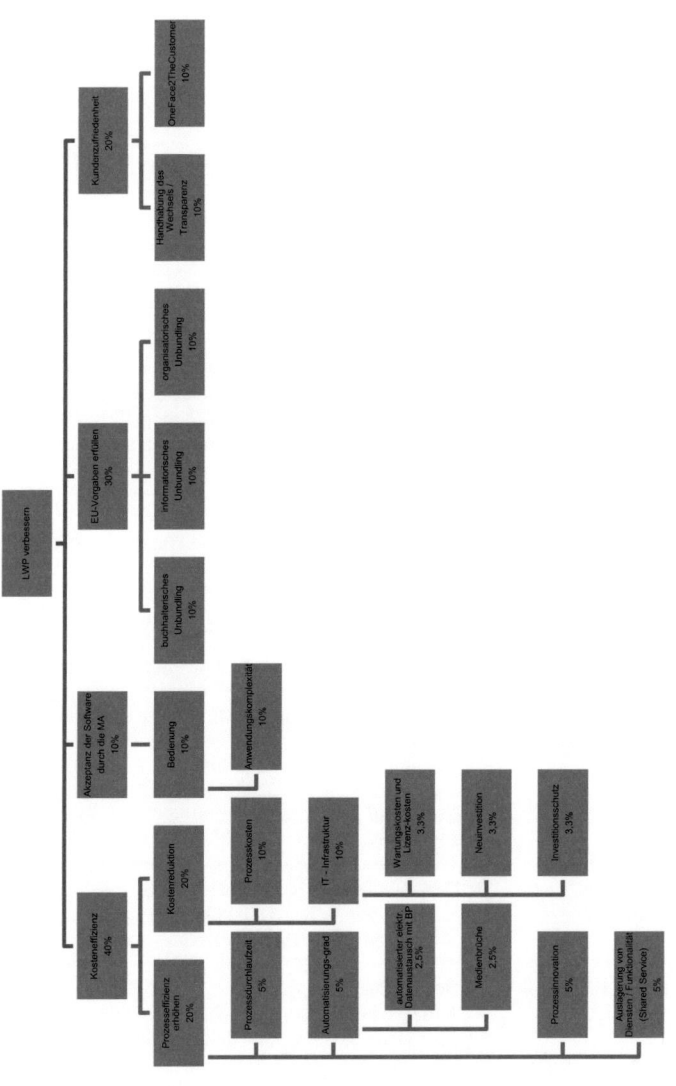

Tabelle D – 1 Beschreibung der Ziele aus der Zielhierarchie

Kriterium	Kurzbeschreibung
LWP verbessern	Gegenstand dieser Arbeit dieses zu zeigen.
Kosteneffizienz	Zeit und Kosten minimieren.
Akzeptanz der Software durch Mitarbeiter	Die Software wird von den Mitarbeitern als unterstützend zur Bewältigung ihrer betrieblichen Aufgaben wahrgenommen.
EU – Vorgaben erfüllen	Inwieweit verläuft der LWP konform zu den Unbundling Forderungen oder sind Änderungen am Prozessdesign notwendig?
Kundenzufriedenheit	Sind die Kunden zufrieden mit der Abwicklung des LWP?
Prozesseffizienz	Welches Maß an Prozesseffizienz kann erreicht werden?
Kostenreduktion	In welchem Umfang können Kostenreduktionen erzielt werden bei der Implementierung.
Bedienung	Usability im weiteren Sinne.
Buchhalterisches Unbundling	Zur Realisierung des buchhalterischen Unbundlings muss eine getrennte Buchführung mit eigener GuV möglich sein, dieses impliziert dass die Leistungsflüsse zwischen Netzbetrieb und Vertrieb innerhalb des integrierten EVU abgerechnet werden.
Informatorisches Unbundling	Die Systeme zwischen Netzbetrieb und Vertrieb sind vollkommen getrennt, die Realisierung des 2-Mandanten Modells wurde umgesetzt.
Organisatorisches Unbundling	Sind die am Prozess beteiligten Sacharbeiter in klar zuordenbaren Abteilungen des Netzbetriebs oder des Vertriebs eingeteilt, oder übernehmen Sacharbeiter aus dem Netzbetrieb auch Aktivitäten die dem Vertrieb zu zurechnen sind wie z.B. Rentabilitätskalkulation?
Handhabung des Wechsels / Transparenz	Kunde kann den Antrag zum Wechsel mit dem Ausfüllen eines einzigen Formulars initiieren, welches er auf eine einfache Weise beziehen kann. Wechselhürden sind abgebaut. Die Zeit zwischen ersten Kundenkontakt und Antragsunterzeichnung ist gering. Kundenservice ist in der Lage schnell auf Kundenwünsche zu reagieren. Der Ablauf ist für den Kunden transparent.
One Face To The Customer	Der Kunde hat beispielsweise über ein CallCenter die Möglichkeit jederzeit seinen Kundenbetreuer zu sprechen, der über alle den Antrag betreffende Informationen verfügt.
Prozessdurchlaufzeit	Durchschnittliche Anzahl an Tagen, die der Prozess im Normalfall(ohne Antragsfehler) dauert vom Antragsempfang bis zum Senden der Bestätigung über den erfolgreich durchgeführten Wechsel.
Prozesskosten	Wie hoch sind die geschätzten Prozesskosten für die Durchführung eines Lieferantenwechselprozesses?

Anwendungskomplexität	Wieviel Anwendungen müssen die Sacharbeiter beherrschen um den Prozess auf Seiten des integrierten EVU durchzuführen. Sind Experten notwendig für die Ausführung. Experte entspricht einem speziell geschulten Mitarbeiter.
Automatisierungsgrad	Kann ein hoher Automatisierungsgrad erzielt werden um die Prozesseffizienz im Hinblick auf die Prozessgeschwindigkeit zu verbessern. Die Aufgaben innerhalb des Prozesses, die zu automatisieren sind, sind auch automatisiert bzw. können automatisiert werden.
IT – Infrastruktur	Geschätzte Kosten der für die Ausführung des Prozesses notwendigen IT-Infrastruktur.
Automatisierter elektronischer Datenaustausch	Zwischenbetriebliche Kommunikation zwischen den Netzbetreibern und dem alten Lieferanten findet auf elektronische Art und Weise statt. Hierbei sind die Dokument / Nachrichtenkonvertierung automatisiert. Transaktionskosten sollen dadurch sinken.
Wartungskosten / Lizenzkosten	Laufende Kosten können gesenkt werden durch IT - Konsolidierung, Schnittstellenreduzierung
Medienbrüche	Anzahl der Medienbrüche innerhalb des gesamten Prozesses. Im Optimum existiert nur einer für den Fall das der Antrag in Papierform vom Kunden eingereicht wird. Wieviele manuelle Eingaben finden während der Prozessausführung statt. Ziel ist es dieses zu minimieren, Doppeleingaben werden eliminiert.
Neuinvestitionen	Sind Neuinvestitionen aufgrund der veränderten Anforderungen an integrierte EVU dargestellt in Kap. 4. notwendig?
Prozessinnovation	Wie lange dauert es bis Prozessinnovationen umgesetzt werden können? Zum Beispiel das Hinzufügen einer weiteren Servicefunktion wie z.B. der Benachrichtigung über den Status des Antrages per SMS.
Investitionsschutz	Kann ein Investitionsschutz für bereits getätigte Investitionen in proprietäre Expertensysteme oder sonstige sich im Einsatz befindende spezielle Systeme beispielsweise für die Zeitreihenanalyse von Stromverbrauche aufrechterhalten werden?
Auslagerung von Diensten	Kann bei einer IT – basierten Ausführung des Prozesses eine flexible Auslagerung von betrieblichen Aufgaben, die Teil des Prozesses sind, wie zum Beispiel der Bonitätsprüfung erfolgen?

b Beschreibung des bisherigen LWP

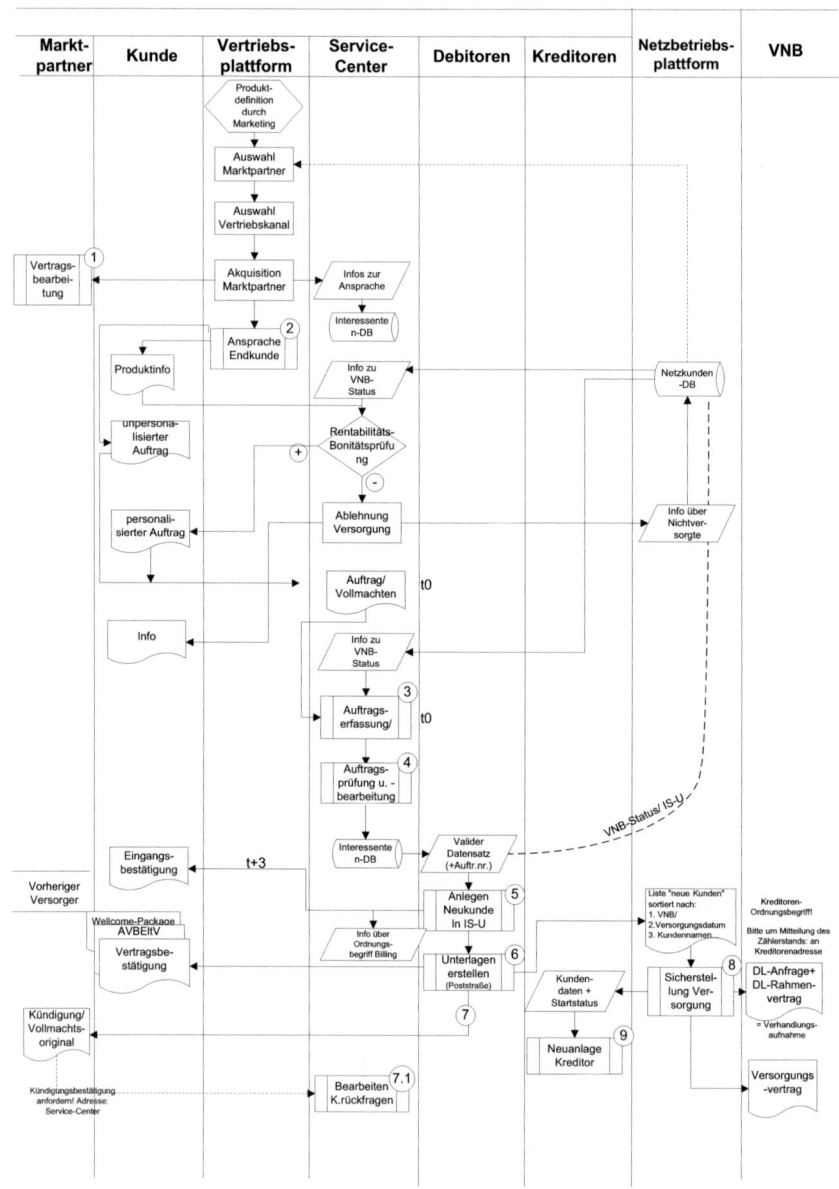

Glossar

Antwortzeitverhalten Unter dem Antwortzeitverhalten eines Dienstes wird die Varianz der Antwortzeit über die Zeit verstanden.

Anwendungssystem Ein Anwendungssystem ist ein System, das Software-Komponenten enthält. Im weiteren Sinne umfasst es eine Menge von inhaltlich zusammengehörigen Aufgaben, die dafür verantwortlichen Menschen als Aufgabenträger und die zu ihrer Erfüllung eingesetzte technische Ausstattung. Im engeren Sinn wird darunter oft ein Anwendungsprogramm verstanden, das eine spezifische Aufgabe unterstützt. Dieses Verständnis liegt auch dieser Arbeit zugrunde.

Architektur Unter Architektur sollen die Dinge verstanden werden, welche die (Grund-) Struktur eines Systems definieren. Mit Struktur sind dabei nicht nur die statischen Aspekte eines Systems, wie z.B. Komponenten, ihre Schnittstellen und Beziehungen untereinander gemeint, sondern auch dynamische Aspekte wie etwa die Kommunikation zwischen Komponenten.

Aufgabe Unter einer Aufgabe wird in der betriebswirtschaftlichen Organisationslehre ein zu erfüllendes Handlungsziel, eine durch physische oder geistige Aktivitäten zu verwirklichende Soll-Leistung verstanden. Der Begriff der Aufgabe kann sich sowohl auf die Gesamtaufgabe wie auch auf Teilaufgaben einzelner Elemente oder Mitglieder beziehen.

Bilanzkreisverantwortlicher (BKV) Der BKV ist für eine ausgeglichene Bilanz zwischen Beschaffung (Erzeugung, Importe) und Abgabe (Verbraucher, Exporte) von Energie in jeder Viertelstunde verantwortlich. Ein BKV kann z. B. ein Stromhändler sein, aber auch ein großer Industriebetrieb, der seine Strombeschaffung in eigener Verantwortung durchführt.

Black Box Allgemein ein Objekt, dessen innerer Aufbau und innere Funktionsweise unbekannt oder als nicht weiter von Bedeutung erachtet wird. Von Interesse ist nur das äußere Verhalten der Black Box.

Börsenteilnehmer (BTN) Ein Börsenteilnehmer kauft direkt auf der Strombörse Strom ein. In den meisten Fällen handelt es sich hierbei um einen Händler oder einen Lieferanten.

BPEL4WS Die Business Process Execution Language for Web - Services Spezifikation ermöglicht es, eine Menge von Web Services zu einem neuen Web Service zusammenzusetzen. Ihr Ziel ist es, Prozesse zu beschreiben, diese falls benötigt auch zu instanziieren und dadurch eine den Geschäftsregeln entsprechende Komposition von Web Services zu bewerkstelligen.

Bus – Architektur Eine Architektur um eine EAI zu realisieren. Die zugrunde liegende Netztopologie ist der Bus. Der Nachrichtenaustausch erfolgt über ein Bussystem, an welches verteilte SW-Komponenten angeschlossen sind.

Business Process Ein Business Process stellt einen von den drei Service – Typen der XI dar. Es handelt sich hierbei um einen ausführbaren softwarekomponentenbezogenen Workflow, der die zustandsbehaftete Verarbeitung von Nachrichten zwischen Schnittstellen (MI) einer im SLD definierten Softwarekomponente erlaubt.

Business Process Outsourcing (BPO) Beim BPO werden komplette Geschäftsprozesse ausgelagert, die nicht zum Kerngeschäft des Unternehmens gehören.

Business Scenario In einem Business Scenario werden alle für den Austausch der Nachrichten relevanten Aspekte einer systemübergreifenden Prozessintegration in XI abgebildet.

Business Service Choreographer (BSC) Im Zusammenhang mit einer SOA und dem Implementierungskonzept ESB übernimmt der BSC die zeitliche Koordination von Services. Dieses wird auch als Orchestrierung von Services bezeichnet.

Business Service Ein Business Service stellt einen von den drei Service – Typen der XI dar. Mit einem Business - Service können technische oder betriebswirtschaftliche Untereinheiten, der an einem zwischenbetrieblichen Prozess beteiligten Unternehmen definiert werden. Hierzu wird einem Business Service eine Menge von Message Interfaces zugeordnet, wobei das entsprechende Anwendungssystem nicht spezifiziert wird. Ein Business Service repräsentiert eine abstrakte aber adressierbare Einheit.

Business System Ein Business System stellt einen von den drei Service – Typen der XI dar. Ein Business - System repräsentiert ein konkretes (Anwendungs-) System in der betreffenden Systemlandschaft. Ein Business - System umfasst Informationen über die Message Interfaces und die Software-Komponentenversionen des Businesss - Systems.

Contracting (engl. Vertrag schließen) ist ein Dienstleistungskonzept, das darauf abzielt, die Effizienz bei der Energieerzeugung, -umwandlung und -nutzung in allen Verbrauchsbereichen zu verbessern. Dabei werden eigene Aufgaben des Rechtssubjekts zur Energielieferung und -bereitstellung auf ein darauf spezialisiertes Dienstleistungsunternehmen übertragen. Insbesondere bezieht sich der Begriff auf die Bereitstellung von Wärme, Kälte, Strom, Dampf, Druckluft usw.

Customizing ist die Anpassung sowohl der Software als auch der Hardware an die individuellen Bedürfnisse des Unternehmens.

Dienst Ein Dienst ist eine Aktion eines Anwendungssystems, welche die Bewältigung einer bestimmten Menge von betrieblichen Aufgaben unterstützt. Ein Dienst kann zu einer Menge von Diensten gehören, die von einem Service über Schnittstellen zur Verfügung gestellt werden.

Dienstleistungsanbieter Ein Dienstleistungsanbieter bietet Systemdienstleistungen an. Diese können zum einen essentielle Dienstleistungen sein, die die Funktionstüchtigkeit der Systems betreffen, welche über die Übertragung und Verteilung von elektronischer Energie hinausgehen und damit die Qualität der Stromversorgung bestimmen, wie z.B. Frequenzhaltung, Spannungshaltung, Versorgungswiederaufnahme und die Betriebsführung. Zum anderen fallen hierunter neue Dienstleistungen, die sich im Zuge der neuen Möglichkeiten durch die Liberalisierung ergeben haben, wie z.b. das Contracting oder eine allgemeine Energieberatung zur Verminderung des Energieverbrauchs.

DV-Konzept Konzept zu Einführung und Betrieb von elektronischen DV - Anlagen in einer Organisation oder in einem Unternehmen. Im Rahmen des DV – Konzeptes werden die diversen Anwendungssysteme dargestellt und ihre Interaktionen aufgezeigt. Auf einem hohen Abstraktionsniveau wird die von den Anwendungssystemen bereitgestellte Funktionalität dargestellt. Im DV – Konzept wird das Fachkonzept um Anforderungen und Restriktionen der DV - technischen Umsetzung angereichert. Das DV- Konzept ist damit paradigmatisch auf die Implementierung ausgerichtet.

EAI stellt einen umfassenden Integrationsansatz für die operative Integration von Geschäftsprozessen durch die kontrollierte, flexible und rasch ausbaubare inner- oder zwischenbetriebliche Integration multipler Anwendungen dar.

Economy of Scope Bezeichnet eine Situation, in der sich ein Unternehmen befinden kann, in der eine Ausrichtung auf eine Diversifikationsstrategie (Spartenvielfalt) effizienter als die Spezialisierung auf ein einzelnes Geschäftsfeld ist.

EDIFACT ist ein branchenübergreifender internationaler Standard für das Format elektronischer Daten im Geschäftsverkehr. Es wurde konzipiert für den beschaffungsorientierten Nachrichtenversand zwischen elektronischen Katalogen und den Back-Office-Systemen von Lieferanten. Es umfasst Regeln sowohl zur Syntax als auch zur Semantik des elektronischen Datenaustauschs.

Endpunkt Ein Endpunkt stellt ein Tupel bestehend aus IP- Adresse und Port dar. Damit ist er über das Netzwerk eindeutig adressierbar. Im Zusammenhang mit einer SOA kann ein Endpunkt entweder ein Service- Konsument, Service- Anbieter oder ein Service- Verzeichnis sein.

Enterprise Service Bus (ESB) Unter einem ESB wird im Rahmen dieser Arbeit ein Integrationsansatz verstanden, der eine EAI auf Basis einer SOA ermöglicht. In diesem Verständnis repräsentiert der ESB die natürliche Evolution von traditionellen Ansätzen zur Realisierung von EAI wie z.B. den über Punkt zu Punkt Verbindungen. Die Grundlage des ESB bildet eine Middleware, über die die wieder verwendbaren Services bereitgestellt werden. Die zugrunde liegende Architektur eines ESB ist der Bus.

EPK bedeutet "ereignisgesteuerte Prozesskette" und ist ein wesentliches Element des ARIS-Konzepts. EPK stellen Arbeitsprozesse grafisch dar. Dadurch sollen betriebliche Vorgänge systematisiert und parallelisiert werden, um Zeit und Geld einsparen zu können. Dazu werden Objekte mit Verknüpfungslinien und -pfeilen in einer 1:1-Zuordnung verbunden. In einer solchen Verknüpfungskette wechseln die Objekte sich in ihrer Bedeutung zwischen Ereignis und Funktion ab. Jede Funktion kann zusätzlich mit einem Informationsobjekt verbunden werden, aus dem Informationen geladen oder in dem Informationen gespeichert werden.

Erzeuger Eine juristische oder natürliche Person oder eine Erwerbsgesellschaft, die Elektrizität erzeugt.

Funktion Als Funktion wird hier eine Aufgabe verstanden, die computergestützt durchgeführt wird.

Geschäftsprozess Als Geschäftsprozess werden die erfolgsrelevanten grundlegenden Unternehmenstätigkeiten, die zur Umsetzung der Unternehmensziele und Sicherung des Unternehmenserfolgs dienen, definiert. Sie beschreiben die wesentlichen Aufgaben, die das Geschäft eines Unternehmens charakterisieren.

Händler Marktteilnehmer, der Handelsgeschäfte tätigt und Fahrpläne anmelden kann. Dies setzt voraus, dass der Händler einen Bilanzkreis- oder einen Sub- Bilanzkreisvertrag mit dem ÜNB besitzen muss. Ein Händler kann, muss aber nicht ein Lieferant sein.

Integrationsansatz Eine pragmatische Methode mit der der Integrationsvorgang mit dem Ziel der Erreichung eines neuen Integrationszustandes durchgeführt wird.

Integrationsarchitektur Die Integrationsarchitektur ist ein Teilgebiet der IT – Architektur. Sie definiert Prinzipien, Prozesse und technische Lösungen für das Management der Verteilung und Heterogenität moderner Applikationslandschaften und der zugrunde liegenden technischen Plattformen.

Integrationsgrad Zur Klassifizierung des Integrationszustandes dient der Integrationsgrad. Dieser Klassifizierungsmaßstab setzt sich aus einem Tupel von Integrationsmerkmalen zusammen.

Integrationskonzept Hierunter sind unterschiedliche, grundlegende Methoden zu verstehen, die auf unterschiedlichen Ebenen eines Anwendungssystems (Präsentations-, Funktions- und Datenebene) angesetzt werden können, um ein Integrationsziel zu erreichen.

Integrationsmerkmal Zur Beschreibung des Integrationsgrads werden Integrationsmerkmale genutzt. Es werden drei Dimensionen von Merkmalen unterschieden, der Integrationsgegenstand, die Integrationsreichweite und die Integrationsrichtung.

Integrationsvorgang Durch einen Integrationsvorgang werden mit Hilfe des Integrationsansatzes betriebliche Anwendungssysteme zusammengeführt und es wird ein neuer Integrationszustand erreicht.

Integrationsziel Das Integrationsziel ist die Bestimmung und Realisierung des optimalen Integrationsgrads einer betrieblichen IV, wodurch ein Beitrag zur Erreichung der strategischen Unternehmensziele geleistet wird.

Integrationszustand Der Integrationszustand eines IV – Systems gibt an, ob und wie betriebliche Anwendungssysteme mit einer Organisation oder anderen Systemen verknüpft sind.

IV – Systeme Im Hinblick auf die Wirtschaftsinformatik werden hierunter betriebliche Anwendungssysteme verstanden, unter denen alle betriebswirtschaftlichen Informationssysteme subsumiert werden, die je nach Umfang vom einfachen Tool, wie ein Lohnabrechnungs- oder Kassenprogramm, über Material- und Warenflusssteuerungssysteme (ERP-Systeme im engeren Sinne), wie Warenwirtschaftssysteme (WWS) oder Produktionsplanungs- und Steuerungssysteme (PPS), bis hin zu so genannter "Betrieblicher Standard Software" (ERP-Systeme i.w.S), z.B. SAP R/3 reichen können.

Koordinationsinstrumente Hierunter sind Kompositionstechniken zu verstehen, die angewandt werden um Services zu kombinieren, damit diese eine bestimmte betriebliche Aufgabe bewältigen können. Die Komposition von Services erfolgt über verschiedene Koordinationsebenen. Jeder Koordinationsebene sind Koordinationsinstrumente zugeordnet. Eine Koordination auf Ebene des Kommunikationskanals kann beispielsweise mit dem Koordinationsinstrument ESB realisiert werden.

Kopplung Die Kopplung von Anwendungssystemen unterscheidet sich von der Integration dadurch, dass gekoppelte Systeme weiterhin ihre eigenen Datenbestände haben und für den Austausch von Daten Zwischendateien mit geeigneten Dateiformaten nutzen, während integrierte Systeme direkt auf gemeinsame Datenbestände zugreifen. Die Ausgaben des einen Systemteils sind die Eingabe für ein anderes. Im Rahmen dieser Arbeit wird keine Unterscheidung zwischen Kopplung und Integration gemacht, außer es wird explizit darauf hingewiesen. Eine Differenzierung erübrigt sich deshalb, weil erst mit dem Servicetyp festgelegt wird, ob dieser eine eigene Datenhaltung besitzt. Da diese Arbeit den Servicebegriff als Obergriff für die drei vorgestellten Servicetypen versteht, kann sowohl der Kopplungsbegriff als auch der Integrationsbegriff im Kontext richtig sein.

Lastprofil Zeitreihe, die für jede Abrechnungsperiode einen Leistungswert festlegt. Lastprofile werden bei Kleinkunden der Bilanzierung zugrunde gelegt und ersetzen die gemessenen Lastgänge.

Lean Manufacturing Eine allgemeine Methode, die versucht, die für die Produktion notwendigen Ressourcen zu minimieren. Soweit wie möglich sollen die nicht wertschöpfenden Tätigkeiten (non-value added activities), die zu hohen Kosten, Durchlaufzeiten sowie Aufwände für die Lagerhaltung führen, eliminiert bzw. ausgelagert werden. Diese Methode strebt gleichzeitig Qualitätsverbesserungen im Produktionsprozess an.

Legacy System Als Legacy System wird ein veraltetes IV - System bezeichnet, das nicht mehr dem neuesten Stand der Technik entspricht. Oft muss das alte IV - System aus Kompatibilitäts-Gründen weiterhin unterstützt und integriert werden, was zu erheblichen Kosten führen kann.

Lieferant (LF) Der Lieferant beliefert Kunden mittels offenem Stromlieferungsvertrag oder Teilbelieferungen. Ein Lieferant kann, muss aber nicht Bilanzkreisverantwortlicher sein.

Locked in Eine Situation, in der sich ein Unternehmen befindet, wenn es bisher für die Unterstützung der Unternehmensprozesse wichtige Software nur von einem Hersteller bezogen hat und nun die Implementierung weiterer Funktionalität in die bestehende Anwendungssystemlandschaft plant. Diese Erweiterung kann allerdings in der „Locked in" Situation meist nur von dem bisherigen Hersteller bezogen werden, aufgrund von Inkompatibilitäten zwischen der sich im Einsatz befindlichen Software und der auf dem Markt für die Erweiterung verfügbaren Software. Das Unternehmen hat in dieser Situation nur die Wahl die komplette Software zu ersetzen oder aber weiter die Software von dem Hersteller zu beziehen.

MECE Prinzip (Mutually Exclusive and Collectively Exhaustive) Unter diesem Prinzip versteht man, im Zusammenhang mit der Aufstellung des Zielsystems im Rahmen der Nutzwertanalyse, dass auf jeder Stufe des Baums die Ziele vollständig unabhängig voneinander sind und die Summe aller Knoten des Baums auf einer Ebene das Ziel vollständig beschreiben.

Message Interface Die Schnittstellendefinition eines Dienstes eines Services in XI. In dieser werden die Nachrichten definiert, welche der Dienst als Eingabe bzw. als Ausgabe verarbeitet sowie Angaben zur Kommunikationsart getroffen.

Middleware Die Middleware umfasst alle anwendungsunabhängigen Programme, die nicht zum Betriebssystem gehören.

Nabe und Speiche – Architektur (engl. Hub & Spoke) Nachrichten werden vom zentralen Hub als Informationsdrehscheibe empfangen, transformiert und weitergeleitet.

Netzbetreiber (NB) Ein Netzbetreiber (Betreiber eines Übertragungs- oder Verteilungsnetzes) ist für den sicheren und zuverlässigen Betrieb des jeweiligen Netzes in einem bestimmten Gebiet und für die Verbindungen mit anderen Netzen verantwortlich. Der Betreiber eines Übertragungsnetzes regelt darüber hinaus die Übertragung über das Netz unter Berücksichtigung des Austausches mit anderen Übertragungsnetzen. Er sorgt für die Bereitstellung unentbehrlicher Systemdienstleistungen und stellt so die Versorgungszuverlässigkeit sicher.

Netzzugang Der Netzzugang ist die Grundlage für Kraftwerke, Kunden und EVU, um miteinander Lieferverträge schließen zu können, indem er ihnen erlaubt, für ihre Lieferungen und Bezüge das Netz eines betroffenen Netzbetreibers zu nutzen.

One Face To The Customer Organisationsform, in der jeder Kunde einen Ansprechpartner hat, der sich um alle seine Probleme kümmert. Schafft mehr Kundenzufriedenheit durch bessere Betreuung und hilft außerdem Informationsverluste zu vermeiden.

Outsourcing Mit Outsourcing (auch Out-tasking), zu Deutsch Auslagerung, wird in der Ökonomie die Abgabe von Unternehmensaufgaben und -strukturen an Drittunternehmen bezeichnet.

Prozess Ein Prozess stellt die inhaltlich abgeschlossene, zeitliche und sachlogische Abfolge der Funktionen dar, die zur Bearbeitung eines betriebswirtschaftlichen Prozessobjektes ausgeführt werden kann.

Schnittstelle Eine Schnittstelle ist die Verbindung zweier interagierender Programme, die Regeln für deren Interaktion festlegt. Die Schnittstelle ist der Zugriffspunkt der Komponente. Ein Dienst verfügt über eine Schnittstelle.

Service Ein Service wird verstanden als eine grob-körnige, auffindbare Software-Entität, welche in einer einzigen Instanz existiert, die mit anderen Anwendungen oder Services über ein lose gekoppeltes, nachrichtenbasiertes Kommunikationsmodel interagiert. In dieser Arbeit werden drei Spezialisierungen des allgemeinen Service- Begriffs unterschieden werden: Publikation von Information, Funktionsbibliothek sowie Prozessbündel. Ihnen ist gemein, dass sie alle einer bestimmten betrieblichen Aufgabe zugeordnet sind, sich aber in der Komplexität der ihnen zugeordneten Aufgabe unterscheiden.

Shared Services Spezielle betriebliche Aufgaben, die von den entflechteten Geschäftssegmenten Netz und Vertrieb jeweils nachgefragt werden, können an unabhängige Dienstleister (intern sowie extern) abgegeben werden, sodass beide Geschäftssegmente, konform zu den Unbundling Vorschriften, die Leistungen neutral nachfragen können. Beispiele derartiger angebotener Leistungen können sein, die Erstellung von Abrechnungen oder Kundendienst.

SOA Der Begriff serviceorientierte Architektur wird vorwiegend im Zusammenhang mit Web- Services genannt. SOA ist jedoch ein von Web - Services unabhängiges Konzept, das auf Basis verschiedener Technologien realisiert werden kann. Das Ziel ist, im Zuge der IT-gestützten Umsetzung die Definition und schnelle Realisierung neuer, optimierter Geschäftsprozesse zu ermöglichen, die letztlich für Unternehmen einen echten Wettbewerbsvorteil bedeuten. Durch die mittels SOA gewonnene Entkopplung von Systemkomponenten wird die Erweiterung des Geschäftsprozesses um neue Funktionalitäten mit geringem Aufwand möglich. Nicht zuletzt verhilft die Einführung einer serviceorientierten Architektur zu einer klareren Strukturierung von Verantwortungsbereichen und ihrer Entsprechung in den IV - Systemen.

SOAP ist ein Protokoll, mit dessen Hilfe Daten zwischen Systemen ausgetauscht und Remote Procedure Calls durchgeführt werden können. SOAP stützt sich auf die Dienste anderer Standards, XML zur Repräsentation der Daten und Internet-Protokolle der Transport- und Anwendungsschicht zur Übertragung der Nachrichten. Die gängigste Kombination ist SOAP über HTTP und TCP.

Software-Architektur Eine Software-Architektur ist eine strukturierte oder hierarchische Anordnung der Systemkomponenten sowie Beschreibung ihrer Komponenten und ihrer Beziehungen untereinander.

Softwarekomponente Eine Softwarekomponente ist eine Einheit der Komposition mit durch Kontrakt spezifizierten Schnittstellen und nur expliziten Kontext-Abhängigkeiten. Eine Software- Komponente kann unabhängig verteilt werden und zur Komposition durch Dritte verwendet werden.

Strombörse Eine Strombörse ist ein neutraler Handelsplatz mit transparenter Preisbildung und gleichen Konditionen für alle dort zugelassenen Handelsteilnehmer. Sie verfolgt keine eigene Handelsstrategie. Eine Strombörse unterliegt als Warenbörse dem deutschen Börsengesetz. Für im europäischen Ausland niedergelassene Börsen gelten ggf. andere gesetzliche Bestimmungen/ Zulassungsvoraussetzungen.

Swivel-Chair Integration (dt. Drehstuhl Integration) Die Swivel - Chair ist im Zusammenhang mit dieser Arbeit eine andere Bezeichnung für die manuelle Datenweitergabe, die bei dem Integrationsgegenstand Daten vorgestellt wurde. Dieser Begriff wurde in HAGEL 2002 geprägt.

Übertragungsnetzbetreiber (ÜNB) Ein ÜNB ist ein Betreiber eines Übertragungsnetzes. Er ist für den sicheren und zuverlässigen Betrieb des jeweiligen Netzes verantwortlich, sorgt für die Bereitstellung von Systemdienstleistungen und stellt so die Versorgungszuverlässigkeit sicher.

UDDI spezifiziert, wie Verzeichnisse aufzubauen sind, in denen Web- Services registriert und von anderen Programmen gefunden und aufgerufen werden können. Die so genannten weißen Seiten (engl. White Pages) enthalten Namen und Adressen der Unternehmen, die gelben Seiten (engl. Yellow Pages) ergänzen Branchen- und Produktinformationen. Die grünen Seiten (engl. Green Pages) schließlich enthalten in WSDL dargestellte Informationen über die Web-Services.

Vendor-Managed-Inventory (VMI) Der Lieferant generiert die Bestellungen für Nachfrager von Leistungen (Produkten), verwaltet damit auch dessen Bestand und übernimmt somit die Aufgaben aus der Lagerhaltung.

Verteilungsnetzbetreiber (VNB) Ein VNB ist ein Betreiber eines Verteilungsnetzes. Das Verteilungsnetz dient innerhalb einer begrenzten Region der Verteilung elektrischer Energie zur Speisung von Stationen und Kundenanlagen. In Verteilungsnetzen ist der Leistungsfluss im Wesentlichen durch die Kundenbelastung bestimmt. In Deutschland werden Nieder-, Mittel- und Hochspannungsnetze als Verteilungsnetze genutzt.

Web - Service Als Web - Service wird eine zusammengehörende Menge von vermarktbaren Diensten bezeichnet, die über das World Wide Web einem authorisierten Nutzerkreis unter

Nutzung standardisierter Kommunikationsprotokolle über wohldefinierte Schnittstellen angeboten werden. Web - Services umfassen Schnittstellenbeschreibungen, der von ihnen angebotenen Dienste, die in einer standardisierten Beschreibungssprache verfasst sind. Implementierungsdetails bleiben dem Nutzer verborgen.

Workflow Als Workflow wird ein Teil eines Geschäftsprozesses bezeichnet, der sich aus sequenziell oder parallel angeordneten Tätigkeitsfolgen (Aktivitäten) zusammensetzt. Die Aktivitäten selbst werden als Funktionen von Anwendungssystemen implementiert.

Wrapper Eine Hüllenklasse (englisch: wrapper) ist ein grundlegendes Entwurfsmuster bei der Softwareentwicklung. Eine Hüllenklasse hüllt eine andere Klasse ein und ändert die Schnittstelle der eingehüllten Klasse, d.h. die darauf anwendbaren Methoden und Eigenschaften.

WS - Coordination ist ein erweiterbares Framework zum Etablieren der Koordinierung zwischen Web - Services und Koordinatoren. Verschiedene Arten von Koordinierungstypen können hierbei definiert werden. Jeder Koordinierungstyp kann mehrfache Protokolle besitzen. Kontexte, verwendet für Transaktionen oder Sicherheit, können mit Nachrichten erzeugt und assoziiert werden. Ein Kontext beinhaltet eine Referenz zu einem Registrationsservice. WS-Transaction erweitert die WS-Coordination Spezifikation.

WS - Policy beschreibt Anforderungen, Fähigkeiten und Zusicherungen eines Web -Services. So kann eine Policy beispielsweise anzeigen, dass ein Web - Service nur eingehende Anfragen akzeptiert, wenn diese eine gültige Signatur enthalten oder die Nachricht eine bestimmte Größe nicht überschreitet. Wie eine Policy verteilt bzw. bezogen werden kann, ist außerhalb des Anwendungsgebietes der Spezifikation.

WS - ReliableMessaging wird verwendet, um eine Sequenz von Nachrichten zuverlässig zu übertragen. Der Empfänger bestätigt die erhaltene Nachricht und fragt verlorene Nachrichten erneut an.

WS - Security vereinigt die Sicherheitsrichtlinien für Web - Services und soll die Möglichkeit eröffnen Informationen verschlüsselt zwischen einzelnen Unternehmen auszutauschen. Damit soll eine Grundlage für sichere und kompatible Anwendungen von Web - Services geschaffen werden. WS - Security definiert eine Menge von Erweiterungen für das Simple Object Access Protocol (SOAP), die dazu benutzt werden können, die Integrität und den Schutz der Daten in Anwendungen, basierend auf Web – Services, sicherzustellen.

WS - Transaction Mit Hilfe dieses Standards können Transaktionen mit Web - Services durchgeführt werden. Es werden dabei zwei Arten von Transaktionen unterschieden: Atomic Transaction und Business Transaction. Erstere entsprechen dem traditionellen Transaktionsbegriff auf Datenbankebene und unterstützen das 2PC zur Koordinierung. Die Business Transaction dient der Abbildung von langlaufenden Transaktionen für Geschäftsprozesse.

WS - Addressing Die WS - Addressing ist eine Spezifikation des W3C. Eine Referenz zu einem Web - Service Endpunkt kann unter der Verwendung von WS - Addressing ausgedrückt und bearbeitet werden. WS - ReliableMessaging und WS - Coordination verwenden beispielsweise zur Beschreibung des Web - Service Endpunktes diese Spezifikation. Neben dem Aufbau von Endpunktreferenzen beschreibt die Spezifikation den Aufbau eines Message Information Headers.

WSDL ist eine Metasprache, mit deren Hilfe die Funktionalität eines Web - Services beschrieben werden kann. Es werden im Wesentlichen die Funktionen definiert, die von außen zugänglich sind, sowie die Parameter und Rückgabewerte dieser Operationen.

Zählpunkt Netzabzweig, an dem der Energiefluss messtechnisch erfasst und gezählt/ registriert wird (Einspeise- und/ oder Entnahmepunkt).

Zählwert Ein mittels Zählgerät ermittelter Zählerstand, Verbrauch oder Leistungsmittelwert.

Zone, als allgemeiner Begriff für eine Netzwerkzone wie zum Beispiel Intranets. Charakterisiert ist diese Zone dadurch, dass innerhalb dieser eine spezifische Menge von Services verfügbar ist. Zugang zu diesen wird über Gateways (im Kontext von ESB fallen darunter auch Ports) gesteuert.

Literaturverzeichnis

AIER, S.; SCHÖNHERR, M. (2004) : *Flexibilisierung von Organisations- und IT-Architekturen durch EAI.* Aus: Enterprise Application Integration / Stephan Aier; Marten Schönherr (Hrsg.). Berlin. Umfang: 1-59.

ALONSO, G.; CASATI, F.; KUNO, H.;MACHIRAJU V. (2004); *Web Services – Concepts, Architectures and Applications.* Berlin u.a

ANDERSON, M. (2004): *The Auto Suppliers' Advantage.* Aus Automotive Design & Productions. o.O. Heft 116;

ANGELI, A. (2003): *Technische Integration von SAP-Systemen.* Bonn.

BASS, L; CLEMENTS, P; KAZMAN, R. (1998): *Software Architecture in Practice,* Boston.

BAUSCH, A.; RAFFEINER,T. (2003): *Value Creators in der Utility-Industrie.* Accenture. Kronberg. Studie

BAUSCH, A.; PFAFFHAUSEN, H; HOLST, A. (2004): *Unternehmensstrategien auf dem Prüfstand.* Aus: Energiewirtschaftliche Tagesfragen, 54.Jg, Heft 8, Umfang: 46-48

BIEBER, G; CARPENTER, J. (2002): *Introduction to Service-Oriented Programming(Rev 2.1).* o.O

BMWA (2004): *Kabinett beschließt neues Energiewirtschaftsgesetz.* http://www.bmwa.bund.de/Navigation/Presse/pressemitteilungen,did=38392.html. Zugriff: 2005-01-03

BODENDORF, F.; SCHOBERT, A. (2003): *Integration von Web-Services in ein Kundenportal.* Aus: HMD, Heft 234, Umfang: 42-51

BRADLEY, R. (2003): *The Enterprise Service Bus: Making Web Services Safe for Application Integration.* http://www.mywebservices.org/index.php/article/view/1048/1/24/. Zugriff: 2005-01-03

BREUNING, P. (2004): *Bildung von Dienstleistungsunternehmen oder Unbundling 2000.* Berlin. Präsentation Stadtwerke Schwäbisch Hall auf der Metering 2004

BROWN, A.; JOHNSTON, S.; KELLY, K. (2002): *Using Service-oriented Architecture and Component-Based Development To Build Web Services Architectures – A Rational Software White Paper.* o.O.

BUCKLEY, W; THOMAS, N (2004): *The Enterprise Service Bus- A developers-friendly integration engine.* http://www.sys-con.com/webservices/article.cfm?id=668. Zugriff: 2004-11-17

BURGHARDT, M.; GEHRKE, N.; HAGENHOFF, S.; SCHUMANN, M.(2003): *Spezifikation und Abwicklung von Workflows auf Basis von Web-Services.* Aus: HMD, Heft 234, Umfang: 61-69

BURKHARD, B; LAURES, G. (2003) : *SOA – Wertstiftendes Architektur-Paradigma.* Aus: Objektspektrum, Heft 6, Umfang:16-22

BUSSLER, C. (2003) : *B2B integration : concepts and architecture.* Berlin u.a.

BUTLER GROUP (1999): *Application Integration.* o.O.

CAPGEMINI (2005): IT – Trends 2005. http://www.de.capgemini.com/servlet/PB/show/1556864/. Zugriff: 2005-03-18

CARR, N. (2003): *IT Doesn't Matter.* Harvard Business Review. Boston.

CHAMPY, J.; HAMMER, M. (1995): *Business Reengineering – Die Radikaltur für das Unternehmen.* Frankfurt, New York.

CHAPPEL, D. (2004): *Enterprise Service Bus.* Sebastopol.

COLEMAN, D.; ARNOLD, P.; BODOFF, S.; DOLLIN, C.;GILCHRIST, H.;HAYES, F.; JEREMAES, P. (1994): *Object- Oriented Development – The Fusion Method.* London.

COMPUTERZEITUNG (2005): *Vielen SOA – Anbietern fehlt das Basiswissen.* Aus Computerzeitung Nr.8 vom 21.Februar 2005, S.5

CORD, M; HANNES, B; KELLERHOF, J; HARTMANN, B (2003) : *Konsequenzen der Unbundling-Vorgaben für die deutsche Energiewirtschaft – Skizze möglicher Umsetzungsmodelle und Hypothesen zum Marktauftritt.* Aus: ZfE – Zeitschrift für Energiewirtschaft, 27 Jg., Heft 4, Umfang: 251-259

CREUTZBURG, D.; SCHÜRMANN, H.-J.(2004):*Lange Leitung – Zwei Staatssekretäre, zwei Machtproben Wirtschafts- und Umweltressort ringen um Konsens.* Aus Handelsblatt Nr. 125 vom 01.07.04, S.2

CURBERA, F.; KHALAF, R.; NIRMAL, M.; TAI, S.; WEERAWARANA, S. (2003); *The Next Step In Web Services.* Aus Communication of the ACM, Vol 46., No. 10,Umfang: 29-34

DEARING, R (2003): *Service-oriented architecture using Jini.* http://searchwebservices.techtarget.com/originalContent/0,289142,sid26_gci871817,00.html. Zugriff: 2004-11-17

DECKER, M. (2004): *Unbundling: Strategische Umsetzung in der Praxis.* Aus: Energiewirtschaftliche Tagesfragen, 54 Jg., Heft 7, Umfang: 463-467

DIETRICH, J. (2004) : *Bedeutung von B2B-Standards für die Konzeption interner Integrationsszenarien im Hinblick auf eine verbesserte Integration in Wertschöpfungsnetzen.* Aus: Enterprise Application Integration / Stephan Aier; Marten Schönherr (Hrsg.). Berlin. Umfang: 117-146.

DOSTAL, W; JECKEL, M (2004): *Semantik, Odem einer Service-orientierten Architektur.* http://www.jeckle.de/semanticWebServices/intro.html. Zugriff: 2004-11-17

DRUCKER, P.F. (1999): *Management Challenges for the 21st Century.* New York

DUDEN (1982): *Das Fremdwörterbuch.* 4., neu bearb. U. erw. Aufl.- Mannheim, Wien, Zürich.

DUDENHAUSEN, R.; DÖHRER, A.; SCHULZ, G. (2004) : *Unbundling im EVU - ein Zwischenbericht : erste Erfahrungen, Vorgehen, Lösungsansätze.* Aus: Energiewirtschaftliche Tagesfragen, 54 Jg., Heft 1-2, Umfang: 8-10

DVG, VDEW (2001): *VDEW/DVG-Richtlinie: Datenaustausch und Energiemengenbilanzierung.* Heidelberg

EDS (2003): *Sichere Integration von E – Government – Anwendungen.* o.O.

EDS (2003b): *Service Oriented Architecture Implementation Challenges.* o.O.

EICKER, S.;KURBEL, K.;PIETSCH, W.;RAUTENSTRAUCH, C.(1992): *Einbindung von Softwarealtlasten durch integrationsorientiertes Reengineering.* Aus: Wirtschaftsinformatik, 34. Jg., Heft 2, Umfang. 137-146.

EMMERMANN, M.; ÖZDEMIR, I. (2004) : *Enterprise-Application-Integration-Systeme.* Aus: Supply Chain Steuerung und Services / Helmut Baumgarten ... (Hrsg.). - Berlin [u.a.] , Umfang: 101-111

ENBW (2004): *Für Wettbewerb im Strommarkt – Fragen und Antworten zur Regulierungsdebatte der ENBW.* http://www.enbw.com/media/pdf/de/presse/regulierungsmodell-hintergrund-09-09-04.pdf Zugriff: 2005-01-03

EU-BESCHLEUNIGUNGSRICHTLINIE (2003): *Richtlinie 2003/54/EG des europäischen Parlamentes und des Rates vom 26. Juni 2003 über gemeinsame Vorschriften für den Elektrizitätsbinnenmarkt und zur Aufhebung der Richtlinie 96/92/EG.* http://www.energie-schweiz.ch/imperia/md/content/energiemrkteetrgertechniken/elektrizittsmarkt/78.pdf Zugriff: 2004-11-17

FAZ (2002): *Auf den globalen Markt.* Aus: Frankfurter Allgemeine Zeitung vom 27.03.02, S.1

FERSTL, O.; SINZ, E. (2001): *Grundlagen der Wirtschaftsinformatik, Band 1.* München, Wien.

FEßENBECKER, M. (2002) : *Web Services: Revolution für die B2B-Integration?.* Aus: IM,17 Jg., Heft 3,Umfang: 47-50

FISCHER, J. (1999): *Informationswirtschaft: Anwendungsmanagement.* München, Wien.

FOEGEN, M. (2003) : *Architektur und Architekturmanagement : Modellierung von Architekturen und Architekturmanagement in der Softwareorganisation.* Aus: HMD, 40 Jg., Heft 232, Umfang: 57-65

FRITZ, J.;(2004): *Technologie im Komplettpaket.* Aus: SAP Info. Heft 116. Umfang:.32-35.

GALLAS, B. E. (2004) : *Enterprise Service Integration (ESI) - der Weg zu einem servicebasierten EAI-Framework unter Einsatz und Erweiterung von Web Services.* Aus: Enterprise application integration / Stephan Aier; Marten Schönherr (Hrsg.). Berlin. Umfang:175-226

GOKHALE, A; KUMAR, B; SAHUGUET A (2002): *Reinventing the Wheel? Corba vs. Web Services.* http://www2002.org/CDROM/alternate/395/. Zugriff: 2004-11-17

GOLD-BERSTEIN, B (2004): *Integration Best Practices: Beyond The SOA, Composite Apps And Web Services.* http://www.ebizq.net/topics/soa/features/4894.html?&pp=1. Zugriff: 2004-11-17

GREIFENSTEIN, P. (2004): *Effizientes Energiedatenmanagement im liberalisierten Energiemarkt.* Aus: Energiewirtschaftliche Tagesfragen, 54 Jg., Heft 5 Umfang: 337-339

GÜNTHER, C.; SCHULZ, N. (2003): *Automatisierte Abwicklung des Lieferantenwechsels.* Aus: EW, 02 Jg., Heft23, Umfang: 54-57.

HAGEL, J. (2002): *Out of the Box.* Bosten.

HAGEN, C. (2004) : *Integrationsarchitektur der Credit Suisse.* Aus: Enterprise application integration / Stephan Aier; Marten Schönherr (Hrsg.). Berlin. Umfang: 61-83

HEINEMANN, F.; RAU, C.(2003): S*AP Web Application Server.* Bonn.

HEINRICH, L. -J. (2002): *Informationsmanagement : Planung, Überwachung und Steuerung der Informationsinfrastruktur.* Wirtschaftsinformatik. 7., vollst. überarb. und erg. Aufl. München u.a.

HEISEL, M (2003): *Die Fusion-Methode unter Verwendung von UML.* http://ivs.cs.unimagdeburg.de/~heisel/oose/klas2.pdf. Zugriff: 2004-11-17

HENSEL, O.; (2002):*Business Integration: Ein geschäftsprozess-basiertes EAI Paradigma.* Aus: Objektspektrum, Heft 2, Umfang: 48 – 55.

HERZIG, A. (2003): *SOA, MDA und Pattern: Helfer für Webservices: Die schnellen Dienste.* http://www.ia-online.de/O/108/Y/81594/VI/10044658/default.aspx. Zugriff: 2004-11-17

HILL, J.;(2004): *Auf der Welle der Integration.* Aus: SAP INFO, Heft 116, Umfang: 24-26.

HOCHSTEIN, A.; HUNZIKER, A.(2003) : *Serviceorientierte Referenzmodelle des IT-Managements.* Aus: HMD, 40 Jg., Heft 232, Umfang: 45-56,

HOFFMANN A. (2003): *Web Services - Von der Vision zur Integration in moderne EAI-Architekturen.* http://www.metagroup.de/cxo/200310/cxo031002.htm Zugriff: 2005-01-03

HOFMANN, O. (2003) : *Web-Services in serviceorientierten IT-Architekturkonzepten.* Aus: HMD, 40 Jg., Heft 234, Umfang: 27-33

HOHPE, G.; WOOLF,B. (2003): *Enterprise Integration Pattern*. Boston.

HOIDN, H. (2002) : *Web Services aus Sicht der Unternehmens-Architektur*. Aus: IM, 17 Jg., Heft 3, Umfang: 22-25

IBM (2004a): *New to SOA and Web services*.Redbook http://www-106.ibm.com/developerworks/webservices/newto/. Zugriff: 2004-11-17

IBM (2004b): *Patterns: Implementing an SOA Using an Enterprise Service Bus*. Redbook http://publib-b.boulder.ibm.com/Redbooks.nsf/RedpieceAbstracts/sg246346.html?Open. Zugriff: 2004-11-17

IBM (2004c): *Patterns:Service Oriented Architecture and Web Services*. Redbook. http://publib-b.boulder.ibm.com/Redbooks.nsf/RedbookAbstracts/sg246303.html?Open. Zugriff: 2004-11-17

INFORMATION BUILDERS (2005): *Lexikon*. http://www.informationbuilders.de/lexikon/real-time-enterprise.htm Zugriff: 2005-01-03

ISSING, F.(2003) : *Die Softwarestrategie für Web-Services und Unternehmensinfrastrukturen der Firma Sun Microsystems*. Aus: HMD, 40 Jg., Heft 234, Umfang: 17-26

JACOBS, S. H. (1997): *Regulatory Reform: time for action*. Aus: The OECD Observer. o.O., S. 206.

JACOBSEN, I; CHRISTERSON, M.; JONSSON, P. & OVERGAARD, G. (1992) *Object-Oriented Software Engineering: A Use Case-Driven Approach*. Wokingham.

KAIB, M. (2002): *Enterprise Application Integration – Grundlagen, Integrationsprodukte, Anwendungsbeispiele*. Wiesbaden.

KELLER, W. (2002): *Enterprise Application Integration – Erfahrungen aus der Praxis*. Heidelberg.

KLOSTERMEIER, J (2002): *Keine Angst vor EAI*. http://www.cio.de/index.cfm?PageID=301&cat=det&maid=937. Zugriff: 2004-11-17

KRAMMER, A.; TUROWSKI, K.; (2002):*Spezifikation von Web Service*. Aus: Erich Ortner; Sven Overhage;(Hrsg.):1. Workshop "Entwicklung von Anwendungen auf der Basis der XML Web-Service Technologie": Darmstadt, S.1-14.

KÜSTER, M. (2003) : *Web-Services - Versprechen und Realität*. Aus: HMD, 40 Jg. Heft 234, Umfang: 5-15

LAURES, G.; LÜHE, C.(2005):*SOA auf dem Prüfstand*. Aus: Objektspektrum, Heft 1, Umfang: 39 – 43.

LEYMANN, F. (2003): *Choreographie: Geschäftsprozesse mit Web - Services.* Aus: Objektspektrum, Heft 6, Umfang: 13-16

LINß, H. (1995): *Integrationsabhängige Nutzeffekte der Informationsverarbeitung und empirische Ergebnisse.* Wiesbaden.

MATTERN, T.(2003) : *Web-Services als Basis neuer betriebswirtschaftlicher Konzepte.* Aus: HMD, 40Jg., Heft 234, Umfang: 34-41

MCGOVERN, J.; SAMEER, T.; STEVENS, M.; MATHEW, S. (2003): *Java Web Services Architecture.* San Francisco u.a

MERRILL LYNCH (1998): *Enterprise Information Portals.* o.O

MERTENS, P. (2004): *Integrierte Informationsverarbeitung.* 14. Auflage, Wiesbaden.

MEYER, B. (1997): *Object Oriented Software Construction.* New Jersey.

MÖHRLEN, R.; KOKOT, F. (2000): *SAP R/3 Kompendium.* München.

MULHOLLAND, A. (2003): *Nachwort: Enterprise Services Architecture und Adaptive Enterprise.* Bonn.

O.V. (2003): *Service Orienteed Architecture Definition.* http://www.service-architecture.com/web-services/articles/service-oriented_architecture_soa_definition.html Zugriff: 2004-11-17

O.V. (2003b): *Does IT Matter? An HBR Debatte – Letters to the Editor.* http://harvardbusinessonline.hbsp.harvard.edu/b02/en/files/misc/Web_Letters.pdf Zugriff: 2004-11-17

PAPAZOGLOU, M. (2003): *Service-Oriented Computing: Concepts, Characteristics and Definition.* Tilburg University INFOLAP.

PFAFFENBERGER, W.; SCHEELE, U.; SALGE, K. (1999): *Energieversorgung nach der Deregulierung -Entwicklungen, Positionen, Folgen*; Ed. Sigma

RAUTENSTRAUCH, C; SCHULZE T. (2003) : *Informatik für Wirtschaftswissenschaftler und Wirtschaftsinformatiker.* Berlin.

REICH, M.; PRIGGE, N. (2003): *IT-Strategieprozesse bei deutschen Energieversorgern – Effizienzsteigerung durch professionelle Strategieentwicklung auf dem Gebiet der Informationstechnologie.* Hamburg.

RIDDER, N. (2003): *Öffentliche Energieversorgungsunternehmen im Wandel: Wettbewerbsstrategien im liberalisierten Strommarkt.* Marburg.

ROHDE, H. (1999): *Verteilte Komponentensysteme: Einsatzmöglichkeiten zur computergestützten unternehmensübergreifenden Koordination.* Frankfurt am Main.

SAINI, A. (2003): *Demystifying the Enterprise Service Bus.* Aus: Business Integration Journal, February 2003, Umfang: 24-27

SAINI, A. (2004): *Service – Oriented Architecture Implementation Framework.* Aus: Business Integration Journal, September 2004, Umfang: 61-63

SAP LIBRARY (2004): *Bibliothek.* http://help.sap.com. Zugriff: 2004-12-01

SAP LIBRARY (2004a): *Bibliothek - Design*

> http://help.sap.com/saphelp_nw04/helpdata/de/61/fec608bc27654daadb20c1e6da7dd1/content.htm. Zugriff: 2004-12-01

SAP LIBRARY (2004b): *Bibliothek – Zentrales Monitoring*

> http://help.sap.com/saphelp_erp2004/helpdata/de/7c/14b5765255e345a9e3f044f1e9bbbf/content.htm. Zugriff: 2004-12-01

SAP LIBRARY (2004c): *Bibliothek – Konfiguration*

> http://help.sap.com/saphelp_nw04/helpdata/de/b9/64663c7a6c2545ae292fb26d8c33c4/content.htm. Zugriff: 2004-12-01

SAP SCHULUNG (2004): *BPE Configuration and Administration.* o.O.

SAP SCHULUNG (2004b): *Adapter Framework and Adapter Strategy* o.O.

SCHÄFER, A. (2003): *Zukunftsstrategien für die Energiewirtschaft.* Aus: EW, 102 Jg., Heft 17-18, Umfang: 42-43.

SCHEER, A-W (1990): *CIM, Computer Integrated Manufactoring – Der computergesteuerte Industriebetrieb,* 4 Auflage, Berlin u.a.

SCHMALE, T. (2003) : *Enterprise Process Integration : die neue Ära der EAI.* Aus: Innovationen im E-Business / Wilhelm Dangelmaier ... (Hrsg.). - 1. Aufl. – Paderborn, Umfang: 335-347

SCHMIETENDORF, A.; LEZIUS, J.; DIMITROV, E.; REITZ, D.; DUMKE R. (2004): *Aktuelle Ansätze für Web Service basierte Integrationslösungen.* Preprint, Magdeburg

SCHNEIDER-NEUREITHER, A. (2004): *Optimierung von SAP – Systemlandschaften.* Bonn.

SCHNEIDER-NEUREITHER, A. (2004a): *Java für Abap Entwickler.* Bonn.

SCHOLLES, F (1998): *Die Nutzwertanalyse und ihre Weiterentwicklung.* http://www.laum.uni-hannover.de/ilr/lehre/Ptm/Ptm_BewNwa.htm#probleme1. Zugriff: 2004-11-17

SCHUMACHER, U (2003): *Wirtschaft in Echtzeit.* http://www.changex.de/d_a00907print.html. Zugriff: 2004-11-17

SCHUMANN, R. (2003): *SAP Netweaver & ESA – Speaker Notes*. Präsentation vom Technical Solution Architect SAP

SCHÜNEMANN, R. (2004) : *Nur wenige Energiedienstleistungen bringen Umsatz*. Aus: Energiewirtschaftliche Tagesfragen, 54 Jg., Heft 1-2, Umfang: 497-498

SCHWARTZ, S. (2004):*Will MOM Catch the Bus?* http://www.intelligenteai.com/showArticle.jhtml?articleID=49400885. Zugriff: 2004-12-01

SEIFERT, T.; WEIDEL, A. (2004): *Vorrang für betriebswirtschaftliche Unbundling-Umsetzung*. Aus: Energiewirtschaftliche Tagesfragen, 54 Jg., Heft1-2, Umfang: 18-21

SINNIG, J. (2003): *Anforderungen an IT- Systeme im Versorgungsmarkt* Aus: EW, 102 Jg., Heft 6, Umfang: 32-33.

SLEEPER, B (2004): *The five missing pieces of SOA*. http://www.infoworld.com/article/04/09/10/37FEwebservmiddle_1.html. Zugriff: 2004-12-01

STRABBING, M. (2004): *Vorteile internationaler Standards und Zertifizierungen*. Aus: EW, 103 Jg., Heft 6, Umfang: 62-63.

TRENDRESEARCH (2003): *Der Markt für Energiedienstleistungen: Produkte, Branchenanalysen, Anforderungen und Marktvolumen*. (2. Auflage) o.O.

TUROWSKI, K. (2003): *Fachkomponenten*, Aachen.

ULLMANN, A. (2004) : *Was sich hinter SOA verbirgt – Lego für Fortgeschrittene*. Aus: Java Magazin, Heft 10, Umfang: 55-51

VDEW (2003): *VDEW Jahresbericht 2003 – Energiewirtschaft braucht Klarheit*. o.O

VDEW (2003b): *Anwendungshandbuch zu dem Nachrichtentyp UTILMD Stand: 3.0e*. o.O.

VDN (2003): *Kunden – und Lieferantenwechselprozesse*.o.O.

VOLLMER, K.; GILPIN M. (2004): *Integration in a Service Oriented World*. Forrester Research. o.O.

WEITZEL, T.;HARDER, T.; BUXMANN, P. (2001): *Electronic Business und EDI mit XML*. Heidelberg.

WIEHLER, G (2004): *Web Services and Service Oriented Architectures*. o.O.

WIETZKE, S.(2004): *Unbundling und IT, Anforderungen und Umsetzungsalternativen*. Auf der E-World 2004 Dokumentation auf CD

WILKENS, S.; HARBY, J.(2004); *SOA Blueprints Initiative Defintion, The MiddlewareCompany,* Draft v0.5. o.O.

WINKELER, T.; RAUPACH, E.; WESTPHAL, L. (2001) : *EAI - Enterprise Application – Die Pflicht vor der E-Business Kür.* o.O.

WOLTER, H.; GOETTING, B.(2004): *Automatisierter Datenaustausch.* Aus EMW 1/2004, Umfang: 48 - 52,

WOODS, D. (2003): *Anatomy of a PCA – an excerpt from Packaged Composite Applications.* https://www.sdn.sap.com/irj/servlet/prt/portal/prtroot/com.sap.km.cm.docs/documents/a1-8-4/Anatomy%20of%20a%20PCA. Zugriff: 2004-11-17

WOODS, D. (2004): *Enterprise Service Architectures.* Bonn.

WURM, B. (2002): *Determinanten des erfolgreichen strategischen Wandels – Eine Multi-Perspektiven-Untersuchung am Beispiel der deutschen Elektrizitätswirtschaft auf dem Weg vom Monopol zum Wettbewerb.* Dissertation, Wirtschafts- und Sozialwissenschaftliche Fakultät der Universität Augsburg. Augsburg.

ZANGEMEISTER, C. (2003) : *Nutzwertanalyse von Projektalternativen.* Aus: Logistik-Management, 5 Jg., Heft 2, Umfang: 50-59

ZINNBAUER, M.; BAKAY, Z. (2004): *Entwicklung von Wechseltreibern und -barrieren auf dem Privatkunden-Strommarkt.* Aus: Energiewirtschaftliche Tagesfragen, 54 Jg., Heft 8, Umfang: 502-50